Study on Factors Influencing the Use of Derivatives

衍生产品使用影响因素研究

刘方方◎著

上海交通大学出版社
SHANGHAI JIAO TONG UNIVERSITY PRESS

内容提要

为了全面研究中国上市公司衍生产品使用的影响因素，本书根据风险对冲动因理论并结合中国制度背景，理论分析公司特征如何影响上市公司对衍生产品的使用，并对公司特征如何影响上市公司的衍生产品使用进行实证检验。结合中国现实的制度背景，理论推演公司治理机制在上市公司衍生产品使用决策中的作用机理，并对公司治理机制如何影响上市公司的衍生产品使用进行实证检验。

图书在版编目（CIP）数据

衍生产品使用影响因素研究 / 刘方方著. —上海：上海交通大学出版社，2016

ISBN 978-7-313-15187-2

Ⅰ. ①衍… Ⅱ. ①刘… Ⅲ. ①上市公司—金融衍生产品—研究—中国 Ⅳ. ①F279.246 ②F832.5

中国版本图书馆 CIP 数据核字（2016）第 195946 号

衍生产品使用影响因素研究

著　　者：刘方方
出版发行：上海交通大学出版社　　地　　址：上海市番禺路 951 号
邮政编码：200030　　电　　话：021-64071208
出 版 人：韩建民
印　　制：北京九州迅驰传媒文化有限公司　　经　　销：全国新华书店
开　　本：170 mm×240 mm　1/16　　印　　张：16
字　　数：216 千字
版　　次：2017 年 1 月第 1 版　　印　　次：2017 年 1 月第 1 次印刷
书　　号：ISBN 978-7-313-15187-2/F
定　　价：42.00 元

序

20 世纪 60 年代，期货和期权交易仅在芝加哥、纽约、伦敦和东京等少数几个城市开展。而今，期货和期权等衍生产品已在全球范围内被视为风险管理工具。企业用这些工具来保护自己免于各种商品、外汇、利率、股票及债券等的价格波动。根据国际清算银行（BIS）对 G10（Group of Ten）和瑞士等 11 个国家的主要银行和交易商进行的调查统计显示，场外衍生品未平仓合约名义价值从 1998 年的 80 万亿美元增长到 2012 年底的 633 万亿美元，增长了约 8 倍。场外衍生产品合约市场总值则从 1998 年的 3.2 万亿美元增长到 2012 年底的 24.7 万亿美元，增长了 7.7 倍。与此同时，使用衍生产品（如远期、期货、互换和期权等）对冲利率、汇率、商品价格风险已成为许多企业的经常性工作。世界掉期与衍生产品协会（ISDA）2009 年 4 月的研究显示，世界 500 强中 94%的企业使用衍生品来管理和对冲商业和财务风险。从行业分布看，金融服务业的企业普遍利用衍生工具，利用率高达 98.4%；基础原材料行业的企业以 97.7%的利用率紧随其后；技术行业企业利用率也高达 95.2%；医药、工业品制造和公用事业相关企业的利用率分别为 95%、92.3%和 91.7%；服务业的企业利用衍生产品的比例最低，不过也达到了 88%。各种金融衍生产品既可以单独进行交易，也可以被用来“构造”一个更为复杂的系统并根据需要进行调整或修改。不论是单一衍生产品的使用，还是多种衍生产品的组合，其设计的主要目的之一就是对冲风险。

作为一种规避风险的工具，衍生产品原本应是人们管理各种市场风险的需要而产生和发展起来的，但是，作为一种获利性的投资工具，它们却往往给投资者带来新的、更为严重的金融风险，即由衍生产品交易引发的金融风险。自 20 世纪 90 年代以来，西方发达国家因从事衍生产品交易而损失惨重，甚至倒闭的案例层从不穷，几乎全球每一次金融危机都与衍生产品交易有着紧密的关系。2008 年，由“次贷危机”引发的全球性金融风暴再次使衍生产品的风险成为人们关注的焦点。使用衍生产品究竟是规避风险还是增加风险，颇受各界争论。我国上市公司中也有部分公司使用衍生产品进行避险活动，但因使用衍生产品不当而导致的失败案例时有发生，因此，在政策上究竟是限制还是鼓励公司使用衍生产品来管理风险，仍然是学术界和实务界争论较多的问题。

总体而言，我国对衍生产品使用的理论和实证研究落后于西方发达国家。目前，我国尚未形成较为完善的资本市场体系，资本市场金融产品较为单一，股票、债券市场发展较早，而衍生产品市场发展相对落后，远期、期货、期权和互换等衍生产品刚刚起步，部分衍生产品尚处空白。另外，由于上市公司信息披露等方面的制约，我国还没有建立起风险管理相关的研究数据库。国外学者针对公司使用衍生产品已经做了大量的理论和实证研究，而国内学者对公司风险管理的研究则刚刚起步，目前基本停留在定性分析上，缺乏相关的定量研究，即使有一些学者的实证研究，也主要集中在特殊行业或个案的研究上，缺少大样本并针对一般公司的实证研究。因此，在中国制度背景下，理论和实证分析公司衍生产品使用的影响因素是值得探讨的问题。

本书立足财务研究的前沿，在借鉴国内外学者研究成果的基础上，基于对中国制度背景的深入分析，使用 2010—2012 年在深、沪上市的非金融公司平衡面板数据为研究对象，采用理论分析和实证检验相结合的方法，研究公司特征和公司治理结构对衍生产品使用影响的内在机理，以明确哪些因素在公司衍生产品使用决策中发挥了重要作用，以期正确解释中国上市公司的衍生产品使用特征与规律。本书研究的结果将有助于了解我国上市公司使用衍生产品的现状，对于发展衍生产品市场、设计衍生产品新品种、规范风险管理行为具有较强的参考依据。

刘方方博士的专著《衍生产品使用影响因素研究》是在他的博士学位论文的基础上修改而成的。这部专著实质上就是对风险对冲动因、公司治理等理论和经验的一次全面而系统的考察。作者在对大量西方风险对冲动因研究和国内外有关衍生产品使用影响因素实证研究文献进行认真分析和考察的基础上，对中国制度背景和衍生产品发展与使用现状做了条分缕析的说明和评价，并且结合中国制度背景，构建计量经济模型理论分析和实证研究了公司特征和公司治理结构对衍生产品使用的影响，为中国的风险管理理论研究提供了新的检验证据。由于作者在掌握翔实、充分资料的前提下进行了认真的阅读和思考，使得本书的理论和观点能够持之有据。这反映了作者具有较好的学术直觉和洞察力、较强的独立研究能力和良好的写作水平。

总体而言，本书选题具有理论价值，也有现实意义。全书观点新颖，理论正确，结构合理，逻辑性强，并得出了创新性的研究成果和结论。书中提出的很多观点和思想不仅对公司风险管理理论具有较强的学术价值，对现实中我国发展衍生产品市场和促进上市公司使用衍生产品也具有较强的参考指导价值。在这一著作正式出版之际，我作为导师欣然为之作序。

刘淑莲

2016 年 4 月于大连

前　言

自史密斯和斯图兹（Smith and Stulz，1985）依据MM定理提出风险对冲无关论以来，学术界对公司使用衍生产品风险对冲的理论和实证研究开展了三十多年，但目前为止还没有一个广为接受的理论框架来指导风险管理实践。在风险管理研究中，对衍生产品使用影响因素的研究不断受到学者们的重视，它在国内是值得研究的新领域，在国际上也是众多学者感兴趣的热门问题之一。对衍生产品的运用作为公司重要的财务策略，在微观上关系到公司的资本结构、股利政策和投资决策，在宏观上也影响到公司价值和整体战略安排。国内外学者对衍生产品使用问题的研究对本书的写作具有重大的指导意义，让笔者能够在借鉴前人研究成果的基础上进行综合及拓展性的分析。经过文献梳理后发现，迄今为止，有关衍生产品使用的理论和实证研究绝大部分来自西方发达国家，特别是衍生产品市场发达、公司治理水平高、法律体系比较健全的美国，缺乏中国制度背景下对衍生产品使用影响因素的系统研究。这一缺失使得一些中国公司在进行风险管理决策时表现出不知所措，往往导致决策失误，最终给公司带来重大损失。同时，从现有文献来看，有关公司特征和公司治理如何影响衍生产品使用的实证研究比较少。因此，本书以此为切入点，基于对中国制度背景的深入分析，研究公司特征和公司治理结构对衍生产品使用影响的内在机理，以期正确解释中国上市公司的衍生产品使用特征，为现代公司风险管理理论提供新的检验证据。

本书沿着“问题提出→文献回顾→背景分析→理论和实证分析→结论与政策建议”的思路进行论述。首先，在导论中提出问题，界定研究对象、内容和创新等；接着，在对风险对冲动因理论研究回顾以及衍生产品使用影响因素研究回顾的基础上，阐述衍生产品风险对冲的相关理论基础；然后，对中国制度背景和衍生产品发展与使用现状进行系统分析，以便深入了解衍生产品使用影响因素背后的现实力量；其次，根据风险对冲动因理论模型并结合中国制度环境，理论分析公司特征如何影响公司对衍生产品的使用，在控制行业类别和公司所在区域等因素下，采用面板数据，使用 Logistic 模型和 Tobit 模型实证研究公司特征对衍生产品使用的影响；再次，根据风险对冲动因理论和公司治理理论，结合中国制度背景，理论演绎公司治理在衍生产品使用决策中的作用机理，应用 MIMIC 结构方程模型实证研究公司治理对衍生产品使用的影响，进而对影响衍生产品使用的相关因素进行全面而系统的研究；最后，对本书的研究结论进行总结，针对研究结论提出促进中国公司使用衍生产品的政策性建议。全书共分八章：

第一章，导论。阐述了研究背景与意义、相关概念的界定、研究内容与研究方法和可能的研究改进与创新等。

第二章，文献回顾与述评。文献回顾对西方经典风险对冲动因理论和国内外有关衍生产品使用影响因素的实证研究文献进行归纳和整理，评价现有文献存在的问题和不足，掌握国内外研究动态，并为本书实证研究中相关研究变量的定义提供依据。

第三章，衍生产品风险对冲理论基础。本章论述了衍生产品风险对冲的三个相关理论基础：现代资本结构理论、契约理论和委托代理理论。

第四章，中国制度背景分析。本章主要从公司治理机制、所得税制度、资本市场效率性、利率市场化进程和人民币汇率制度演变五个方面对中国制度背景进行分析。

第五章，中国衍生产品发展与使用现状分析。本章阐述了中国衍生产品的发展现状，并对衍生产品在中国上市公司的使用现状进行分析，以便对中国上市公司的衍生产品使用特征有个整体认识。

第六章，公司特征影响衍生产品使用的理论和实证研究。根据风险对冲动因理论模型，结合中国制度背景，对影响衍生产品使用的公司特征进行理论分析，使用面板数据，构建计量经济模型实证研究公司特征如何影响衍生产品的使用。

第七章，公司治理影响衍生产品使用的理论和实证研究。根据风险对冲动因理论和公司治理理论，结合中国制度背景，理论推演公司治理与衍生产品使用之间的关系，构建 MIMIC 结构方程模型实证检验公司治理如何影响公司对衍生产品的使用。

第八章，主要结论和政策性建议。在以上各章分析的基础上，对全书的主要结论进行概括总结，并针对研究结果，提出促进中国上市公司使用衍生产品的政策性建议。同时，指出本书研究的局限与不足并提出后续的研究建议。

通过上述相关研究，笔者发现：

（1）与发达国家相比，中国上市公司使用衍生产品的深度和广度都较为有限，有待于进一步发展。

（2）行业类别、公司所在区域和外部法律环境显著影响中国上市公司对衍生产品的使用程度；不同行业之间对衍生产品的使用程度存在显著性差异，从行业分布来看，使用衍生产品上市公司的行业分布比较集中，主要集中在制造业、采矿业、交通运输业、仓储和邮政业；不同区域之间对衍生产品的使用程度存在显著性差异，东部地区对衍生产品的使用程度高于中、西部地区；外部法律环境影响衍生产品的使用程度，发行了外资股（B 股、H 股和 N 股）的上市公司较多地使用了衍生产品。

（3）公司对衍生产品的使用程度随着公司规模、财务杠杆、股利支付的增加而增加。在对公司衍生产品使用影响的回归分析中，成长机会的系数是负的但不显著；实际税率对衍生产品使用的影响是正向的但不显著；资产流动性和盈利能力对公司衍生产品使用的影响不显著。

（4）公司治理显著影响衍生产品的使用决策。治理水平高的公司（如股权制衡度高，存在少数大股东联盟等）较多地使用衍生产品；相反，治理水平低的公司较少地使用衍生产品；公司对衍生产品的使用程度随着股权制衡度、法人股比例、高层管理者持股、高管薪酬的增加而增加，随着股权集中度、国家股比例的增加而减少。

本书的改进和创新体现在以下几个方面：

第一，本书采用大样本（非金融上市公司）来研究衍生产品使用的影响因素，从国内目前的研究现状来看，之前研究选择的样本大多是有色金属行业等特殊行业或个案的研究。本书研究的结果将有助于了解我国上市公司使用衍生产品的现状，对于发展衍生产品市场、设计衍生产品新品种、规范风险管理行为具有较强的参考依据。

第二，对中国制度背景及衍生产品使用现状进行系统分析。对行业类别、公司所在区域与衍生产品使用之间的关系进行系统研究；从制度角度对中国上市公司的衍生产品使用状况进行解释，提供中国上市公司衍生产品使用问题研究的另一种思路和研究背景。

第三，结合中国制度背景，理论推演公司治理如何影响衍生产品的使用决策，采用面板数据，率先应用 MIMIC 结构方程模型实证检验公司治理对衍生产品使用的影响；采用参数检验和非参数检验程序实证分析公司治理特征如何影响衍生产品的使用。

由于能力和客观条件的限制，本书尚存在一定的局限和不足：① 由于会计信息披露的局限，无法采集到上市公司使用衍生产品的总面值（名义本金）的数据。限于数据，本书对衍生产品使用程度的度量只能采用衍生品合约的公允价值/公司规模来近似估计；② 未将金融类上市公司纳入研究范围。忽略了这一类特殊公司的衍生产品使用特征，得出的估计系数可能是有偏和不一致的；③ 对衍生产品的运用作为一项重要的财务策略，可能与公司的其他财务决策（如公司投资决策、资本结构决策等）产生一定的联系，未将这些因素联系起来加以考虑，可能是不全面的；以上局限与不足将会在后续的研究中深入探讨。

目　录

第一章　导　论

自史密斯和斯图兹（Smith and Stulz，1985）依据MM定理提出风险对冲无关论以来，学术界对公司使用衍生产品风险对冲的理论和实证研究开展了三十多年，但目前为止还没有一个广为接受的理论框架来指导风险管理实践。在风险管理研究中，对衍生产品使用影响因素的研究不断受到学者们的重视，它在国内是值得研究的新领域，在国际上也是众多学者感兴趣的热门问题之一。对衍生产品的运用作为公司重要的财务策略，在微观上关系到公司的资本结构、股利政策和投资决策，在宏观上也影响到公司价值和整体战略安排。国内外学者对衍生产品使用问题的研究对本书的写作具有重大的指导意义，使笔者能够在借鉴前人研究成果的基础上进行综合及拓展性的分析。梳理国内有关衍生产品使用的相关研究，笔者发现主要存在如下问题：① 国内学者对衍生产品使用的相关研究相对较少，且多数集中于金融衍生品监管与信息披露等方面的定性研究；在理论和实证研究方面，多数学者侧重于研究衍生产品使用的动机，缺乏对衍生产品使用影响因素的理论分析和实证检验；② 在衍生产品使用影响因素研究方面，有关公司治理如何影响衍生产品使用的理论和实证研究，国内则是寥寥无几；③ 缺乏对中国制度背景的深入分析。因此，从中国特殊的制度背景出发，研究中国上市公司的衍生产品使用影响因素显得更有理论意义和应用价值。

第一节　研究背景与意义

一、研究背景

自 20 世纪 70 年代之后，全球金融市场面临的风险发生了变化。随着 1973 年布雷顿森林体系的崩溃，以美元为基础的固定汇率制度被自由浮动汇率制度所取代，国际外汇市场的汇率波动既频繁又剧烈，使得参与其中的各经济体不得不面临汇率波动的风险。70 年代末至 80 年代初，世界各国的利率自由化浪潮也使得金融市场的利率风险日益突出。公司获取生产要素的各种市场（如商品市场、货币市场、外汇市场、资本市场等）价格的波动性加剧，使得公司使用衍生产品对冲风险成为必然。90 年代以来，全球衍生产品市场成交量增长迅猛。据国际清算银行（BIS）统计资料显示，从 1987 年至 2008 年年末，全球衍生产品合约名义本金从 865.60 亿美元上升到 450,369.67 亿美元，年平均几何增长率为 36.71%。截至 2012 年 6 月底，全球场外衍生品市场未平仓名义本金为 6,389,279.14 亿美元，场内交易所的未偿付名义本金为 595,228.81 亿美元[①]。全球衍生产品市场的蓬勃发展促进了众多学者对公司使用衍生产品的理论研究。与衍生产品使用、风险管理相关的研究在公司战略管理研究中日益受到广泛重视。衍生产品使用影响因素研究在国内是值得研究的新领域，在国际上也是众多学者感兴趣的热门问题之一。使用衍生产品对冲风险是公司风险管理的重要组成部分。衍生产品运用作为公司重要的财务决策行为，是公司战略管理的重要组成部分。衍生产品使用对公司价值的影响是财务文献的一个重要问题。因此，

---

① 中国期货业协会. 场外衍生品[M]. 北京：中国财政经济出版社，2013：22-23.

这使得研究公司衍生产品使用特征、检验衍生产品使用影响因素及其结果成为必要。

然而，迄今为止，有关公司对衍生产品使用的理论和实证研究绝大部分来自西方发达国家，特别是衍生产品市场发达、公司治理水平高、法律系统较为健全的美国，缺乏中国制度背景下对衍生产品使用影响因素的系统研究。而中国经济正处在转轨时期，具有特殊的制度背景（如衍生品市场格局初步形成、资本市场配置效率不高、公司治理机制有缺陷等），这使得影响中国上市公司衍生产品使用的因素更为复杂。那么，西方的风险对冲动因理论在中国是否具有适用性？究竟是什么因素影响着中国上市公司对衍生产品的使用程度？与西方发达国家相比，中国上市公司使用衍生产品具有哪些不同特征？不同行业的公司之间对衍生产品的使用是否存在系统性差异？地区经济发展水平是否影响公司对衍生产品的使用程度？西方风险对冲动因理论是否可以解释中国上市公司的衍生产品使用特征？公司特征（如公司规模、成长机会、财务杠杆、实际税率、资产流动性、股利支付、盈利能力）如何影响公司对衍生产品的使用程度？公司治理机制（如股权结构、董事会特征、管理层激励和外部法律环境）是否影响公司对衍生产品的使用程度？针对这些问题的理论分析和实证检验，目前国内尚没有学者对此做出系统研究，这为笔者研究中国上市公司衍生产品使用的影响因素提供了机会。

二、研究意义

（1）理论意义。目前，中国对衍生产品使用的理论研究落后于西方发达国家。本书针对中国特殊的制度背景（如衍生品市场格局初步形成、资本市场配置效率不高、公司治理机制有缺陷等），探讨中国上市公司衍生产品使用的特征与规律，分析中国上市公司衍生产品使用的影响因素，从理论上推演和揭示公司特征和公司治理如何影响衍生产品的使用，建立计量经济模型，对公司特征与衍生产品使用、公司治理与衍生产品使用之间的关系进行实证检验，为现代公司风险管理理论提供新的检验证据。本书期望继承和融合西方风险对冲动因的成熟理论，拓展衍生产品使用问题的研究框架，以期正确解释中国上市公司的衍生产品使用特征，完善和发展风险管理理论。

（2）现实意义。总体而言，衍生产品的应用前景广阔。据国际互换交易协会（ISDA）2009 年 4 月的研究显示，世界 500 强中有 94.2%的公司使用衍生产品对冲商品价格风险、利率风险和汇率风险等。随着金融全球化的不断发展，全球金融体系一体化不断加强，中国公司也越来越多地受到国际金融环境的影响。公司使用衍生产品对冲风险已成为其风险管理的重要手段。中国曾在 20 世纪 90 年代初开展了金融期货交易试点，主要包括国债期货、外汇期货、股票指数期货等。按照加入 WTO 时所签署的协议，中国自 2006 年开始正逐步开放金融市场，包括开放衍生产品市场。2010 年 4 月，股指期货上市交易；2013 年 9 月，国债期货上市交易；2015 年 2 月，股票期权上市交易。上述事例说明，中国衍生品市场的整体格局已经基本形成。2013 年 11 月，党的十八届三中全会在《中共中央关于全面深化改革若干重大问题的决定》中提出“健全多层次的资本市场体系”、“完善人民币汇率市场化形成机制，加快推进利率市场化，健全反映市场供求关系的国债收益率曲线”、“鼓励金融创新，丰富金融市场层次和产品”。本书正是在上述现实背景下展开研究的。通过本书的理论研究和实证检验，试图提出促进中国上市公司使用衍生产品的政策性建议。

第二节　相关概念的界定

一、衍生产品

衍生产品（Derivatives），又称为衍生工具、衍生证券、衍生商品、金融衍生产品等。近三十年来，衍生产品一直是金融理论界、实务界以及政府决策部门广泛讨论的热点问题之一，然而，究竟什么是衍生产品？如何准确界定衍生产品？迄今为止，众说纷纭，国内外学者尚未达成一个统一的、公认的、权威的定义。

目前对衍生产品的定义主要有以下几种：

国际互换交易协会（ISDA）的定义：金融衍生产品是有关互换现金流量和旨在为交易者转移风险的双边合约。合约到期时，交易者所欠对方的金额由基础商品、证券或者指数的价格来决定。

国际清算银行（BIS）的定义：价格依赖于一种或多种基础资产价格或指数的金融合约[①]。

美国审计署（GAO）的定义：价值取决于基础资产（常见形式为股票、债券、商品）价值、基础比率（常见形式为利率、汇率）和基础指数（常见形式为股指）等基础因素的合约[②]。

美国商品期货交易委员会（CFTC）在 1993 年发布的衍生产品市场报告中，对金融衍生产品做出如下定义：金融衍生产品是“一种合约”，该合约的价值取决于一个或者多个标的证券、股价指数、债务工具、商品、其他衍生工具，或者其他任何约定的价格指数以及协议的价值。金融衍生产品涉及基于标的资产的权利和义务的交易，但并不一定会发生标的资产的转移[③]。

美国《财务会计准则》在第 133 号公告（1998）中定义衍生产品须同时具有下列三个特征：①具有一个或多个标的，以及一个或多个名义金额或支付条件，或两者都满足；②期初净投资额为零，或与对市场变动反应类似的合约相比，期初净投资额很少；③约定采用净额交割或其他与净额

① BIS，Prudential Supervision of Banks Derivatives Activities，p3，1994.

② GAO，Financial Derivatives: Activities Needed to Protect the Financial System，p3，1994.

③ CFTC. Derivatives Markets Report. 7A-3. 1993.

交割类似的交割方式。

中国银行业监督管理委员会颁布实施的《金融机构衍生产品交易业务管理暂行办法》中指出：本办法所称衍生产品是一种合约，其价值取决于一种或多种基础资产或指数。合约的基本种类包括远期、期货、互换和期权。衍生产品还包括具有远期、期货、互换和期权中一种或多种特征的结构化金融工具。

根据国际及国内组织对衍生产品的定义，我们可以将金融产品划分为两大类：一类是原生的金融现货产品，如股票、债券、外汇、票据等；另一类是金融衍生产品。而金融衍生产品是在金融现货产品的基础上衍生出来的，它们的价格依赖于金融现货产品的价格。因此，本书将衍生产品界定为以金融现货产品为基础的一组标准化或非标准化的金融合约，主要包括远期（Forwards)、期货（Futures）、期权（Options）和互换（或称掉期）（Swaps）等，它主要起到套期保值、对冲风险的作用。

二、风险对冲

风险对冲（Hedge），也称对冲、套期、套期保值，原意是设立“防护墙”，又有规避风险的意思。金融学上，风险对冲是指通过投资或购买与标的资产收益变动方向一致的某项资产或衍生产品，来减少标的资产潜在风险损失的一种风险管理方法，即在衍生产品与标的物价格变动方向一致的前提下，通过持有与标的物头寸相反的衍生产品头寸，到期再将衍生产品头寸平仓。衍生产品之所以具有规避风险的功能，主要在于它和标的物现货价格走势具有相关性。

《国际会计准则第 39 号——套期保值》（IAS39）对套期保值的含义有如下阐述：套期保值是指定一个或多个套期工具（Hedging Instrument），以使其公允价值的变化全部或部分抵销被套期项目（Hedged Item）的公允价值或现金流量变化。

财政部2006年颁布的《企业会计准则第24号——套期保值》(以下简称“CAS24”)对套期保值的含义也有相关的阐释。CAS24第二条和第三条对套期保值的阐述为：套期保值(以下简称“套期”)，是指企业为规避外汇风险、利率风险、商品价格风险、股票价格风险、信用风险等，指定一项或一项以上套期工具，使套期工具的公允价值或现金流量变动，预期抵销被套期项目的全部或部分公允价值或现金流量变动。其中，套期工具是指企业为进行套期而指定的、其公允价值或现金流量变动预期可抵销被套期项目的公允价值或现金流量变动的衍生工具，对外汇风险进行套期还可以将非衍生金融资产或非衍生金融负债作为套期工具。被套期项目是因存在风险敞口而被指定为套期活动对象的资产、负债、预期交易或确定性承诺。

另外，CAS24第三条提出：套期分为公允价值套期、现金流量套期和境外经营净投资套期：

(1)公允价值套期，是指对已确认资产或负债、尚未确认的确定承诺，或该资产或负债、尚未确认的确定承诺中可辨认部分的公允价值变动风险进行的套期。该类价值变动源于某类特定风险，且将影响企业的损益。

(2)现金流量套期，是指对现金流量变动风险进行的套期。该类现金流量变动源于与已确认资产或负债、很可能发生的预期交易有关的某类特定风险，且将影响企业的损益。

(3)境外经营净投资套期，是指对境外经营净投资外汇风险进行的套期。境外经营净投资，是指企业在境外经营净资产中的权益份额。

本书将风险对冲界定为利用一种或多种衍生产品规避所面临的各种资产价格风险、汇率风险和利率风险的行为。

三、风险管理

风险管理，是研究风险发生规律和风险控制技术的一门管理科学，是各经济主体通过风险识别、风险衡量、风险分析和评估等方式，对风险实施有效控制和妥善处理损失的过程。美国风险管理专家威廉姆和汉斯指出：风险管理是一种通过对风险的识别、衡量和控制，以最小的成本将风险导致的各种不利后果减少到最低限度的科学方法。风险管理依据历史演进主要有以下三种划分：

（1）市场风险管理。20 世纪 70 年代之后，全球金融市场面临的风险发生了变化。随着布雷顿森林体系的崩溃和石油危机的爆发，加上西方各国放松对汇率、利率的管制，使得国际外汇市场的汇率、商品价格和证券市场的价格波动剧烈，公司主要面临来自汇率波动、利率波动和资产价格波动所带来的相应风险。为了满足日益迫切的市场风险管理需要，一系列金融衍生产品应运而生。与此同时，费希尔 • 布莱克（Fischer Black）、迈伦 • 斯科尔斯（Myron Scholes）和罗伯特 • 默顿（Robert Merton）成功推导出了欧式期权定价公式，为以金融衍生产品为主要手段的现代风险管理奠定了理论基础。公司根据衍生产品对冲风险的性质，通过调节衍生产品和金融现货资产的比例，可将市场风险完全或部分对冲，或者利用风险来谋求最大收益。

（2）信用风险管理。20 世纪 80 年代之后，随着金融自由化和金融机构混合经营的发展，以及受 80 年代发展中国家债务危机的影响，信用风险逐渐引起了人们的重视。在此阶段，信用风险管理的理论和方法得到了发展。信用风险管理理论主张商业银行应该运用各种手段对资产、负债及表外业务进行综合计划、调控和管理，在监管层主要体现在 1988 年的《巴塞尔资本协议》，即以资本充足率来衡量和监管风险。这种方法通过对商业银行资产负债率的表内和表外业务进行加权，得出风险资产总量，并进一步确定资本充足率，以增强商业银行抵御风险的能力。

（3）全面风险管理。进入 20 世纪 90 年代以来，亚洲金融危机、巴林银行倒闭等一系列重大事件让人们认识到，商业银行及其他经济体的损失已不再是由单一风险造成，而是由市场风险、信用风险等多种风险共同作用的结果。因此，2004 年 6 月，巴塞尔委员会推出了《新巴塞尔资本协议》，该协议标志着风险管理模式进入到各种风险管理并举的全面风险管理。与此同时，COSO①于 2004 年 9 月颁布了《全面风险管理框架》。《全面风险管理框架》在体系上规范了公司全面风险管理的目标、要素和层次，将全面风险管理从理念发展到了实践操作环节。

本书研究的风险管理，特指市场风险管理，是指使用衍生产品或者其他工具管理公司面临的各种资产价格风险、汇率风险和利率风险的活动的总称。

第三节 研究内容与研究方法

一、研究内容

本书首先在导论中提出问题，界定本书的研究对象、内容和创新等；接着，在对风险对冲动因理论研究回顾及衍生产品使用影响因素研究回顾的基础上，系统阐述了衍生产品风险对冲的理论基础；然后，对中国制度背景和衍生产品发展与使用现状进行了详细论述，以便深入了解衍生产品使用影响因素背后的现实力量；其次，根据风险对冲动因理论并结合中国制度环境，理论分析公司特征如何影响公司对衍生产品的使用，在控制行业类别和公司所在区域等因素下，采用面板数据实证研究公司特征对衍生产品使用的影响；再次，根据风险对冲动因理论和公司治理理论，结合中国制度背

① COSO：英文全称为 The Committee of Sponsoring Organizations of the Treadway Commission，被称为反虚假财务报告委员会，COSO 由美国注册会计师协会（AICPA）、美国会计协会（AAA）、财务经理人协会（FEI）、内部审计师协会（IIA）、管理会计师协会（IMA）于 1985 年联合创建，旨在探讨财务报告中的舞弊产生的原因，并寻求解决之道。

景，理论演绎公司治理在衍生产品使用中的作用机理，应用 MIMIC 结构方程模型实证研究公司治理对衍生产品使用的影响，进而对影响中国上市公司使用衍生产品的相关因素进行全面而系统的研究；最后，总结上述研究结论，并针对研究结论提出促进中国上市公司使用衍生产品的政策性建议，同时，指出本书研究的局限与不足并提出后续的研究建议。全书共分八章：

第一章，导论。阐述了研究背景与意义、相关概念的界定、研究内容与研究方法和本书可能的研究改进与创新等。

第二章，文献回顾与述评。文献回顾分为两个部分，第一部分主要介绍了风险对冲动因理论的各个主要分支学派及其主要观点，该部分试图通过回顾风险对冲动因理论发展过程和各种理论所关注的问题来描述风险对冲动因理论的发展状况。在该部分中，分别论述了风险对冲无关论、股东财富最大化论（主要包括节税假说、降低财务危机成本假说、降低代理成本假说和避免“投资不足”假说）和管理者效用最大化论的主要观点，对西方经典的风险对冲动因理论进行系统的归纳和整理，为构建衍生产品使用影响因素的实证检验模型提供理论依据。通过风险对冲动因理论的文献回顾，说明各种理论的发展都有自己既定的假设前提和内在逻辑；第二部分对衍生产品使用影响因素的研究文献进行回顾，评价现有文献存在的问题和不足，掌握国内外研究动态，同时也为本书实证研究中相关研究变量的定义提供依据。在该部分中，笔者主要从公司特征因素和公司治理因素两个方面进行回顾，对影响公司衍生产品使用的相关因素进行全面而系统的整理和归纳。

第三章，衍生产品风险对冲理论基础。本章论述了衍生产品风险对冲的三个理论基础：现代资本结构理论、契约理论和委托代理理论。风险对冲无关论的理论基础是现代资本结构理论。股东财富最大化论和管理者效用最大化论都是在现代资本结构理论的基础上拓展而来的，在拓展的过程中应用到了契约理论和委托代理理论。

第四章，中国制度背景分析。许多相关研究指出制度因素在公司衍生产品使用决策中起到重要作用。深入分析中国的制度背景，可为解释中国上市公司衍生产品使用特征提供现实依据，有助于理解衍生产品使用的影响因素（如公司规模、成长机会、财务杠杆、实际税率、资产流动性和股利支付等公司特征因素，以及股权结构、董事会特征、管理者激励、外部法律环境等公司治理因素）的现实背景。本章主要从公司治理机制、所得税制度、资本市场效率性、利率市场化进程和人民币汇率制度演变五个方面来分析中国的制度背景。我们认为，中国公司的衍生产品使用特征与中国的制度背景紧密相关，制度因素在中国上市公司的衍生产品使用特征中起着重要的作用，对衍生产品使用问题的解释可以从中国的制度背景中寻求原因。

第五章，中国衍生产品发展与使用现状分析。本章首先从场内衍生产品和场外衍生产品两个方面阐述了中国衍生产品的发展现状，并指出我国衍生产品市场发展存在的主要问题；然后分别从行业分布情况、所在区域分布情况、资产规模分布情况和衍生品不同类型使用情况四个方面对衍生产品在中国上市公司的使用现状进行描述和分析，以便对中国上市公司的衍生产品使用特征有一个整体的认识。通过描述性统计发现，行业类别、公司所在区域、资产规模影响公司对衍生产品的使用程度。笔者从制度视角对中国上市公司的衍生产品使用现状进行了解释。

第六章，公司特征影响衍生产品使用的理论和实证研究。根据第 2 章文献回顾的风险对冲动因理论模型与衍生产品使用的影响因素研究，结合中国制度背景，对影响衍生产品使用的公司特征进行理论分析，设定研究假设，使用 2010—2012 年横跨三年分布于 10 个行业的 834 家在深、沪上市的非金融公司平衡面板数据，在控制行业类别和公司所在区域等因素下，构建 Logistic 模型和 Tobit 模型实证研究公司特征如何影响公司对衍生产品的使用。研究结果显示，公司规模与衍生产品的使用程度显著正相关，即公司对衍生产品的使用会随着公司规模的增大而增加，这与公司规模假说相一致；与避免“投资不足”假说不一致，我们没有发现成长机会正向影响衍生产品使用程度（即衍生产品的使用会随着投资机会集中的成长期权的增加而增加）的证据；财务杠杆与衍生产品的使用程度显著正相关，这与降低财务危机成本假说相一致，即财务杠杆比率高的公司比财务杠杆比率低的公司将面临更大的财务危机成本，从而更多地使用衍生产品以降低预期的财务危机成本；实际税率与衍生产品使用程度之间的关系不显著，实证结果没有支持具有较高实际税率的公司倾向于使用衍生产品的节税假说。节税假说没有得到验证，笔者从中国的制度视角进行了解释；股利支付率与衍生产品的使用程度显著正相关，降低代理成本假说得到验证，这一研究发现也说明，公司使用衍生产品能够缓和股东和债权人之间的代理冲突；与替代假说不一致，我们没有发现资产流动性弱的公司倾向于使用衍生产品的实证证据，并对此进行了解释；与降低财务危机成本假说不一致，我们没有提供具有较低盈利能力的公司倾向于使用衍生产品以降低财务危机发生概率的实证证据，并从中国制度背景出发进行了解释。此外，上市公司的行业类别、所在区域以及制度环境对中国上市公司的衍生产品使用决策起着重要作用。

第七章，公司治理影响衍生产品使用的理论和实证研究。根据第二章文献回顾的风险对冲动因理论模型与衍生产品使用的影响因素研究，结合公司治理理论，理论分析公司治理在衍生产品使用决策中的作用机理，推演公司治理与衍生产品使用之间的关系，提出公司治理有助于促进公司对衍生产品使用的基本论点，使用 2010—2012 年的 116 家在深、沪上市的非金融公司平衡面板数据，采用 MIMIC 结构方程模型实证检验公司治理如何影响衍生产品的使用程度。另外，采用参数检验（配对样本 t 检验）和非参数检验程序（Mann-Whitney U 检验法）分析推断使用衍生产品公司与未使用衍生产品公司的公司治理特征是否存在显著差异。实证结果显示，总的说来，公司治理对衍生产品的使用程度产生积极影响。具体而言，股权集中度与衍生产品的使用程度显著负相关，第一大股东持股比例低的公司倾向使用衍生产品；股权制衡度与衍生产品的使用程度显著正相关，股权制衡度高的公司倾向于使用衍生产品；国家股比例与衍生产品的使用程度显著负相关，国家股比例低的公司倾向于使用衍生产品；法人股比例与衍生产品的使用程度显著正相关，法人股比例高的公司倾向于使用衍生产品；外部法律环境与衍生产品的使用程度显著正相关，与没有发行外资股的公司相比，发行了外资股的公司倾向于使用衍生产品，说明更严格的投资者监督、更严格的会计准则以及更加严格的法律环境有助于提高公司治理水平，并降低代理成本，进而有助于公司使用衍生产品；独立董事比例对衍生产品使用程度的影响是负的但不显著，表明在中国制度背景下，独立董事并没有发挥有效的监督，独立董事的存在不仅不能提高董事会的独立性，反而加重了控股股东通过“掏空”行为对小股东的剥削，进而抑制了公司使用衍生产品；董事会规模对衍生产品使用程度的影响是负的但不显著，这可能是因为目前上市公司董事会规模已趋于稳定，上市公司之间的董事会总人数差别不大，造成使用衍生产品公司的董事会规模与未使用衍生产品的公司相比没有显著差异。其回归系数为负值表明，由于沟通和协调等问题，董事会规模的增大削弱了董事会控制内部人机会主义的能力，进而抑制了公司对衍生产品的使用；领导结构的两职合一对衍生产品使用的影响是负的也不显著，这在一定程度上表明，在董事长和总经理两职合一时，公司可能会减少使用衍生产品。管理者持股与衍生产品的使用程度显著正相关，具有管理者持股的公司倾向于使用衍生产品；管理者薪酬与衍生产品使用程度显著正相关，管理者薪酬高的公司倾向于使用衍生产品。这说明随着管理者持股和管理者薪酬的提高，管理层和股东的利益和目标会趋于一致，这在一定程度上缓和了股东和管理层之间的利益冲突，管理层的机会主义随之减少，管理层为了分散自身财富上的风险进而增加了对衍生产品的使用。

第八章，主要结论和政策性建议。在以上各章分析的基础上，对全书的主要结论进行概括总结，并针对研究结论，提出促进中国上市公司使用衍生产品的政策性建议。同时，指出本书研究的局限与不足并提出后续的研究建议。

二、研究框架

本书沿着“问题提出→文献回顾→背景分析→理论和实证分析→结论与政策建议”的思路进行研究。在提出问题之后，本书首先对相关文献进行梳理和评述；然后，探讨衍生产品风险对冲的理论基础，系统分析了中国现实的制度背景，同时对中国衍生产品发展与使用现状进行了分析；其次，根据回顾的风险对冲动因理论和衍生产品使用影响因素研究，基于中国制度环境，理论分析公司特征、公司治理与衍生产品使用之间的关系，实证检验二者对衍生产品使用的影响；最后，总结结论并提出促进中国上市公司使用衍生产品的政策性建议。本书的研究框架如图 1-1 所示。

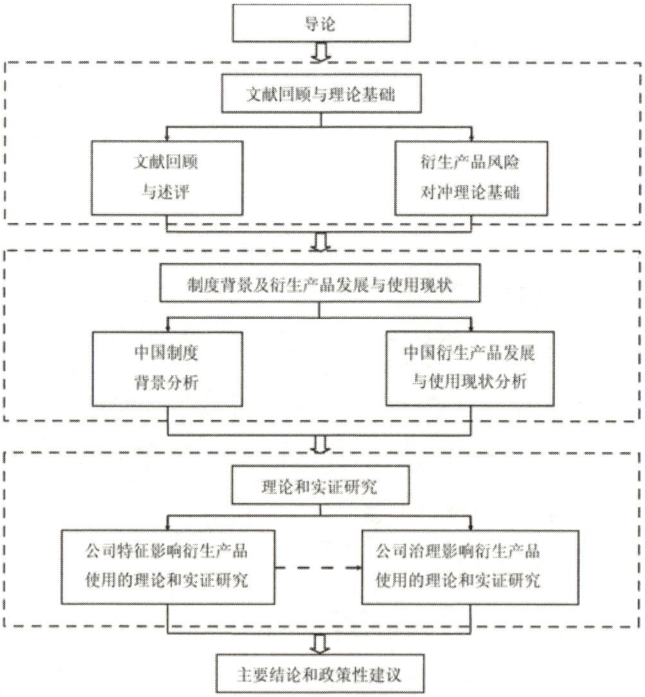

图 1–1　本书研究的逻辑框架图

三、研究方法

本书采用的研究方法主要包括：

1. 定性分析法

定性分析涉及以下两方面：根据衍生产品使用影响因素的实证研究，分析公司特征如何影响衍生产品的使用；根据衍生产品使用影响因素研究和风险对冲动因理论，结合公司治理理论，演绎公司治理在衍生产品使用决策中的作用机理，分析公司治理与衍生产品使用之间的关系。

2. 定量分析法

本书采用的定量分析法主要包括：

（1）计量经济学建模分析。对中国上市公司的衍生产品使用特征、公司特征和公司治理特征进行描述性统计、总结和分析。针对实证研究样本采取描述性统计围绕研究目标进行初步检验。根据理论分析，采用 Logistic 模型和 Tobit 模型，实证研究公司特征对衍生产品使用的影响；采用似然比（LR）检验法实证研究行业和区域对衍生产品使用的影响；以一系列公司治理特征变量为外生变量，应用 MIMIC 结构方程模型实证研究公司治理如何影响衍生产品的使用程度。

（2）参数和非参数检验。采用参数检验（t 检验法）和非参数检验（Mann-Whitney U 检验法），实证检验使用衍生产品的公司和未使用衍生产品的公司在公司特征和公司治理特征上是否存在显著性差异。

第四节 研究改进与创新

本书在借鉴前人研究成果的基础上，对影响中国上市公司衍生产品使用的相关因素进行理论和实证研究，其改进和创新主要包括以下几点：

第一，本书采用大样本（非金融上市公司）来研究衍生产品使用的影响因素，从国内目前的研究现状来看，之前研究选择的样本大多是有色金属行业等特殊行业或个案的研究。本书研究的结果将有助于了解我国上市公司使用衍生产品的现状，对于发展衍生产品市场、设计衍生产品新品种、规范风险管理行为具有较强的参考依据。

第二，对中国制度背景及衍生产品使用现状进行系统分析。采用多元回归、描述性统计等方法对行业类别、公司所在区域与衍生产品使用之间的关系进行了系统研究；从制度角度对中国上市公司的衍生产品使用规律和特征进行解释，提供中国上市公司衍生产品使用问题研究的另一种思路和研究背景。

第三，结合中国制度背景，理论推演公司治理在衍生产品使用决策中的作用机理。本书构建了公司治理与衍生产品使用之间关系的逻辑架构，采用面板数据，率先应用 MIMIC 结构方程模型实证研究公司治理对衍生产品使用程度的影响；采用参数检验（配对样本 t 检验）和非参数检验（Mann-Whitney U 检验）程序实证分析公司治理特征如何影响公司对衍生产品的使用。

第二章　文献回顾与述评

本章对风险对冲动因理论研究和衍生产品使用影响因素研究进行回顾，评价现有文献存在的问题和不足，掌握国内外研究动态，同时为构建衍生产品使用影响因素的实证检验模型提供理论依据。

第一节　风险对冲动因理论研究回顾

在财务理论发展进程中出现了三种公司风险对冲动因理论。最早提出的是史密斯和斯图兹（Smith and Stulz，1985）基于莫迪格利安尼-米勒定理（Modigliani and Miller，1958））的风险对冲无关论。该理论认为，在完美市场假设下，一个公司并不能通过减少其风险暴露而增加公司价值，也就是说，风险对冲与公司价值是无关的。从该理论出发，公司的风险对冲活动将不受任何因素制约。

自史密斯和斯图兹（Smith and Stulz，1985）提出风险对冲无关论以来，为了理解真实世界中的公司风险对冲活动，众多学者在此基础上，放松各种假设条件，分析了市场不完善性对公司风险对冲的影响（如税收、财务危机成本、代理成本、交易成本、信息不对称、管理者的风险规避等），分别提出了节税假说（包括降低预期税负的节税假说和增加公司举债能力的节税假说）、降低财务危机成本假说、降低代理成本假说、避免“投资不足”假说和管理者效用最大化论等。其中，前四个假说统称为股东财富最大化论。本章对风险对冲无关论、股东财富最大化论和管理者效用最大化论进行回顾，以便为解释公司风险对冲的动因和实证模型的构建提供理论依据。

一、风险对冲无关论

美国学者夏普（Sharp，1964）、林特内（Linter，1965）和莫辛（Mossin，1966）对资本资产定价理论的发展加深了人们对风险的认识，即在完美市场条件下，公司所承担的各种金融风险是非系统风险，可以通过投资组合多样化有效地将其分散掉。这说明，一个公司不能通过减少其风险暴露而增加公司价值。

美国学者莫迪格利安尼和米勒（Modigliani and Miller，1958）提出了著名的 MM 定理。该理论认为，在完美市场条件下，即不存在税收、交易成本和财务危机成本等条件下，公司的融资政策是无关的，公司的资本结构对公司价值没有影响。史密斯和斯图兹（Smith and Stulz，1985）依据类似的分析框架，首先将其应用于公司对冲的研究，并推论得出：如果市场是完美的，风险对冲将不会影响公司价值，因为公司投资者可以根据其自身风险偏好“复制”公司风险对冲行为之后相同的投资组合，从而获得相同的收益（Grinblatt and Titman，1998）。

然而，完美市场条件是不存在的，由于存在税收、交易成本、代理成本、财务危机成本和非对称信息，使得风险对冲活动会影响公司价值。主流的财务理论认为，公司使用衍生产品对冲风险，减少了各种市场摩擦成本，通过降低公司现金流和经营业绩的波动性而提升公司价值。不过，管理层效用最大化的假设一旦成立，一方面，公司使用衍生产品会因减少市场摩擦成本而增加公司价值，另一方面，也会因增加代理成本而减少公司价值。因此，公司使用衍生产品对冲风险对公司价值的影响将取决于两者之间的权衡。

二、股东财富最大化论

股东财富最大化论又被称为公司价值最大化论。现代财务理论认为，公司价值等于公司预期现金流按照资本成本折现后的现值，增加公司预期现金流和降低公司资本成本都能增加公司价值。众多学者按照这一路径出发，试图运用委托代理理论、契约理论等理论，从不同角度对公司对冲的动因进行解释，但都未获得很确定的一致结论，目前只停留在假说阶段，其中，主要包括以下几种假说：降低预期税负的节税假说、增加公司举债能力的节税假说、降低财务危机成本假说（或称降低财务困境成本假说）、降低代理成本假说和避免“投资不足”假说等。这些假说均认为，公司使用衍生产品风险对冲可以通过增加公司预期现金流或减少经营业绩的波动性而提升公司价值。

1．节税假说

按照格雷厄姆和罗杰斯（Graham and Rogers，2002）的观点，公司有两种节约税收动机：降低预期税负的动机和增加公司举债能力的动机，本节按照这种分类将节税假说分为降低预期税负的节税假说和增加公司举债能力的节税假说，以下将加以分述。

（1）降低预期税负的节税假说

迈耶斯和史密斯（Mayers and Smith，1982）、史密斯和斯图兹（Smith and Stulz，1985）均认为，如果公司的纳税义务是公司收入的凸性函数时，或者说公司面临的是一个凸性的税收函数时，风险对冲可通过降低公司预期税负支出而提高公司价值，且该函数的形状越凸，则降低公司预期税负支出所带来的税收节约就越大。

在实际经济活动中，由于公司存在所得税的累进税率（Statutory Progressivity）、投资税收抵免（Investment Tax Credits）和亏损结转（Income

Tax Losses)，其税收函数通常会呈现凸性(Convexity)。因为一个公司的应纳税义务是按照实际税率对其当年应税所得进行征收，当其税收函数为凸性时，公司应税所得增加导致的税收损失会比其应税所得减少所引起的税负节约要大。对冲活动通过降低公司应税所得的波动性，使得公司不同年份之间不同的应税所得得以均衡化，减少了公司不同年度的累计税负支出，增加了股东财富。

弗鲁特等(Froot et al.，1993)指出，直观的凸性税收函数意味着，一个波动性小的收入流将比波动性大的收入流使公司降低更多的期望税收负担。凸性税收函数对一些公司是很常见的，尤其是对那些很可能面临亏损的公司和那些不能100%结转其亏损至随后年度的公司。

南希、史密斯和史密森(Nance，Smith and Smithson，1993)发现，法定累进税导致公司纳税义务为凸性。尽管法定累进税在美国的公司所得税中应用的较少，但是那些纳税义务中具有更多对税前收入有累进纳税规定的公司，具有更大的节税对冲动机。除此之外，兹莫曼(Zimmerman，1988)发现，税收优惠项目(比如税收损失递延、投资税收抵免、外国征税减免等)也使得公司纳税义务为凸性的函数。迪安杰洛和马苏里斯(DeAngelo and Masulis，1980)、居雷尔和派尔(Gurel and Pyle，1984)均认为，节税规则可具体化为：如果公司的税前所得下降一定水平，那么税收优惠项目的价值将会减少，要么表现为税盾损失，要么表现为递延其使用。因此，南希、史密斯和史密森(Nance，Smith and Smithson，1993)下结论说：公司享有的税收优惠项目越多，则节税效益就会越大。

在实证研究方面，南希、史密斯和史密森(Nance，Smith and Smithson，1993)最早对公司的节税对冲动机进行了检验，他们为这方面的理论提供了最为综合的实证证据。他们调查了1986年来自世界500强和标准普尔400指数范围内的169家公司，在这169家公司中，有104家公司在该财务年度中使用衍生产品对冲风险。他们研究发现，那些使用对冲工具的公司面临了较为凸性的税收函数。尽管其模型中使用的大部分解释变量在统计分析上并不太显著，但仍支持节税假说。南希等同时指出，由于数据获得的限制，其研究结果并没有太多的证明力，尤其是调查问卷获得的数据存在取证有偏（Sampling Bias），而且研究中所用的二项式因变量（0 或 1）并不能展现公司对冲程度的大小。

克拉克、贾德和艾（Clark，Judge and Ngai，2006）对在香港证券交易所上市的 227 家香港公司和中国内地公司的风险对冲决定因素和风险对冲价值效应进行了实证检验。他们研究发现，香港上市公司对冲风险可带来公司价值 0.88%的节税收益；而中国内地上市公司的对冲节税收益仅为公司价值的 0.56%。

阿尔茨等（Aretz et al.，2007）认为，如果公司利润与实际税率的关系是凸性的，公司风险管理可通过降低税前利润的波动性，从而减轻公司的税收负担。其中，实际税率的凸性由逐渐增加的边际税率或税收制度对某些税收优惠项目的限制（例如不能在无限的年度内将亏损递延或将亏损预提）所造成。

多诺霍（Donohoe，2015）研究了公司使用金融衍生产品所带来的节税收益，其研究发现，当公司使用衍生产品对冲风险后，公司三年期的平均实际税率大约降低了 3.6 到 4.4 个百分点。

另外，下列学者也检验了降低预期税负的节税假说，但是结果并不显著，他们包括：图法诺（Tufano，1996）、盖齐、明顿和斯科兰德（Geczy，Minton and Schrand，1997）、格雷厄姆和罗杰斯（Graham and Rogers，1999、2002）、阿诺德等（Arnold et al.，2014）。

（2）增加公司举债能力的节税假说

节税假说另外一条分支的出发点是基于对冲能够增大公司的债务容量（即举债能力）。由于债务利息可以在税前扣除从而带来税盾效应，这样对冲通过提高公司的举债能力从而起到减轻公司纳税负担的作用，因此，公司具有增加公司举债能力的节税动机。

斯图兹（Stulz，1996）认为，对冲被用来降低公司未来价值“左尾”结果发生的可能性，并因此增加公司借债能力和利息税负扣除额。罗斯（Ross，1997）也认为，对冲在减少财务危机成本方面的作用远不及增加公司负债所带来的税盾的作用重要。如果公司为增加举债能力而增加负债，与之相关的利息税负扣减额将随之增加，公司的纳税负担将随之减少，从而增加公司价值。

格雷厄姆和罗杰斯（Graham and Rogers，2002）详细分析了公司风险对冲的税收动机。他们把公司对冲的节税动机分为两种：降低预期税负动机（当税收函数为凸性时）和增加公司举债能力的节税动机。格雷厄姆等运用联立方程组的方法去分析公司对冲与资本结构选择之间的关系，他们发现：实证证据并不支持降低预期税负动机（当税收函数为凸性时）；但公司使用衍生产品与财务杠杆之间存在正相关关系，公司对冲增加了公司的举债能力和利息的税收扣减额。而且估计出由对冲所带来的节税利益大约为公司价值平均值的 1.1%。

阮和法弗（Nguyen and Faff，2003）对澳大利亚公司使用金融衍生品的动机进行了实证检验。其实证结果表明：一个公司如果其规模越大，其资本结构中有更多的负债，那么这个公司就更容易使用外汇衍生品；另外，如果公司规模越大，公司具有更高的财务杠杆比率、具有更高的流动性及支付更高的股利，则这个公司将更容易使用利率衍生品。这个实证结果与增加公司负债能力的节税假说是一致的，从而证实了本假说。

普尔纳南达姆（Purnanandam，2008）拓展了与财务危机成本有关的风险对冲理论，并使用超过 3,000 个非金融公司样本来验证相关推论。其结果发现：股东在没有事前承诺的前提下，以最佳方式参与公司风险对冲活动之后的活动中。对杠杆比率相对低的公司，杠杆比率与对冲使用是正相关的；但是对杠杆比率相对高的公司，杠杆比率与对冲使用是负相关的；对陷入财务危机的公司而言，它们往往具有更高的对冲动机。普尔纳南达姆的实证结果可以支持公司对冲是为了增加其举债能力的结论。

法兹拉、阿齐赞和慧（Fazillah，Azizan and Hui，2008）使用2001—2005年在马来西亚交易所上市的非金融公司作为研究样本，对风险对冲与资本结构之间的关系进行了研究。他们研究发现，资本结构与对冲之间存在同时并存的关系，对冲降低了财务危机成本并增加了公司的债务容量（即举债能力）。既然债务融资能带来节税效应，这将促使公司借入更多的债务以充分利用潜在的节税利益，然而，债务的增加却增加了公司发生财务危机的可能性，因此，公司倾向于使用衍生产品来对冲掉这部分增加的风险。

阿尔茨和巴特莱姆（Aretz and Bartram，2010）的研究发现，公司使用衍生产品对冲风险与公司的债务水平、债务的到期日相关。

迪翁和特里基（Dionne and Triki，2013）提出了一个能够将负债与公司对冲决策联立起来的理论模型，并使用北美采矿企业的原始数据来检验风险对冲决策的影响因素。其实证结果发现，当公司持有一个标志的债务契约时，对冲的增加并不一定能够带来更高的举债能力。他们的实证结果并不能支持公司对冲是为了增加其举债能力的结论。

2. 降低财务危机成本假说

在MM定理的完美世界中，财务危机是没有成本的。因此，改变财务危机发生的可能性并不能影响公司价值。但如果财务危机是有成本的，那么公司就有动机去消除这种可能性，而对冲就是旨在消除或降低公司财务危机发生可能性的一种方法。财务危机（或者财务危机发生的可能性）能够使公司发生成本，最终给公司价值带来负面效应（Aretz et al.，2007）。财务危机的直接成本是由破产所带来的相关费用，包括律师或会计人员费用、管理成本、专家鉴定费用以及股东试图收到的流动性股利等；间接成本是那些与破产程序不直接相关，但被市场察觉后所带来的一系列不利后果，主要包括不愿与这个公司经济往来、订单取消、供应商和顾客的流失、公司核心凝聚力的下降、人力资源的流失等。由财务危机带来的直接成本和间接成本的预计值通常为公司价值的一定百分比：直接成本为公司价值的 1%～7.5%；而间接成本在 8.7%～20%的范围内浮动（Quiry et al.，2005；Aretz et al.，2007）。

在探索财务危机成本的同时，学者们尤其对财务杠杆比率与对冲的关系感兴趣。因为传统的理论认为，财务杠杆比率既影响财务危机成本，又影响代理成本。更高的财务杠杆比率将增加财务危机成本和代理成本，而更大程度地使用衍生产品将减少上述两种成本，因此财务杠杆比率和衍生产品使用程度之间应该是正相关的。

普尔纳南达姆（Purnanandam，2008）验证了与财务危机成本相关的风险对冲动因理论，并使用超过 3,000 个非金融公司样本来验证相关理论。其研究发现，对财务杠杆比率低的公司，财务杠杆比率与衍生品使用是正相关的；但对财务杠杆比率高的公司，财务杠杆比率与衍生品使用是负相关的；对于行业集中度高、面临财务危机的公司，通常具有较高的对冲动机。

克拉克、贾德和艾（Clark，Judge and Ngai，2006）对在香港证券交易所上市的 227 家香港公司和中国内地公司的风险对冲决定因素和风险对冲价值效应进行了实证研究。他们研究发现，风险对冲与所有样本公司的预期财务危机成本紧密相关。而且结果表明，与香港上市公司相比，中国内地上市公司的显著性要弱一些，这可能是由于国家是大部分内地上市公司的主要股东，由于政府的贷款担保，降低了这些公司发生财务危机的可能性，进而降低了其风险对冲对财务杠杆比率的敏感性；同时结果还表明，国有股与风险对冲之间负相关；其他影响风险对冲决策的因素还包括外币风险暴露、公司规模和资产流动性（由速动比率代理）。

图格鲁尔、塞泽尔和瑟曼斯（Ertugrul，Sezer and Sirmans，2008）研究了美国不动产投资基金机构 1999—2001 年风险对冲的影响因素。其研究结果表明，对冲与财务杠杆之间显著相关，说明美国不动产投资行业对衍生品的使用受到降低财务危机成本动机的驱使。另外，衍生产品的使用还与风险对冲的规模经济有关。

阿尔茨和巴特莱姆（Aretz and Bartram，2010）的研究结果表明，公司使用衍生品的数量和程度与公司的财务杠杆比率、债务到期日、股利政策以及流动资产的持有量有关。

马吉（Magee，2013）使用默顿（Merton，1974）的结构化违约模型将公司的违约概率作为财务危机可能性的代理变量来检验使用汇率衍生品对冲的效果与财务危机出现的可能性之间的关系。其研究发现，使用汇率衍生品对冲的程度与较低的财务危机发生概率直接相关。

迪翁和特里基（Dionne and Triki，2013）的研究发现，财务危机成本、信息不对称、财务宽松度、公司治理和管理者风险规避都是风险对冲的重要影响因素。

库玛和拉宾诺维奇（Kumar and Rabinovitch，2013）使用1996—2008年美国油气公司衍生产品头寸的具体数据对风险对冲的影响因素进行了研究。他们研究发现，对冲与降低财务危机成本和融资成本显著相关，公司内部现金流波动风险和商品价格的波动风险均影响公司对衍生产品的使用。

阿诺德等（Arnold et al.，2014）使用“元分析”统计方法对公司风险对冲动因理论进行检验。他们研究发现，财务危机成本与公司风险对冲的程度正相关。

3. 降低代理成本假说

管理者除了比外部投资者了解更多有关公司前景的信息之外，他们有时还会采取行动将财富从债权人转移至股东。詹森和麦克林（Jensen and Meckling，1976）认为，公司基于债务契约的委托代理关系，存在着作为委托人的债权人和作为代理人的股东以及管理者之间目标的不一致并由此带来利益冲突。

在债券被售出后，公司可以采取的行动就是降低债券的价值，除非存在条款能够约束管理者的机会主义，否则，债权人可以预期其购买债券时的价格将会降低。这种债券价格的降低额（或者所要求回报的增加额）几乎被所有的经济学家称为“债务的代理成本”，它对于补偿债权人和与之相关的约束和监督成本是必不可少的（Jensen and Mecking，1976；Myers，1977；Smith and Warner，1979）。

麦克明和罕（MacMinn and Han，1990）认为，通过平稳公司现金流，对冲缓和了“风险转移”代理问题。这样，在债务契约中加入保护条款，公司现存的索取权持有者将被有效激励，这些保护条款限制了“资产替代”发生的可能性。而债务契约条款中通常包含要求公司维持某种类型对冲活动的约定。

公司的投资机会从本质上将影响公司固定索取权持有者与内部索取权持有者的冲突。迈尔斯（Myers，1977）认为，确保公司具有比权益更高的优先权将会增加公司的权益持有者“投资不足”的动机。如果一个投资项目的预期投资回报率只能涵盖债务成本（这样将不会给股东带来剩余现金流），则这个投资项目会被管理层放弃。通过减少公司在债券利息支付方面发生违约的可能性，对冲改善了这个问题。公司的风险对冲代表了一种可消除或者减轻债权持有人与股东利益冲突的途径，并通过降低公司价值的波动性，使那些无法实现价值增加的投资活动所导致的福利损失问题得以改善。

正如格林沃尔德和施蒂格利茨（Greenwald and Stiglitz，1990）所认为的那样，如果做决策的人（代理人）和决策的受益人（所有者）之间的信息是不对称的，那么影响公司决策的报酬函数就不单单是新古典主义理论所做的价值最大化假设。当公司面临代理问题时，有一种情况就是使用衍生产品进行对冲（Smith and Stulz，1985；Nance et al.，1993；Froot et al.，1993；Geczy et al.，1997；Crouhy et al.，2006；Aretz et al.，2007）。

不过，阿诺德等（Arnold et al.，2014）使用“元分析”统计方法对公司风险对冲动因理论进行检验后发现，降低代理成本和节约税收理论对公司衍生产品的使用没有解释力。

综上，无论是“资产替代”，还是“投资不足”，均来自信息不对称或契约不完备条件下股东（或经理人）与债权人的代理冲突，都是股东（或经理人）道德风险和逆向选择问题的集中体现。风险对冲通过一定的途径和方法，能有效改善上述两种问题，从而降低代理成本。

4．避免“投资不足”假说

避免“投资不足”假说的主要观点是使用衍生品进行风险对冲可以避免公司出现“投资不足”问题。该假说肯定了资本市场不完美在决定公司对冲需求上的作用。其主要观点在于，如果公司获得外部融资（债务或者权益）是有代价的，那么那些需要资金的公司将会使用衍生品对冲其现金流的波动，以避免其投资项目所需资金的短缺。而这种资金上的短缺通常会导致公司不得不转向资本市场去寻求有代价的资金。基于此假说的另外一个具有重要意义的观点是这样的，即与普通公司相比，那些拥有高增长机会且面临较高融资成本的公司倾向于使用衍生品去对冲风险（Stulz，1990；Lessard，1991；Shapiro and Titman，1998；Froot，Scharfstein and Stein，1993；Geczy，Minton and Schrand，1997；Haushalter et al.，2002）。

弗鲁特等（Froot et al.，1993）在接受财务危机模型的基本原理的情况下，参考了迈尔斯（Myers，1977）的债务积压（Debt Overhang）观点，并拓展了相关理论。他们认为，因为资本市场并非完美状态，外部融资相比于公司内部融资，其资金成本往往更高（Myers and Majluf，1984）。这主要包括取得外部融资的交易成本、由投资风险所带来的不完备信息和潜在的未来破产状态所带来的高昂机会成本等。与此同时，当一个公司拥有一个投资计划时，这个投资计划中的投资项目往往是按照净现值大小进行排列的。因为资本成本的存在，导致在某些状态下“投资不足”，即在资本市场不完美的前提下，公司内部积累资金不能满足某些有利可图投资项目的资金需要。风险对冲由于减少了公司现金流的波动性，进而增加了公司现金流的预期值，而公司现金流预期值的增加从总体上提高了公司内部融资的能力，这就使得公司“投资不足”的问题得以缓和。

卡特、罗杰斯和西姆金斯（Carter，Rogers and Simkins，2006）调查了美国航空业公司 1992—2003 年的燃油对冲行为，他们研究发现，航空业的投资机会与燃油成本正相关；燃油对冲与航空公司的价值正相关，对冲所带来的溢价比 5%要高，或许能达到 10%。对冲与资本投资带来的价值增加正相关，而且对冲溢价主要归功于对冲与资本投资相互作用的结果。

达尼耶拉（Danijela，2007）分析了克罗地亚非金融公司的风险管理实践和风险对冲决策。通过使用单因素分析和多元回归的方法来检验被研究公司的风险对冲程度是否为一些公司特征的函数，而这些公司特征之前已被证实与风险管理决策有关。经过研究发现，公司投资支出比（投资支出/总资产）与衍生产品的使用之间显著正相关。

崔等（Choi et al.，2013）以 2001—2006 年美国制药和生物技术公司（这些公司遭受了研发支出带来的较高程度的信息不对称问题）为研究样本来研究公司的财务对冲和经营对冲。其研究结果支持弗鲁特等（Froot et al.，1993）提出的信息不对称假设，即对冲有助于消除“投资不足”问题。同时，公司对衍生产品的使用能够带来更高的公司价值，对于那些遭受信息不对称且有更多成长机会的公司而言，对冲带来的价值增加额会更大。

三、管理层效用最大化论

股东和管理层的目标和利益是不一致的，管理层基于对自身利益的考虑，倾向于使用衍生产品进行风险对冲活动，以使其个人财富免受商品价格波动风险、汇率波动风险和利率波动风险的影响。一般而言，管理层自身财富的多少取决于公司未来的预期利润。而通常管理层是风险厌恶的，其收益往往取决于公司价值的波动，只要公司风险对冲的成本低于管理层对冲其个人财富的成本，那么管理层出于理性考虑，就具有对冲公司风险的动机（Stulz，1984）。此外，管理层通过展示其风险对冲技能还可以在经理人市场上显示其水平和技能。

最早提出这个观点的是斯图兹（Stulz，1984）。这个观点可以追溯到代理理论的相关文献中。詹森和麦克林（Jensen and Meckling，1976）、法玛（Fama，1980）探讨了公司中所有者和管理层之间的利益冲突。他们认为，在契约有效的约束之内，缔约方会形成理性预期，并尽可能最大化其个人的预期效用。这样，在自由裁量权被批准的任何情况下，这些缔约方之间的利益冲突在所难免。

史密斯和斯图兹（Smith and Stulz，1985）的预测首先被图法诺（Tufano，1996）证实。图法诺检验了北美黄金采矿业的衍生品对冲活动，样本为48家北美黄金采矿公司。他的研究发现，公司对商品衍生品的使用程度与公司管理者或高管持有的期权数量负相关，但与管理者或高管持有的股票数量正相关。这个证据与管理者风险回避理论是相一致的。图法诺的研究说明，公司风险管理实践不仅与公司特征相关，还与管理者特征相关。

另外一个管理者效用理论是基于信息的不对称假说，由布里登和维斯瓦纳丹（Breeden and Viswanathan，1996）、德马佐和达菲（DeMarzo and Duffie，1995）先后提出，他们分析了管理者的“声誉动机”。他们认为，管理者倾向于从事风险管理活动，这样有利于向经理人市场传递其更高技能的信号。他们指出：与公司较年长的经理相比，年轻的经理有更大的愿望去接受新理念比如风险管理。管理者任期或许能发挥一个类似的作用，因为较短任期的财务经理与较长任期的财务经理相比拥有更低的声誉。因此，较短任期的财务经理倾向于使用衍生品以传递其能力的信号。于是，下列假设从某种程度上讲是正确的，即那些拥有较年轻公司高管的公司，和那些公司高管在职位上任期短的公司，倾向于使用衍生产品。

与布里登和维斯瓦纳丹（Breeden and Viswanathan，1996）有关管理者任期的预测不同的是，梅（May，1995）认为，管理者在公司任职年限应当与公司风险对冲负相关，原因在于，随着管理者在公司花费时间的增加，管理者的技能变得更加固化于该公司，因此它将增加公司风险对冲的动机。梅同时指出，假如分散化会降低人力资本风险，那么那些投资更多人力资本的公司，将更有可能去执行风险对冲策略。

萨潘瓦尼（Supanvanij，2005）以 1998—2000 年披露使用衍生产品的 138 个美国公司为样本来研究使用货币衍生品的利得（或损失）是否影响公司的对冲决策和高层管理者的薪酬。其研究表明，对冲的利得（或损失）显著影响风险管理决策和管理层薪酬，因为对冲的利得（或损失）会显著影响管理层薪酬，因此公司会减少风险管理活动。

另外，公司治理能够提供一个有效监督衍生产品使用的机制。列利（Lel，2006）以 1990—1999 年 34 个国家的公司数据为研究样本首次检验了公司治理对衍生产品使用的影响。其研究表明，公司治理水平高的公司使用汇率衍生品大多是受到股东财富最大化动机的驱使；而治理水平低的公司则大多是受到管理者的自身利益或者投机动机的驱使而使用汇率衍生产品。只有在公司治理强的公司里，汇率衍生产品的使用才会随着汇率风险暴露的增加而增加；在公司治理弱的公司里，汇率衍生产品的使用则与管理者的风险偏好相关。

斯潘诺（Spanò，2007）以 443 个英国非金融公司为样本研究了风险对冲的动机。其研究表明，管理层风险规避是造成风险对冲偏离最优对冲结构的主要因素，而股东与管理者的利益冲突虽然成为公司风险管理决策的核心问题，但它不是影响风险管理决策的因素。

盖齐、明顿和斯科兰德（Geczy，Minton and Schrand，2007）使用调查数据证明，公司内部治理机制较弱的公司更可能使用衍生品对利率与货币变动进行“观察（即投机）”。

图格鲁尔、塞泽尔和瑟曼斯（Ertugrul，Sezer and Sirmans，2008）研究了美国不动产投资基金机构 1999—2001 年使用衍生产品的影响因素，通过使用布莱克-斯柯尔斯模型对首席执行官（CEO）持有期权组合与股票收益波动的敏感性分析以及首席执行官持有股票、期权组合对股票价格波动的敏感性分析，他们发现管理者的风险规避是影响不动产投资行业衍生产品使用的主要因素，首席执行官的薪酬和首席执行官的财富对股票收益波动的敏感度也影响衍生产品的使用。

阿雷安利斯、列利和米勒（Allayannis，Lel and Miller，2012）以 39 国的公司样本数据为研究样本研究了公司治理如何通过风险对冲来影响公司价值，其研究结果表明，公司治理通过衍生品的使用能够增加公司价值。他们还发现，只有外加上较强的公司治理，公司风险管理决策才能发挥作用。

阿卡亚和比辛（Acharya and Bisin，2009）研究了管理层对冲、股东权益和公司价值的关系。他们指出，管理层具有将公司特有风险代替总风险的动机，比如错过一些高回报的创业活动而支持一些平淡无奇的项目，这种风险替代的道德风险增加了股票市场的总风险，并减少了投资者分担风险的能力。他们指出最佳的所有权结构设计应该抑制道德风险并研究这些福利的特性。

库玛和拉宾诺维奇（Kumar and Rabinovitch，2013）使用 1996—2008 年美国油气公司衍生产品头寸的具体数据研究了风险对冲的影响因素，他们研究发现，公司对冲的强度与加重管理者壕沟效应的因素、免费现金流的代理成本正相关。而这些加重管理者壕沟效应的因素包括较长的首席执行官任期、较高的管理层持股比例和较弱的董事会治理。表 2-1 对风险对冲动因理论进行了总结。

表 2-1 风险对冲动因理论

理论框架	主要研究者	主要内容	研究结论
风险对冲无关论	Smith and Stulz（1985），Grinblatt and Titman（1998）	如果市场是完美的，风险对冲将不会影响公司价值。	
降低预期税负的节税假说	Mayers and Smith（1982），Smith and Stulz（1985），Nance et al.（1993），Geczy et al. (1997), Graham and Smith（1999），Clark, Judge and Ngai(2006), Aretz et al.（2007），Donohoe（2015）	如果公司面临的是一个凸性的税收函数时，对冲通过减少公司预期税负支出，从而提高公司价值。	累进税率的存在与衍生产品使用正相关;投资税收抵免与衍生产品使用正相关;亏损结转与衍生产品使用正相关;实际税率与衍生产品使用正相关。
增加公司举债能力的节税假说	Stulz（1996），Leland（1998），Graham and Rogers(2002), Jin and Jorion（2006），Fazillah et al.（2008），Aretz and Bartram（2010），Dionne and Triki（2013）,	对冲通过降低公司未来价值“左尾”结果发生的可能性，并因此增加公司的借债能力（债务容量）。	债务容量与衍生产品使用正相关。
降低财务危机成本假说	Mayers and Smith（1982），Smith and Stulz（1985），Purnanandam（2005），Clark, Judge and Ngai(2006), Clark and Judge（2008），Aretz and Bartram（2010），Dionne and Triki（2013），Kumar and Rabinovitch(2013), Arnold et al.（2014）	通过平稳未来现金流进而降低其不确定性，对冲减少了公司财务危机成本或降低了财务危机发生的可能性。	利息保障倍数与衍生产品使用负相关;财务杠杆比率与衍生产品使用正相关；资产回报率(ROA)与衍生产品使用负相关;公司规模与衍生产品使用正相关。
降低代理成本假说	Jensen and Meckling（1976），Myers（1977），Jensen and Smith（1985），Minton and Schrand（1999），Haushalter et al.（2002），Crouhy et al.（2006），Aretz et al.（2007）	对冲通过降低公司现金流的波动性，能够有效改善“资产替代”和“投资不足”问题，从而降低代理成本。	股利支付率与衍生产品使用正相关;流动比率与衍生产品使用负相关;速动比率与衍生产品使用负相关。

续表

理论框架	主要研究者	主要内容	研究结论
避免"投资不足"假说	Froot et al.（1993）， Geczy et al.（1997）， Gay and Nam（1998）， Minton and Schrand（1999）， Haushalter（2000）， Allayannis and Ofek（2001）， Haushalter et al.（2002）， Carter et al.（2006）， Danijela（2007）， Choi et al.（2013）， Arnold et al.（2014）	对冲降低了公司现金流的波动性，可使公司拥有充足的内部资金来满足投资计划的需要，以避免公司因资金不足而放弃有利可图的投资项目或者不得不承受外部融资所带来的高额融资成本。	市值账面比与衍生产品使用正相关；研发支出与衍生产品使用正相关；市盈率与衍生产品使用正相关；托宾Q值与衍生产品使用正相关；主营业务收入增长率与衍生产品使用正相关。
管理者效用最大化论	Stulz（1984）， Smith and Stulz（1985）， Breeden and Viswanathan（1996）， DeMarzo and Duffie（1995）， May（1995）， Tufano（1996）， Supanvanij（2005）， Lel（2006）， Hagelin et al.（2007）， Adkins et al.（2007）， Geczy et al.（2007）， Ertugrul et al.（2008）， Allayannis et al.（2012）， Dionne and Triki（2013）， Kumar and Rabinovitch（2013）	由于公司管理者分散其个人财富风险的能力有限，因此，他们具有对冲其自身财富的动机，并且以不惜牺牲股东利益为代价。通常这种风险对冲只是增加了管理者自身的财富。另外，管理层通过展示其风险对冲技能可以在经理人市场上显示其水平和技能。	管理层风险规避与衍生产品使用正相关；高管薪酬与衍生产品使用正相关；高管持股比例与衍生产品使用正相关；高管持有期权数量与衍生产品使用负相关；公司治理与衍生产品使用正相关；信息不对称程度与衍生产品使用正相关；高管任期与衍生产品使用负相关；机构投资者持股比例与衍生品使用正相关。

第二节　衍生产品使用影响因素研究回顾

学术界对公司使用衍生产品进行对冲的实证研究相对滞后于衍生产品使用动因的理论研究，衍生产品使用的实证研究始于20世纪90年代初。

学者对衍生产品使用的实证研究，主要集中在以下两个问题：一是公司使用衍生产品的影响因素；二是衍生产品使用与公司价值之间的关系。本书主要集中在衍生产品使用的影响因素上。

按照列利（Lel，2006）、阿雷安利斯、列利和米勒（Allayannis，Lel and Miller，2012）的观点，公司治理能够提供一个有效监督衍生产品使用的机制，只有外加上较强的公司治理，公司的风险管理决策才能增加股东价值。本章按照这个思路，将衍生产品使用的影响因素划分为两大类：公司特征因素和公司治理因素，分别从公司特征因素和公司治理因素两个方面来加以回顾。

一、公司特征因素

风险对冲动因理论研究回顾已经识别出许多影响衍生产品使用的公司特征因素，例如公司规模、成长机会、财务杠杆、资产流动性、股利支付和盈利能力等，下文将加以分述。

1．公司规模

关于是大公司倾向于使用衍生产品还是小公司倾向于使用衍生产品，国外学者讨论较多，目前普遍接受的是衍生品使用的规模假说，即大公司倾向于使用衍生产品。

对大公司倾向使用衍生产品的解释主要包括以下几点：第一，运用衍生产品是一项复杂的信息处理工作，公司规模越大，越有可能使用衍生产品，因为可以享受衍生品交易的信息规模经济（Block and Gallagher，1986；Booth，Smith and Stolz，1984）；第二，互换、远期、场外交易（Over-the-counter）期权市场在交易成本结构上显示出明显的“规模经济”效应，交易量越大，平均交易成本越低，大公司由于从事衍生产品交易的成交量较大从而可带来成本的规模经济；第三，与小公司的管理层相比，通常大公司管理层的风险管理意识较高。

贾德（Judge，2006）通过调查获得了400个英国公司的衍生产品使用信息。其研究发现，具有更大规模、更大可能发生财务危机、更多进口和出口、更多短期债务的公司倾向于使用衍生产品。

克拉克、贾德和艾（Clark，Judge and Ngai，2006）对在香港证券交易所上市的227家香港公司和中国内地公司的风险对冲决定因素和风险对冲价值效应进行了实证研究。他们研究发现，公司规模与衍生产品的使用之间显著正相关。

图格鲁尔、塞泽尔和瑟曼斯（Ertugrul，Sezer and Sirmans，2008）研究了美国不动产投资基金机构1999—2001年的风险对冲影响因素。他们研究发现，衍生产品的使用与公司规模正相关。

莱姆劳（Ramlall，2009）以2005—2006年毛里求斯的公司数据为样本研究了衍生产品使用的影响因素，其研究发现，公司管理层最大化效用假说和节税假设都未得到验证，而公司规模和公司经营年度长短则与衍生产品使用正相关。

2．成长机会

按照避免"投资不足"假说，当出现高成长性的投资机会，且公司内部现金流量较低时，公司倾向于使用衍生产品以避免或者减少"投资不足"问题。因此，从理论上说，具有较多成长机会的公司会倾向于使用衍生产品进行风险对冲。

迈尔斯（Myers，1977）将公司潜在的投资机会特征化为期权，并指出，那些在其投资计划中具有更多成长期权的公司倾向于采取旨在降低公司价值波动性的对冲项目。南希等（Nance et al.，1993）的实证研究发现，那些使用衍生产品的公司通常具有较高的研发支出；同时那些具有更多投资期权的公司使用了更多的衍生产品，而且这些公司的财务杠杆比率较低。这说明使用衍生产品进行对冲的公司在其投资计划中具有更多的成长期权。

卡特、罗杰斯和西姆金斯（Carter，Rogers and Simkins，2006）调查了美国航空业公司 1992—2003 年的燃油对冲行为，他们研究发现，对冲与资本投资带来的价值增加正相关，而且对冲的溢价主要归功于对冲与资本投资相互作用的结果。

达尼耶拉（Danijela，2007）分析了克罗地亚非金融公司的风险管理实践和风险对冲决策。通过使用单因素分析和多元回归的方法来检验被研究公司的风险对冲程度是否为一些公司特征的函数，而这些公司特征之前已被证实与风险管理决策有关。经过研究发现，公司投资支出比（投资支出/总资产）与衍生产品使用之间显著正相关，实证结果与具有较高成长期权的公司使用更多的衍生产品进行对冲的理论假设相一致。

此外，相关研究发现，衍生产品的使用将随着公司研发支出的增加而增加（Nance，Smith and Smithson，1993；Geczy，Minton and Schrand，1997；Dolde，1995；Allayannis et al.，2001；Gay and Nam，1998；Choi，Mao and Upadhyay，2013）。

3．财务杠杆

有关公司财务杠杆对衍生产品使用的影响，国外学者的文献也较多涉及。众多学者在研究“财务危机”问题时会涉及财务杠杆与衍生产品使用之间关系的评述。迈尔斯（Myers，1977）认为，既然那些资本结构中负债较多的公司更容易面临财务危机问题，而衍生产品的使用可降低财务危机成本，从而那些具有较高财务杠杆比率的公司将倾向于使用衍生产品。

有学者使用财务杠杆比率来衡量财务危机的预期成本（Dolde，1995；Berkman and Bradbury，1996；Gay and Nam，1998；Howton and Perfect，1998）。他们研究发现，较高的财务杠杆比率将会导致公司较大程度地使用衍生产品。大部分研究针对这个关系的解释是较大的财务危机预期成本将导致公司较大程度对衍生产品的使用。也就是说，这种解释是假设那些具有较高财务杠杆比率的公司将面临更大的财务危机成本的可能性。为了降低公司财务危机成本的可能性，具有较高财务杠杆比率的公司会倾向于使用衍生产品。

克拉克、贾德和艾（Clark，Judge and Ngai，2006）对在香港证券交易所上市的 227 家香港公司和中国内地公司的风险对冲决定因素和风险对冲价值效应进行了实证研究。他们研究发现，风险对冲与样本公司的预期财务危机成本（由财务杠杆比率代理）紧密相关。而且研究结果表明，与香港上市公司相比，中国内地上市公司的显著性要弱一些，这可能是由于国家是大部分内地上市公司的主要股东，由于政府的贷款担保，降低了这些公司财务危机发生的可能性，进而降低了风险对冲对财务杠杆比率的敏感性。

图格鲁尔、塞泽尔和瑟曼斯（Ertugrul，Sezer and Sirmans，2008）研究了美国不动产投资基金机构 1999—2001 年风险对冲的影响因素。他们研究发现，对冲与财务杠杆比率之间显著正相关。

克拉克和贾德（Clark and Judge，2008）以 1995 年年末英国股票市场排行前 500 位的 441 家非金融上市公司为研究样本，研究了财务危机成本与公司风险对冲需求之间的关系。他们研究发现，将财务杠杆作为财务危机成本的代理变量，在未区分外币债务使用者和非外币债务使用者的条件下会得出错误的推论。但将汇率衍生品使用者区分为使用和不使用外币债务者两类时，单独使用外币债务、同时使用外币债务和汇率衍生品的这两类公司的对冲决策与财务杠杆比率正相关；而单独使用汇率衍生品公司的对冲决策与财务杠杆比率不相关，这表明公司对外币债务的使用会影响研究结果。

阿尔茨和巴特莱姆（Aretz and Bartram，2010）的研究结果表明，公司使用衍生产品的数量和程度与公司的财务杠杆比率、负债到期日、股利政策以及流动资产持有量有关。

4. 税收因素

按照税收假说，由于公司税收函数的凸性特征，对冲活动能够降低公司税前利润的波动性，进而有效降低公司的实际税负水平。在实际经济活动中，由于存在所得税的累进税率、投资税收抵免和亏损结转，其税收函数往往会呈现凸性。因为一个公司的应纳税义务是按照税率对其当年收入进行征收，因此当税收函数为凸性时，公司应税收入上升所带来的税收损失将大于其下降所带来的税收节约。公司通过风险对冲降低了公司应税所得的波动性，使公司各年份应税所得的波动性减小，进而降低了公司的预期税负支出。

伯克曼和布拉德巴利（Berkman and Bradbury，1996）的实证研究发现，亏损递延（Loss Carry Forward）与衍生产品的使用存在正相关关系。

克拉克、贾德和艾（Clark，Judge and Ngai，2006）对在香港证券交易所上市的 227 家香港公司和中国内地公司的风险对冲决定因素和风险对冲价值效应进行了实证检验。其研究发现，香港上市公司进行对冲可带来公司价值 0.88%的节税收益；而内地上市公司的对冲节税收益仅占公司价值的 0.56%。

阿尔茨等（Aretz et al.，2007）认为，如果公司利润与实际税率的关系是凸性的，公司风险管理可通过降低税前利润的波动性，从而减轻公司的税收负担。其中，实际税率的凸性由逐渐增加的边际税率或税法对某些税收优惠项目的限制（例如不能在无限的年度内将亏损递延或将亏损预提）所造成。

多诺霍（Donohoe，2015）研究了公司使用金融衍生产品所带来的节税收益，其研究发现，当公司从事衍生产品对冲后，公司三年期的平均实际税率大约降低了 3.6 到 4.4 个百分点。

5．资产流动性和股利支付

南希等（Nance et al.，1993）认为，公司可以通过维持较高的短期流动性来降低与长期债务有关的预期财务危机和代理成本。一个具有较高速动比率且较低股利支付率的公司，其依靠对冲来降低其直接债务的预期财务危机和代理成本的需求就降低了。例如，对公司发放股利的限制可使得公司维持充足的流动资金，这使得对冲活动变得无关紧要。由于现金和有价证券可用于支付公司的短期债务，所以较高的资产流动性将会降低公司使用衍生产品的需求。类似地，持有较多的流动资产也会降低公司的对冲需求。相关研究表明，流动比率与公司衍生品使用之间存在负相关关系（Tufano，1996；Geczy，Minton and Schrand，1997）。弗鲁特等（Froot et al.，1993）预测资产流动性和对冲之间存在负相关的关系，其解释并非将资产流动性作为公司长期债务的替代品来看待，而是将资产流动性作为公司获得内部资金的一种来源。

同时，股利政策也会影响公司对衍生产品的需求。一个较低的股利支付率将使得公司有足够的资金来满足固定权益持有者的需要，并因此降低代理冲突。有研究表明，留存收益率与公司衍生品的使用之间存在负相关关系（Nance et al.，1993）。

南希等（Nance et al.，1993）的实证检验表明，那些使用衍生产品的公司通常具有较低的资产流动性和较高的股利支付额。伯克曼和布拉德巴利（Berkman and Bradbury，1996）的研究发现：公司会随着股利支付率的增加而增加使用衍生产品；公司会随着资产流动性和偿付利息能力的增加而减少使用衍生产品。

卡特、罗杰斯和西姆金斯（Carter，Rogers and Simkins，2006）通过对美国航空业自 1992 年至 2003 年的燃油对冲行为进行实证研究后发现，公司的现金持有量与对冲数量之间是负相关的。这个结果说明，一个具有较多流动资产的公司不倾向于从事风险管理，因为它拥有一个较大的财务缓冲区。

阿尔茨和巴特莱姆（Aretz and Bartram，2010）的研究结果表明，公司使用衍生品的数量和程度与公司的财务杠杆比率、负债到期日、股利政策及流动资产持有量有关。

库玛和拉宾诺维奇（Kumar and Rabinovitch，2013）使用1996—2008年美国油气公司衍生产品头寸的具体数据研究了风险对冲的影响因素。他们研究发现，公司内部现金流的波动风险将影响公司对衍生产品的使用程度。

6．盈利能力

基于降低财务危机成本理论，当公司具有较强的盈利能力时，公司面临财务危机的可能性将会降低，因此，盈利能力的增加会降低公司对衍生产品的需求。格雷厄姆和罗杰斯（Graham and Rogers，2002）试图找到一个变量能直接衡量财务危机的发生概率和财务危机发生后的相关成本。他们在研究中首次引入了一个与财务危机成本相关的变量：资产报酬率（ROA）。他们认为，如果拥有较低盈利能力的公司更有可能面临财务危机，那么公司的盈利能力可能会与衍生产品的使用程度负相关。对公司价值最大化的追求使得盈利能力较弱的公司会比盈利能力较强的公司更多地使用衍生产品。他们使用公司税前资产报酬率（Pre-tax ROA）来衡量公司的盈利能力。其研究发现，衍生产品使用程度与税前资产报酬率负相关，即具有较低盈利能力的公司参与了较多的对冲活动，这与公司使用衍生产品是为了降低财务危机成本的假设相一致。

二、公司治理因素

经过文献梳理后发现，公司治理因素影响公司对衍生产品的使用，例如公司治理程度、股权结构、董事会特征、管理层激励、外部法律环境等，以下将加以阐述。

1．公司治理程度与衍生产品使用

股东、管理者和债权人之间目标利益的不一致并由此会引发代理冲突，这为公司使用衍生产品提供了一个现实基础。从这个角度出发，公司治理将会对公司采取的风险管理策略产生影响。

图法诺（Tufano，1996）认为，公司由于治理结构不同而面对不同的代理人，他们将对风险管理持有不同的态度。

克莱佛、李和麦克甘纳（Kleffner，Lee and McGannon，2003）研究了加拿大实施风险管理公司的治理结构特征。他们将加拿大 118 家上市公司 2001 年的调查问卷结果作为研究样本，其研究结果显示 31%的样本公司进行了风险管理。他们发现，61%的公司是出于风险管理经理的影响，51%的公司是出于董事会的鼓励，37%的公司是出于遵守多伦多证券交易所的规定。

本森和奥利弗（Benson and Oliver，2004）研究了澳大利亚公司衍生产品使用的管理者动机。其研究发现，管理者的态度是影响衍生产品使用的重要因素，管理者使用衍生产品进行对冲时往往把注意力集中在较广层次的风险降低和现金流波动性的降低上。

马斯登和普雷瓦斯特（Marsden and Prevost，2005）研究了自 1994 年至 1997 年新西兰上市公司衍生产品的使用状况，以检验 1993 年新西兰新公司法的实施对衍生产品使用的影响。他们指出，公司内部治理机制将会对公司的衍生品策略产生一定的影响。

列利（Lel，2006）使用 1990—1999 年 34 个国家的公司数据为研究样本首次检验了公司治理对衍生产品使用的影响。其研究结果表明，公司治理强的公司使用汇率衍生产品是为了股东财富最大化；而公司治理弱的公司使用汇率衍生产品大多是出于管理者自利或者投机的目的。只有在公司治理强的公司里，汇率衍生产品的使用才会随着汇率风险暴露的增加而增加；而在公司治理弱的公司里，汇率衍生产品的使用则与管理者的风险偏好相关。

盖齐、明顿和斯科兰德（Geczy，Minton and Schrand，2007）使用调查的数据证明，公司内部治理机制较弱的公司更可能使用衍生品对利率与货币变动进行"投机"。

阿雷安利斯、列利和米勒（Allayannis，Lel and Miller，2012）研究了公司治理如何通过风险对冲来影响公司价值，他们以39国的公司样本数据为研究样本来验证具有较完善治理机制的公司对汇率衍生产品的使用是否能够增加公司价值。他们研究发现，公司治理通过对冲的作用能够增加公司价值。他们的研究结果也说明，只有外加上较强的公司治理，公司的风险管理决策才能发挥作用。

迪翁和特里基（Dionne and Triki，2013）的研究发现，公司治理和管理层的风险规避都是影响风险对冲的重要因素。

2. 股权结构与衍生产品使用

股权结构是公司治理的重要组成部分，因为股权结构决定了公司控制权的分布情况，决定着股东和管理者以及股东和债权人之间委托代理关系的性质，因此，股权结构是影响公司运用衍生产品的重要因素（黄建兵，宁静鞭和於颖华，2008）。

德马佐和达菲（DeMarzo and Duffie，1995）、布里登和维斯瓦纳丹（Breeden and Viswanathan，1996）指出，当公司被机构投资者所有时，其信息不对称的程度将会降低，因此会减少对衍生产品的使用程度。

图法诺（Tufano，1996）的研究发现，金矿行业非管理者的机构投资者对风险管理决策有负面影响。迈耶斯和史密斯（Mayers and Smith，1982）、迪翁和特里基（Dionne and Triki，2013）的实证研究也证明了这一特征。

与此截然相反，盖齐等（Geczy et al.，1997）、格雷厄姆和罗杰斯（Graham and Rogers，2002）的研究却得出不同的结论。他们发现，衍生产品的使用程度与机构投资者的持股比例之间显著正相关。

阿德金斯、卡特和辛普森（Adkins，Carter and Simpson，2007）检验了美国银行控股公司使用汇率衍生品与其股权结构的关系。他们研究发现，股权结构影响衍生产品的使用，较高的机构投资者持股比例将促使管理层从事风险对冲。

黄建兵、宁静鞭和於颖华（2008）应用公司财务理论，对中国上市公司风险管理费用的决定因素进行了实证研究。他们研究发现，大股东持股比例越高，公司在风险管理方面花费越多。

贾炜莹和陈宝峰（2009）采用面板数据模型分析了中国非金融行业上市公司治理机制对其风险管理行为的影响。他们研究发现，第一大股东持股比例与衍生产品使用之间显著负相关；股权制衡度、非国有控制股份与衍生产品使用之间显著正相关。

吴世飞（2011）以2007—2009年沪、深两市采掘业全部A股公司为研究样本，研究了公司治理如何影响衍生品的运用决策。其研究发现，第一大股东持股比例与公司衍生品的运用之间呈现正U形关系；而第一大股东持有股份性质为国有股的公司使用衍生品的动机较其他公司要弱。

3. 董事会特征与衍生产品使用

董事会是公司治理的核心组成部分。许多研究表明，董事会的特征影响董事会在公司治理中的功能，例如独立董事、董事会规模、领导结构等，进而对公司的衍生产品使用决策产生影响。

迪翁和特里基（Dionne and Triki，2013）指出，独立董事的作用是促使总经理做出最优的风险对冲决策。另外，董事长和首席执行官的两职分离将有助于首席执行官做出最优的风险管理决策。

巴洛克维奇等（Borokhovich et al.，2004）的实证研究发现，公司利率衍生产品的使用数量与独立董事的人员数量显著正相关，即董事会中具有较高独立董事比例的公司倾向于使用利率衍生产品。

马斯登和普雷瓦斯特（Marsden and Prevost，2005）研究了1994—1997年新西兰上市公司衍生产品的使用状况。其研究结果显示，独立董事比例对公司使用衍生产品具有负面影响，但结果并不显著。这也许只代表特定环境下的独立董事特征，并没有普遍性。

贾炜莹和陈宝峰（2009）的研究发现，独立董事比例与衍生产品风险对冲之间显著正相关；董事长和总经理的两职合一与衍生产品风险对冲之间显著负相关。董事会规模与衍生产品风险对冲之间不相关。

吴世飞（2011）的实证研究发现，公司对衍生品的运用受到独立董事及外部大股东的支持，符合广大股东的利益要求。

4. 管理层激励与衍生产品使用

按照委托代理理论，由于公司高管与股东之间存在代理问题，薪酬契约的设计可以缓解股东与公司高管之间的利益冲突，将高管的报酬与其业绩相挂钩可促使其为股东财富最大化努力工作，从而有效解决代理成本问题。管理者激励主要包括薪酬激励和股权激励两种方式。有学者的实证研究表明，管理者持股、管理者薪酬均影响公司使用衍生产品（Tufano，1996；Berkman and Bradbury，1996；Geczy et al.，1997；Schrand and Unal，1998；Knopf et al.，2002；Adam and Fernando，2006）。

史密斯和斯图兹（Smith and Stulz，1985）认为，随着管理层所持股份的增加，管理层的风险厌恶程度增大，因此管理层具有增加使用衍生产品的需要。而且随着管理层所持股份的增加，管理层将有更大的自由度来控制衍生产品的使用。因此，管理者持股与衍生产品使用正相关。

图法兹（Tufano，1996）、斯科兰德和尤耐尔（Schrand and Unal，1998）

的实证研究均发现，衍生产品的使用会随着管理者持股比例的增加而增加，而随着管理者持有期权的增加而减少。

伯克曼和布拉德巴利（Berkman and Bradbury，1996）的研究发现，公司会随着管理者持股比例的增加而增加使用衍生产品。

盖齐、明顿和斯科兰德（Geczy，Minton and Schrand，1997）的研究结果表明，与不使用汇率衍生产品的公司相比，使用汇率衍生产品的公司往往具有较高管理层持股比例。

克诺夫等（Knopf et al.，2002）的实证研究发现，当管理层持有的股票和期权组合的敏感性增加时，公司倾向于较多地使用衍生产品进行风险对冲。

萨潘万尼（Supanvanij，2005）以 1998—2000 年披露使用衍生产品的 138 个美国公司为样本来研究使用货币衍生品的利得（或损失）是否影响公司的对冲决策和高层管理者薪酬。其研究表明，对冲的利得（或损失）显著影响风险管理决策和管理层薪酬，因为对冲的利得（或损失）会显著影响管理层薪酬，因此公司会减少风险管理活动。

哈格林等（Hagelin et al.，2007）研究了管理层股票期权与对冲溢价的关系，其研究表明，当公司是出于管理层期权的动机出发而进行风险对冲时，公司价值将会减少。

阿德金斯、卡特和辛普森（Adkins，Carter and Simpson，2007）检验了美国银行控股公司使用汇率衍生品与管理层薪酬的关系。他们的研究表明，管理层期权报酬与衍生产品使用之间负相关。

黄、赖安和威金斯（Huang，Ryan and Wiggins，2007）研究了公司使用非线性衍生产品（例如期权）的原因。他们研究发现，投资机会、债务上的期权特征、管理层激励的薪酬结构、免费现金流的代理问题影响了公司选择。而投资机会、公司风险、期权报酬与非线性货币衍生品的使用之间正相关；债券的期权特征与非线性利率衍生品的使用之间正相关，而管理层现金薪酬、管理层持股、首席执行官任期与非线性利率衍生品的使用之间负相关；投资机会、债务、管理层薪酬上的非线性现金流特征与非线性衍生品的使用之间正相关。

斯潘诺（Spanò，2007）以443个英国非金融公司为样本研究了风险对冲的动机，研究表明管理层风险规避是造成风险对冲偏离最优对冲结构的主要因素，而股东与管理者的利益冲突虽然成为公司风险管理决策的核心问题，但它不是影响风险管理决策的因素。

图格鲁尔等（Ertugrul et al.，2008）研究了美国不动产投资基金机构1999—2001年衍生产品使用的影响因素，通过使用Black–Scholes模型对首席执行官持有期权组合与股票收益波动的敏感性分析以及首席执行官持有股票、期权组合对股票价格波动的敏感性分析，他们发现，管理者风险规避是影响不动产投资行业使用衍生产品的主要因素，首席执行官薪酬和首席执行官财富对股票收益波动的敏感度也影响衍生产品的使用程度。

贾炜莹和陈宝峰（2009）的研究发现，管理层激励对公司风险管理决策产生一定的影响。管理层持股比例与高层管理人员薪酬和衍生产品风险对冲之间显著正相关。

阿卡亚和比辛（Acharya and Bisin，2009）研究了管理层对冲与股东权益和公司价值的关系。他们指出，管理者具有将公司特有风险代替总风险的动机，比如错过一些高回报的创业活动而支持一些平淡无奇的项目，这种风险替代的道德风险增加了股票市场的总风险，并减少了投资者分担风险的能力。他们指出最佳的所有权结构设计应该抑制道德风险并研究这些福利的特性。

吴世飞（2011）的实证研究表明，中国上市公司对高管人员的激励效果尚不明显，应该通过多种手段给予高管人员有效的激励，以促进高管人员的利益与公司目标趋同。

库玛和拉宾诺维奇（Kumar and Rabinovitch，2013）使用1996—2008

年美国油气公司衍生产品头寸的具体数据研究了风险对冲的影响因素，他们的研究结果表明，公司对冲的程度与加重管理者壕沟效应的因素、免费现金流的代理成本正相关。这些加重管理者壕沟效应的因素包括较长的首席执行官任期、较高的管理层持股比例和较弱的董事会治理。

5．外部法律环境与衍生产品使用

外部法律环境在公司治理过程中发挥着重要作用。有效的法律体系是必要的，因为有效的法律制度能够抑制内部人员的机会主义行为，进而对公司使用衍生产品产生积极影响。

马斯登和普雷瓦斯特（Marsden and Prevost，2005）研究了 1994—1997 年新西兰上市公司的衍生产品使用状况，以检验 1993 年新西兰新公司法实施对衍生产品使用的影响。他们指出，法律和监管环境可能会影响公司的衍生品策略。

多伊奇等（Doidge et al.，2007）指出，对投资者权益的保护通过提升制度层面上对管理者的监督水准，能够缓解股东与管理者利益上的冲突和矛盾。

第三节　文献述评

通过梳理国内外风险对冲动因理论和衍生产品使用影响因素的实证研究文献，作者发现，国内学者对有关公司使用衍生产品的理论和实证研究刚刚起步，取得了一定的成果，但仍存在一些不足，主要表现在：

（1）国内学者对公司使用衍生产品的研究相对较少，且多数集中于金融衍生品监管与信息披露等方面的定性研究，如谭燕芝（2008）对金融衍生品监管进行了定性研究；李志斌（2012）对后危机时代的金融衍生品市场监管进行了定性研究；熊玉莲（2014）研究了场外金融衍生产品的法律监管；在理论与实证研究方面，多数学者侧重于研究风险对冲的动机，缺乏对衍生产品使用影响因素的系统分析和实证检验，如张舜（2004）从公司投融资、管理报酬角度研究了公司对冲的动机理论；陈炜和沈群（2008）以2003—2005年中国有色金属加工或生产企业上市公司的横截面数据为研究样本，研究了上市公司使用衍生产品风险对冲的动机；陈忠阳和赵阳（2007）对衍生产品、风险对冲与公司价值之间的关系进行了较为详细的理论综述；贾炜莹和陈宝峰（2009）选取2007年沪、深两市全部非金融上市公司截面数据为研究样本，实证检验了我国上市公司风险对冲的动机；郭飞和徐燕（2010）基于沪深300指数公司2008 年报为研究样本，理论分析和实证检验了中国上市公司使用衍生产品进行风险对冲的动机。

（2）在衍生产品使用影响因素的研究方面，有关公司治理如何影响衍生产品使用的理论和实证研究，国内则是寥寥无几。阿雷安利斯等（Allayannis et al.，2012）认为，公司治理能够提供一个有效监督公司衍生产品使用的机制，只有外加上较强的公司治理结构，公司的风险管理决策才能发挥作用。中国上市公司治理结构的缺陷极易导致公司的风险管理决策失效。因此，研究公司治理结构对上市公司衍生产品使用的影响具有十分重要的现实意义。

（3）缺乏对中国制度背景的深入分析。中国正处于计划经济向市场经济转轨进程中，中国上市公司具有特殊的制度背景，如衍生产品市场格局初步形成、公司治理机制有缺陷、法律法规对投资者权益保护不够、股权结构比较独特等。这种特殊的制度背景必然导致中国的风险管理实践与西方发达国家的公司风险管理实践之间有所差异。西方经典的风险对冲动因理论及其实证结果在中国可能不适用，即使可以适用，也要按照中国国情做出适当的修改。因此，对中国公司使用衍生产品的实证研究绝不能死搬硬套西方的模式。目前国内学者在做相关研究时，没有对中国的制度背景进行深入、系统的理论分析，如股权模式、董事会治理、管理层激励、衍生品市场发展状况、资本市场效率性、所得税制度等。因此，在中国制度背景下研究公司衍生产品使用的影响因素具有重要的理论意义和应用价值。

第三章　衍生产品风险对冲理论基础

本章论述衍生产品风险对冲的三个理论基础：现代资本结构理论、契约理论和委托代理理论。风险对冲无关论的理论基础是现代资本结构理论。股东财富最大化论和管理者效用最大化论都是在现代资本结构理论的基础上拓展而来的，在拓展的过程中应用到契约理论和委托代理理论。

第一节　现代资本结构理论

现代资本结构理论的起点是莫迪格利安尼和米勒（Modigliani and Miller，1958）提出的 MM 定理。MM 定理在理想的资本市场假设下得出了资本结构与公司价值无关的结论。虽然这个完美资本市场的假设与现实市场条件并不吻合，但它提供了一个理想的参照体系，使得后来的学者通过减少 MM 定理中的部分研究假设，不断丰富和发展资本结构理论。

一、MM 定理

1958 年 6 月美国著名财务学家、金融学家莫迪格利安尼和米勒在《美国经济评论》(*American Economic Review*)上发表了《资本成本、公司财务和投资理论》(*The Cost of Capital, Corporation Finance, and the Theory of Investmient*)一文。在该篇论文中，他们提出了著名的 MM 定理。该篇论文不仅奠定了莫迪格利安尼和米勒在学术界的地位，同时还被公认为现代财务管理理论的奠基石，基于这一成果，两位学者分别于 1985 年和 1990 年获得了诺贝尔经济学奖。自 MM 定理创立以来，迄今为止，几乎所有的资本结构理论研究都是围绕着它展开的。

1．MM 无税模型

MM 无税模型的基本观点可以简单概括为：在完美资本市场假设的条件下，公司的价值与其资本结构无关。其假设的主要内容是无交易成本、个人和公司的借贷利率相同等。完美资本市场的一系列假设主要包括：①无所得税；②市场无任何交易成本，没有政府限制可自由交易；③完全竞争的市场；④借贷平等，个人和企业可以按照相同的利率借入、贷出资金；⑤所有投资者都是理性的，对公司的盈利水平有相同的期望；⑥无信息成本，个人和企业同等地获得所有相关信息；⑦无财务危机成本[①]。

2．MM 所得税模型

1963 年，莫迪格利安尼和米勒在《美国经济评论》上发表另一篇论文《企业所得税和资本成本：一个修正》(*Corporate Income Taxes and the Cost of Capital: A Correction*)。在该论文中，他们对 MM 定理进行了修正，将无公司所得税的假设取消，指出如果存在公司所得税，公司的价值与资本结构相关，即公司的价值会随着负债比例的提高而增加。有税的 MM 定理认为，有债公司的公司价值等于无债公司（相同风险条件下）的公司价值加上负债带来的赋税节约价值。由于公司需要缴纳所得税，并且债务的利息可以在税前扣除，负债由于其利息的税盾效应而增加了公司价值，负债比例越

① 王化成. 财务管理研究[M].北京：中国金融出版社，2006：64-65.

高，公司的价值越大。

二、MM 定理拓展理论

MM 定理虽然已经得到广泛的认可，但是 MM 定理的一系列市场假设条件与实际环境并不相符。众多学者沿着 MM 定理的思路，针对影响财务决策和资本结构的一些现实因素，不断放宽 MM 定理的各种假设，提出了各种不同的拓展理论，进一步丰富和完善了现代资本结构理论。这些理论包括以税收与财务危机成本为基础的权衡理论和信息不对称条件下的资本结构理论等。

1．税收、财务危机与权衡理论

（1）税收与资本结构

关于税收与资本结构的关系，有税条件下的 MM 定理认为，负债可以带来节约税收的作用，因此负债比率越高越好。此外，关于税收对资本结构的影响还有一个重要的学派，即税差学派。该学派主要研究税收差异对资本结构的影响。

法纳和塞尔温（Farrar and Selwyn，1967）将美国税收制度结构分为四类，并详细解释了每一类制度结构下税收对公司最优资本结构的影响。

法纳和塞尔温的研究导致了米勒（Miller，1977）提出了经典的米勒模型。米勒（Miller，1977）给出了在考虑个人所得税和公司所得税两种情形下有债公司和无债公司价值之间的关系，如公式（3.1）所示：

$$V_L = V_U + [1 - \frac{(1-T)\times(1-T_s)}{(1-T_b)}] \times B \qquad (3.1)$$

其中，T 代表公司所得税税率；Ts 代表个人在权益收入上的所得税税率；Tb 代表个人在债务收入上的所得税税率。

米勒（Miller，1977）不仅给出了以上考虑个人所得税和公司所得税情况下有债公司价值与无债公司价值之间关系的公式，更重要的是，他导出了当税率因人而异时个人所得税对资本结构的影响，丰富和发展了现代资本结构理论。

（2）财务危机成本与资本结构

众所周知，负债可以给公司带来节约税收的益处，不过，负债也同时给公司带来了风险。因为偿付债务本金和利息是公司的法定义务，如果公司无法履行这种法定的偿付义务，就可能会陷入财务危机（又称为财务困境），最终导致公司破产。

财务危机成本包含的内容很多，其直接成本是与破产程序相关的成本费用，主要包括律师或会计人员费用、管理成本、专家鉴定费用等。一般而言，财务危机直接成本的估计值为公司价值的 1% ~7.5%，例如，怀特（White，1983）和威兹（Weiss，1990）对财务危机的直接成本进行了经验估计，他们认为，破产的直接成本大约为公司价值的 3.1%。

财务危机的间接成本是那些与破产程序不直接相关的、但被市场察觉后所带来的一系列不利后果，主要包括不愿与这个公司经济往来、订单取消、供应商和顾客的流失、公司核心凝聚力的下降、人力资源的流失，等等。因财务危机带来的间接成本通常在公司价值的 8.7%～20%内浮动（Quiry et al.，2005；Aretz et al.，2007）。

（3）权衡理论

尽管债务可以带来节约税收的益处，但是由于财务危机成本和破产成本的存在，公司不可能百分之百地进行债务融资。现实中，随着负债比例的增加，公司陷入财务危机乃至破产的可能性将会增大，由此增加了公司的财务危机成本和破产成本，从而降低了公司价值。引入了财务危机成本和破产成本的 MM 定理实际上就是通常所说的权衡理论。权衡理论认为，最优的资本结构是存在的，而公司的最优资本结构是负债的节税利益和由此带来的财务危机成本与破产成本之间的平衡点。

权衡理论最早由迈尔斯提出。罗贝切克和迈尔斯（Robichek and Myers，

1966）认为，由于存在所得税，利息可从公司收益中扣除，因此负债有助于增加公司价值。另外，如果发生破产或重组都会发生成本，这样就减少了投资者的公司价值，因而财务杠杆的最优水平应处于同财务杠杆边际递增关系的税收收益现值和同财务杠杆不利的边际成本现值相等的点上。卡卢斯和李茨恩布拉格（Karus and Litzenbrger，1973）采用状态选择模型证明了罗贝切克和迈尔斯（Robichek and Myers，1966）的观点。鲁宾斯坦（Rubinstein，1973）和斯科特（Scott，1976）分别从资本组合理论和破产多期间条件下证明了最优资本结构的存在。马苏里斯（Masulis，1983）、布莱德利等（Bradley et al.，1984）采用实证研究验证了权衡理论。

2. 信息不对称条件下的资本结构理论

20世纪70年代以来，信息经济学方面的最新分析技术逐渐被引入资本结构理论的研究中。以信息不对称理论为中心的资本结构理论主要从两个角度来进行研究：一是以迈尔斯和马基卢夫（Myers and Majluf，1984）等主张的啄食顺序理论（Pecking Order Theory），该理论认为，公司内部经理人员和外部投资者存在着信息不对称，通常经理人员比外部投资者掌握更多的投资相关信息，这种信息不对称将直接影响公司的融资顺序及其资本结构。公司资本结构应为新的投资需求所驱使，首先采用内部融资，这样不会传导任何可能对股价不利的信息，其次选择债务融资，最后选择股权融资，这样的顺序也不会传递对公司股价不利影响的信息；二是里兰德和佩雷（Leland and Pyle，1977）主张的信号传递理论，该理论认为，尽管公司经理人员对公司的经营状况比较了解，但是外部投资者是不了解的，他们只能通过公司股票的市场价格来判断公司经营状况和管理者业绩，当公司股票价格高于其实际价值时，经理人员会因业绩被高估而受益；反之，经理人员会受到惩罚。因此，当公司举债时，外部投资者会认为经理层对公司未来前景具有良好的预期；否则，公司提高负债只会使财务危机成本上升，经理层的收益也会受到损失。这说明，公司在融资时应优先考虑发行债券而不是增发股票。罗宾斯和斯查茨伯格（Robbins and Schatzberg，1986）认为，在关于投资项目的信息好坏不一的不对称条件下，可赎回债券实际上被公司管理者当成一种规避风险的市场机制。他们认为，对于公司管理层来说，他们倾向于为外部投资者传递“好消息”，而不是“坏消息”，因为“好消息”可以更好地实现股东财富最大化，而且公司只可能通过发行短期债券或者长期可转换债券向市场传递好消息的信号，其他的方式都不好，很容易导致有坏消息的公司模仿，而可赎回债券因为有可赎回的义务，所以有坏消息的公司不便效仿。

三、资本结构理论对衍生产品使用的意义

资本结构理论认为，在完美市场条件下，即不存在税收、交易成本和财务危机成本的条件下，公司的财务策略与公司价值是无关的，即公司的财务策略对公司价值没有任何影响。既然对衍生产品的使用是公司财务策略之一，那么，在完美市场条件下，使用衍生产品风险对冲将不会影响公司价值，此理论被称为风险对冲无关论。其原因在于，公司投资者可根据其自身风险偏好“复制”风险对冲行为之后相同的投资组合，从而获得相同的收益，因此，在市场充分“完美”的条件下，公司的风险管理实践并不增加公司价值。另外，股东财富最大化论中的降低预期税负的节税假说和降低财务危机成本假说也借鉴了资本结构权衡理论的思想，将税收和财务危机成本引入风险对冲理论，拓展了风险对冲动因理论。

第二节　契约理论

按照布鲁索和格拉尚（Brousseau and Glachant，2011）的观点，契约理

论应包括：交易成本理论、不完全契约理论和激励理论，本节将加以分述。

一、交易成本理论

交易成本理论，又称交易费用理论，最早由科斯（Coase）于 1937 年提出。该理论认为，企业和市场是两种可以相互替代的资源配置机制，由于存在有限理性、机会主义和不确定性，使得市场的交易费用高昂，为节约交易费用，企业作为代替市场的新型交易形式应运而生。正是交易成本的存在，企业采取不同组织形式的目的是为了节约交易成本。科斯（Coase，1937）认为，某一成员个人利益的最大化可能以牺牲其他成员的个人利益为代价，各个成员之间的冲突是难以避免的。而解决这种冲突的有效途径不是通过强制，而是依靠组织成员在自愿的基础上订立各种形式的契约。继科斯之后的威廉姆森（Williamson）、克莱因（Klein）和瑞奥登（Riordan）等人均把研究的重点放在了对市场和企业的选择上（即交易成本理论学派），直到阿尔钦和德姆塞茨（Alchian and Demsetz，1972）才开始研究企业内部结构问题，并将重点从市场的交易费用转移到解释企业内部结构的激励问题上。他们认为，企业契约与市场契约的差别在于，在企业契约中，存在一个能对其他要素投入的所有者进行监督和享有盛誉的人，他负责与其他要素签约，但并不具有科斯所说的命令和强制性权威。张五常（Cheung，1983）认为，企业的出现并不是以非市场方式代替市场方式来组织劳动分工，而是用资本市场代替产品市场，或者是以一种契约方式代替另一种契约方式。为了节约交易费用，企业的出现可以看作是要素市场代替产品市场或者商品市场。

二、不完全契约理论

不完全契约理论，即 GHM 模型或称所有权—控制权模型，是由格罗斯曼和哈特(Grossman and Hart，1986)、哈特和莫尔（Hart and Moore，1990）等共同创立的，因而这一理论又被称为GHM理论或GHM模型，国内学者一般把他们的理论称为不完全契约理论或不完备契约理论。

契约的不完全性最早是被学者们注意到。以威廉姆森（Williamson）和哈特（Hart）为代表的经济学家们认识到，由于某种程度的有限理性或者交易费用，使得现实中的契约是不完全的，具体而言，契约的不完全性来源于三类成本（Tirole，1999）：一是预见成本，即当事人由于某种程度的有限理性，不可能预见到所有的或然状态；二是缔约成本，即使当事人可以预见到所有的或然状态，以一种双方没有争议的语言写入契约也是很困难的或者成本太高；三是证实成本，即关于契约的重要信息对缔约双方是可观察的，但对第三方（例如法庭）则是不可证实的。克劳福德（Crawford，1988）引入了“资产专用性”来解决完全契约理论难以解释长期契约对短期契约的替代问题。以交易费用和资产专用性为基本假设，经济学家们发展了一个新的理论——不完全契约理论。通过建立数学模型，格罗斯曼和哈特（Grossman and Hart，1986）、哈特和莫尔（Hart and Moore，1990）（以下简称 GHM）的两篇奠基性论文，开创了正式的不完全契约理论。GHM认为，在企业内部和市场中存在着关系专用性投资和契约不完全性引发的“敲竹杠”问题。由于现实世界的不确定性和契约第三方的不可证实性，事前的专用性投资无法写入契约。因此，一旦自然状态实现，出现缔约时未预见的事件，需要签订双方重新谈判时，投资方就面临被对方“敲竹杠”或者侵占专用性投资带来的准租金的风险。预期到这种外部性或者“敲竹杠”行为，投资者在事前就会出现“投资不足”，造成专用性投资的激励不足，形成效率损失。

为了防止这类“敲竹杠”行为，GHM认为，在不完全契约的世界里，无法翔实描述未来偶然状态的条件下，除了契约中已规定的特定控制权外，对剩余控制权的事前配置是必需的。他们发现，事前对剩余控制权的恰当配置能够有效解决该问题。与此同时，GHM 还认为，在契约不完全的情况下，物质资本所有权是权利的基础，对物质资本所有权的拥有将导致对人力资本所有者的控制，这实际上是一种资本强权观的表现。因此，哈特等人的观点也被称为不完全契约理论的产权理论。

三、激励理论

所谓激励，是指创立满足员工各种需要的条件，激发员工的工作动机，使之产生学习组织目标的特定行为的过程[①]。激励理论是管理学的范畴，激励的需求理论主要围绕人的需要展开讨论，包括马斯洛的需求层次理论、赫茨伯格的双因素理论和麦克利兰的成就需要理论等。其中最具代表性的是马斯洛的需求层次理论。马斯洛将人的需求分成五个层次：生理需求、安全需求、爱和归属感、尊重和自我实现，并认为，人的需要遵循不断递进的规律，在较低层次的需要得到满足之前，较高层次的需要的强度不会太大，更不会成为主导的需要。当较低层次的需要获得满足之后，下一个较高层次的需要便占据了主导，成为驱动行为的主要动力。20 世纪 60 年代之后，激励理论的过程理论学派获得了发展，主要包括弗鲁姆的期望理论、洛克和休斯的目标设置理论、亚当斯的公平理论、斯金纳的强化理论等。过程理论学派认为，组织应制订一系列组织目标来激发人的动力，进而实现组织目标。

公平理论又称社会比较理论，是 1965 年由美国心理学家约翰·亚当斯（John Adams）在其著作《社会交换中的不公平》中提出的。亚当斯的公平理论认为，人们总会不自觉地将自己付出的劳动代价与所获得的报酬与他人比较，以获得心理上的平衡。其中，个人所获得总报酬包括经济性薪酬和非经济性薪酬两部分。经济性薪酬包括：工资、奖金、股权、保险、津

① 徐国华，张德，赵平.管理学[M].北京：清华大学出版社，1998：172-173.

贴、福利等保健性的薪酬。非经济性薪酬包括：工作环境、培训、学习条件、工作关系和个人发展机会等。

1964 年，著名心理学家和行为科学家维克托·弗鲁姆（Victor H. Vroom）在其著作《工作和激励》（*Work and Motivation*）中提出期望理论，可以用公式（3.2）表示如下：

$$F_i = f\left[\sum_{j=1}^{n} E_{ij} V_j\right] \tag{3.2}$$

其中，i=n+1+…m，$f_i>0$。F_i 为执行第 i 行为的效果，即调动人的积极性，激发个人内部潜力的强度；E_{ij} 是指第 i 行为依据 j 结果带来的期望强度，且满足 $0 \le E_{ij} \le 1$，即个人的经验判断实现目标的可能程度；V_j 代表第 j 结果所具有的效价，即实现组织目标所能满足个人需要的价值。上述公式说明，个人对目标实现的把握程度越大，个人实现目标的概率就会越高，由此激发个人的动力就越强烈，个人的积极性就越高。

四、契约理论对衍生产品使用的意义

契约理论是研究和分析在特定经济环境下契约不同合约人之间的经济行为和结果，以求公司财产权或者剩余控制权获得最佳配置为研究目的。衍生产品与一般的股票、债券等基础产品不同，它们代表着在未来某种条件下处置金融基础产品、商品等的权利或义务，而这些权利或义务往往以契约的形式存在。因此，与一般的商品相比，衍生产品更加具有契约的性质。另外，大多数国际权威机构在定义衍生产品时也将其定义成一种契约。例如，国际清算银行（BIS）对金融衍生品的定义：价格依赖于一种或多种基础资产价格或指数的金融合约。美国审计署（GAO）对金融衍生产品的描述：价值取决于基础资产（常见形式为股票、债券、商品）价值、基础比率（常见形式为利率、汇率）和基础指数（常见形式为股指）等基础因素的合约。我国银监会颁布实施的《金融机构衍生产品交易业务管理暂行办法》也将衍生产品定义成一种合约。可见，使用现代契约理论来分析衍生产品的性质，对正确解释衍生产品的使用具有指导意义。

另外，从我国的现实情况来看，管理层激励是个容易被忽视的问题，如果管理层薪酬无法起到对公司管理者足够的激励作用，当管理者遇到决策利益冲突时，可能会选择对自己有利的条件决策，以损害小股东和债权人的利益为代价为自己谋取利益。因此，按照激励理论，公司应建立以长期绩效为基础的管理层激励机制，将管理人员的个人利益与股东财富更好地结合起来，以发挥管理层激励的作用，从而减少管理层的机会主义。2006年1月1日，由中国证券监督管理委员会制定发布的《上市公司股权激励管理办法（试行）》正式实施，旨在促进上市公司规范运营、对其管理人员进行长期有效地激励。

第三节　委托代理理论

詹森和麦克林（Jensen and Meckling，1976）将科斯理论进一步深化，研究了两权分离下的企业代理成本。随后罗斯（Ross）、莫里斯（Mirrlees）、和格罗斯曼（Grossman）等人又进一步研究，建立了委托代理理论。委托代理理论的中心思想：由于现代企业所有权与经营权的分离，股东与经理人之间构成了委托与代理的关系。因为二者的目标、利益不一致，股东与经理人之间发生利益冲突和矛盾是不可避免的。通过将经理人薪酬与公司业绩关联的激励计划有助于协调股东与经理人之间的矛盾，从而降低代理成本。

一、资产替代与投资不足

在现代公司契约的委托代理关系下，除了股东和经理人会发生利益冲突之外，作为委托人的债权人与作为代理人的股东和经理人之间也会发生利益冲突。由于这种利益冲突，股东会通过“资产替代”和“投资不足”两种方式来侵害债权人的利益，从而降低公司价值。“资产替代”问题，通常又被称为“风险转移”问题，对公司而言，一般在选择互斥的投资项目时会遇到。詹森和史密斯（Jensen and Smith，1985）观察到，当公司用高风险的投资项目来代替低风险的投资项目时，股东权益的价值将会增加，而债权人固定要求权的价值则会减少。如果公司采取了负债融资，通过将一个相对安全的投资项目转换成另外一个风险较大的投资项目，公司能够以牺牲债权人的利益为代价换来股东权益的增加。这种现象可以这样来解释：股东的内部要求权可以被看成是这个公司资产的一个看涨期权（Black and Scholes，1973），这个期权的价值会随着其主要资产波动性的增加而增加。这样，按照股东意愿行事的管理者往往会选择具有波动性现金流的资本项目。所谓“投资不足”问题，是指当公司价值中包含相当多的未来投资机会时，如果接受投资项目所带来的收益将主要归债权人所有时，那么一个拥有重要风险契约的公司将有拒绝这个投资项目的动机。在这种情况下，使用债务融资的公司管理者就有限制投资规模的动机，因为进一步投资所带来的额外收益将主要归债权人所有。

二、信息不对称与衍生产品使用

所谓信息不对称（Asymmetric Information），是指契约当事人的双方并不处于信息对等的地位，其中一方处于信息优势的地位，而另一方处于信息劣势的地位。信息的不对称主要包含两种类型：一类是交易对象本身所具有的特征和性质等不为买方所知，这类信息一般发生在签订契约之前。例如，股东在选聘经理人时，并不清楚经理人的真实能力，这是隐蔽知识的问题；另一类是契约签订之后对方无法观察到的、无法监督到的、事后无法推测到的行为所导致的信息不对称。例如，当股东和经理人签订契约后，股东无法判断经理人是否努力工作，这是隐蔽行为的问题。在现代公司制下，上述两类问题加剧了股东与经理人之间的信息不对称。德马佐和达菲（DeMarzo and Duffie，1995）由此提出了风险管理决策的信息不对称假说。他们认为，对公司而言，最优的风险管理决策将取决于股东与管理层之间的信息不对称程度。公司的风险管理决策具有“信号显示”功能，可以消除公司经营中的各种“噪声”，使得股东能够更容易地对管理层的绩效进行监督和评价，并降低了公司面临的非系统性风险，从而提升公司价值。

三、风险规避与衍生产品使用

在委托代理关系中，最重要的问题是如何在股东和管理者之间分担风险。尽管在没有道德风险的情形下，风险依然存在，因为即使付出相同的努力，公司的经营也会受到很多不确定性因素的影响。因此，对风险的分担取决于股东和管理者对待风险的态度。这种情况大概可以分成三种情形：一是股东和管理者都是风险规避者。双方都承担了一定的公司经营风险，而且风险厌恶程度较小的一方承担了较大的风险；二是股东是风险规避者而管理者是风险中立者（或者风险爱好者）。分配报酬的方法应该是管理者向股东上交固定的报酬后，剩余的经营收益全部归管理者所有；三是股东是风险中立者（或者风险爱好者）而管理者是风险规避者。最优分配方案应该是管理者取得固定的薪酬收入，而股东承担公司经营的一切波动风险。

一般情况下，第三种情形是比较合理的，即股东大多为风险中立者或者风险爱好者，而管理者大多为风险规避者。因为在现代公司制下的股东，他们具有一定的冒险精神，往往具有承担公司风险的经济实力。而对绝大多数作为代理人的管理者而言，其劳动报酬是其主要收入来源，因而不愿过多地承担风险。斯图兹（Stulz，1984）认为，由于股东和管理者目标的不一致，风险规避（Risk Aversion）的管理者出于对自身利益的考虑，具有使用衍生产品对冲风险的动机。史密斯和斯图兹（Smith and Stulz，1985）将风险规避特质作为影响衍生产品是否使用的关键，并指出管理者、股东等无法分散其归属于公司特定要求权的风险，因而他们是风险规避的，通过使用衍生产品能够降低他们面临的风险。

四、声誉机制与衍生产品使用

声誉机制旨在表明声誉对人的行为决策的影响。声誉机制理论包括克瑞普斯、米尔格罗姆、罗伯茨和威尔逊（Kreps，Milgrom，Roberts and Wilson，1982）提出的声誉模型，以及霍姆斯特姆（Holmstrom，1982）基于法玛（Fama，1980）思想建立的代理人市场—声誉模型。莫里斯（Mirrless，1976）和霍姆斯特姆（Holmstrom，1979）等研究了非对称信息条件下的薪酬契约设计[①]，即在委托人不能观察代理人行动的情形下，委托人如何根据可观测到的行动结果来奖惩代理人。他们证实了将剩余收益分配与经营成果挂钩是满足代理人参与约束与激励最有效的方式。但是，这一模型只是一次性签约的静态博弈模型。鲁宾斯坦（Rubinstein，1982）指出，从长期来看，代理人不可能用“偷懒”的方法来提高自己的收入和福利，出于对自己声誉的考虑，代理人会自觉遵守契约。法玛（Fama，1980）认为，在现实中

① 张维迎.博弈论与信息经济学[M]. 上海：上海三联书店、上海人民出版社，1996.

通过借助“时间”能够解决代理人的机会主义行为。法玛强调，经理人的市场价值取决于过去的经营绩效，从长远来看，经理人必须对自己的行为负完全的责任。克瑞普斯等人（Kreps et al.，1982）则建立了经理人声誉机制作用机理的经济模型。他们认为，声誉机制增加了经理人在经理人市场上讨价还价的能力，对经理人行为具有较强的激励作用。基于信息不对称假说，布里登和维斯瓦纳丹（Breeden and Viswanathan，1996）、德马佐和达菲（DeMarzo and Duffie，1995）分析了管理者使用衍生产品的“声誉机制”。他们认为，管理者之所以倾向于使用衍生产品，原因在于运用衍生产品是一项复杂的技术工作，管理者使用衍生产品可以向经理人市场传递有利于管理者的积极信号，经理人在经理人市场上的声誉会因此而提高，从而增加其未来的收入。

五、委托代理理论对衍生产品使用的意义

委托代理理论认为，股东与经理人之间构成了委托与代理的关系。由于二者目标和利益的不一致，他们之间发生利益冲突和矛盾是不可避免的。通过将经理人的薪酬与公司业绩关联的激励计划有助于缓和股东与经理人之间的代理冲突，进而降低代理成本。另外，管理层效用最大化理论以委托代理理论为出发点来解释风险对冲动因理论。该理论认为，股东和管理层的目标和利益是不一致的，管理层基于对自身利益的考虑，倾向于使用衍生产品进行风险对冲活动，以使其个人财富免受商品价格波动风险、汇率波动风险和利率波动风险的影响。委托代理理论中的管理层风险规避假设、信息不对称假设、经理人声誉模型等对于正确解释衍生产品的使用特征具有重要的指导意义。

第四节　本章小结

本章介绍了衍生产品风险对冲的三个理论基础：现代资本结构理论、契约理论和委托代理理论。在现代资本结构理论中，围绕 MM 定理分别介绍了以税收和财务危机成本为基础的权衡理论和信息不对称条件下的资本结构理论；在契约理论中，分别介绍了交易成本理论、不完全契约理论和激励理论；在委托代理理论中，分别介绍了资产替代、投资不足、信息不对称、风险规避、声誉机制等。结合每种理论的含义和特点，我们认为，现代资本结构理论、契约理论和委托代理理论对于研究中国上市公司衍生产品使用的影响因素具有重要的指导意义。

第四章　中国制度背景分析

中国经济正处在转轨时期，中国上市公司存在特殊的制度背景。中国公司的风险管理实践具有与西方发达国家不同的初始状态和约束条件，因此，西方风险对冲动因理论及其实证检验结果在中国可能不适用，即使可能适用，也需要按照中国的国情做出一定的修正。对中国制度背景进行分析，可以为解释中国上市公司的衍生产品使用特征提供现实背景和理论依据，有利于深入了解衍生产品使用影响因素背后的力量。因此，对中国制度背景进行分析，为研究中国上市公司的衍生产品使用问题提供了另一种研究思路和现实背景。本章主要从公司治理机制、所得税制度、资本市场效率性、利率市场化进程和人民币汇率制度演变五个方面对中国制度背景进行分析。

第一节　公司治理机制

公司治理机制包括激励机制、约束机制及决策机制，这些机制发挥作用的前提是存在合理的公司治理结构，公司治理结构包括内部治理与外部治理两个方面，内部治理是基于正式的制度安排，外部治理则建立于非正式的制度安排基础上[①]。作为一种微观制度安排，中国的公司治理机制由于受客观制度环境与传统计划经济模式的影响和制约，它与西方发达市场经济国家的公司治理必然有着不同的治理特征。

一、股权结构高度集中

股权结构是指公司不同性质的股份在公司总股本中所占的比例关系，具体含义包括股权集中度、股东属性等。在公司治理机制中，股权结构最重要，它构成了公司治理的基础并决定着公司治理的成效。与西方发达国家高度分散的股权结构相比，中国上市公司的股权结构呈现高度集中性。近年来，尽管中国上市公司股权结构呈现分散化的趋势，上市公司第一大股东持股比例呈现下降的趋势（见表 4-1），与此同时，第一大股东的控制能力有所下降，表现为以 Z 指数代表的第一大股东持股比例/第二大股东持股比例下降，以 Herfindahl_5 指数代表的公司前五大股东持股比例的平方和基本保持平稳，中小股东制衡大股东的能力有所增强。但就目前情况来看，反映股权集中度的 CR_5 指标（公司前五大股东持股比例之和）有不断上升的趋势，而第一大股东持股比例仍然居高不下，这说明中国上市公司的股权结构仍较为集中，第一大股东拥有绝对控制优势，其他大股东难以与第一大股东相互抗衡，缺乏权力制衡的产权基础，大股东和中小股东之间的利益冲突仍然是当前上市公司面临的主要问题。

表 4-1　2007—2012 年中国上市公司股权结构特征

年度	第一大股东持股比例（%）	CR_5 指标	Z 指数	Herfindahl_5 指数
2007	36.01	0.5198	16.7972	0.1705
2008	36.34	0.5179	17.8627	0.1729
2009	36.62	0.5220	16.3262	0.1757

① 李维安等.公司治理[M]. 天津：南开大学出版社，2001.

续表

年度	第一大股东持股比例（%）	CR_5 指标	Z 指数	Herfindahl_5 指数
2010	36.50	0.5355	14.7090	0.1776
2011	36.28	0.5442	13.4373	0.1765
2012	36.86	0.5600	13.5035	0.1837

注：样本上市公司剔除了金融类上市公司以及相关数据缺失的观察值。

资料来源：CCER 数据库。

二、内部治理机制功能弱化

中国上市公司高度集中的股权结构，导致第一大股东拥有绝对控制优势，其他大股东难以与第一大股东相互抗衡，由此带来公司内部治理机制功能弱化，缺乏相互制衡和监督的功能。

1. 股东大会形同虚设

股东大会是中小股东参与公司治理最重要的方式，但在大股东的控制下，中小股东已基本丧失了自己的话语权，他们在公司经济决策中的参与程度相当低，这样股东大会就成了大股东的“一言堂”。许小年和王燕（1998）研究发现，由于中国缺乏允许中小股东选举代表人行使自己投票的机制，中小股东如果参加股东大会，只能自己承担与投票有关的所有费用，这些股东，特别是持股比例低的股东，就有“搭便车”的动机，以致其缺乏监督和限制管理层的动力和意愿。另外，国有股和国有法人股控股股东的存在进一步加剧了小股东不监督、不作为的心态。由于广大小股东大都不愿参与股东大会，这样股东大会就成了大股东的定期“聚会”，股东大会的表决机制流于形式。

2. 内部人控制较为突出

所谓内部人控制，是指公司所有权或者控制权集中在少数个人股东、管理人员、董事、控股公司或其他非金融企业手中。内部人控制是中国公司内部治理的主要特征。在中国，公司主要由内部管理人员控制，许多公司的董事长同时兼任总经理，公司董事会的决策权无法真正与管理层的执行决策职责分开。造成内部人控制的另外一个原因就是大多数独立董事很难发挥自己的职能。中国证监会 2001 年发布的《关于上市公司建立独立董事制度的指导意见》(以下简称《指导意见》) 以及 2002 年发布的《上市公司治理准则》均指出上市公司应该建立独立董事制度。《指导意见》还规定上市公司董事会成员中应当至少包括 1/3 的独立董事。从表 4-2 可见，2007—2012 年中国上市公司董事长与总经理两职合一的比例不断上升，2012 年两职合一的比例高达 24.80%，这在一定程度上弱化了董事会对总经理的监督。

从表 4-2 还可看出，中国上市公司独立董事的平均人数在 3~4 人之间，所占比例大于《指导意见》中规定的三分之一，并且呈现不断上升的趋势。但有关研究表明，很多上市公司建立独立董事制度是被动和消极的，其选聘独立董事并不是出于完善公司治理的内在需要，而仅仅是为了满足证监会的合规性要求。中国上市公司独立董事候选人的提名也主要由控股股东决定或从其控制的董事会中选择人选，在独立董事聘任过程中董事会提名委员会往往形同虚设，这样就导致了独立董事不独立。独立董事无法行使对董事会职能的有效监督，结果造成中国董事会“内部人控制”相当严重。

表 4-2　2007—2012 年中国上市公司董事会特征

年度	董事长与总经理两职合一（%）	董事人数	独立董事人数	独立董事占比（%）	董事持股数量（股）	董事前三薪酬（元）
2007	15.56	9.40	3.34	35.53	5184724	1017671
2008	15.73	9.27	3.33	35.92	9274973	1019405
2009	18.26	9.15	3.31	36.12	10904432	1106441
2010	21.74	11.40	3.95	34.65	16125760	2208610
2011	24.66	8.99	3.28	36.52	27016182	1443767
2012	24.80	8.96	3.28	37.02	32431765	1522539

资料来源：国泰安数据库。

3. 监事会的监督功能有限

我国《公司法》中明确规定：有限责任公司设立监事会，其成员不得低于三人，股东人数少或者规模较小的有限责任公司可以设立一两名监事；股份有限公司设立监事会，其成员不得少于三人。从表4-3可见，中国上市公司监事会的监事人数呈现不断缩小的趋势，且监事人数满足3人以上的要求。另外，表4-3显示，中国上市公司监事会的会议次数总体呈现增加的趋势。这种会议次数的增加可以视为监事会行为强度的增加，但也有可能只是形式上的增加，并不能有效发挥其监督职能（李维安等，2013）。中国上市公司监事普遍存在专业资格与职责能力不相符合的问题，很难发挥有效的监督职责。此外，监事会还存在权利与义务法律界定不清、监事会与董事会权力不均、缺乏独立性、在公司中地位低、信息不足等局限性，都使监事会的监督职能大打折扣。

表4-3　2007—2012年中国上市公司监事会特征

年度	监事会会议次数（次）	监事人数（人）	监事持股数量（股）
2007	4.47	4.06	251347
2008	4.91	4.00	344058
2009	4.65	3.93	412853
2010	4.97	3.84	711222
2011	5.43	3.76	1029763
2012	5.58	3.72	1002267

资料来源：南开大学公司治理数据库。

4. 管理层激励设计不合理，无法起到有效激励的作用

管理层激励制度是20世纪80年代以来西方市场经济国家公司普遍采用的一种薪酬制度。按照委托—代理理论，股东与经理人之间发生利益冲突和矛盾是不可避免的，通过将经理人薪酬与公司业绩挂钩的激励计划有助于协调股东与经理人之间的利益冲突，进而降低代理成本。最优契约理

论认为，由于公司高管与股东之间存在代理问题，薪酬契约的设计可以缓解股东与公司高管之间的利益冲突，将公司高管的报酬与其业绩相挂钩可促使其为股东财富最大化努力工作，从而有效解决代理问题。因此，设计合理的薪酬契约计划对于协调管理层和股东的利益是十分必要的。我国上市公司已在现有法律下广泛探索了激励机制。20 世纪 90 年代中期，一些公司试行了总经理年薪制，后来，也有一些公司将公司股份作为激励手段配发给管理层。2005 年 12 月 31 日颁布的《上市公司股权激励管理办法（试行）》是对管理层激励所做出的一项具体规范。

目前，中国上市公司管理层薪酬设计不合理，无法起到对管理层有效激励的作用，主要表现在中国上市公司总经理薪酬基本不受公司业绩的影响，公司的净利润对总经理薪酬影响系数较小，常年亏损却仍拿高薪的总经理不在少数。据《2012 年上市公司总经理薪酬榜》显示，公司所在行业及公司规模对总经理薪酬影响最为明显。行业代替公司净利润，成为决定上市公司总经理薪酬高低的首要因素。正如表 4-4 所示，金融、保险业总经理的薪酬水平最高，2012 年平均薪酬达到 227.06 万元；其次是房地产业，2012 年平均薪酬达到 102.84 万元；位居第三的是传播与文化产业，2012 年平均薪酬达到 74.88 万元；平均薪酬最低的是农、林、牧、副、渔行业，2012 年平均薪酬仅为 38.72 万元。

自 2008 年至 2012 年，中国 A 股上市公司总经理的薪酬保持持续增长，平均薪酬从 2011 年的 62.38 万元增长到 2012 年的 64.26 万元，增幅约为 3%（见图 4-1）。但上市公司 2012 年合计实现的净利润及加权每股收益较 2011 年有所下降[①]。这说明中国上市公司总经理的平均薪酬增减并不受公司业绩的影响。

---

① 吴晓求. 中国资本市场研究报告（2013）[M]. 北京：北京大学出版社，2013：376-377.

表 4-4 2011—2012 年中国上市公司不同行业总经理薪酬情况

行业	公司数	2011 年薪酬均值（万元）	2012 年薪酬均值（万元）	增减情况
金融、保险业	41	274.87	227.06	降
房地产业	130	97.02	102.84	升
传播与文化行业	33	63.87	74.88	升
批发和零售贸易	127	75.84	74.44	降
采掘业	60	65.24	73.64	升
建筑业	49	62.68	66.12	升
社会服务业	80	54.9	65.49	升
交通、运输仓储业	77	59.23	64.07	升
综合类	51	61.89	62.43	升
信息科技类	199	60.6	59.28	降
制造业	1480	53.39	56.82	升
电力、煤气与水的生产与供应业	71	44.78	53.04	升
农、林、牧、副、渔业	46	41	38.72	降
总计	2444	62.38	64.26	升

资料来源：第一财经日报《财商》、第一财经研究院、尚道管理咨询公司。

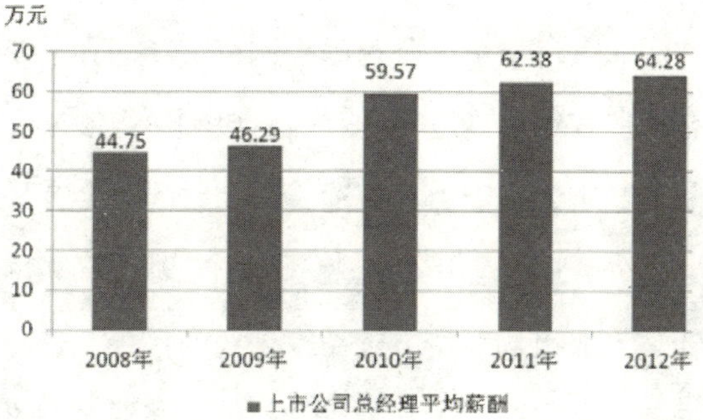

资料来源：第一财经日报《财商》、第一财经研究院、尚道管理咨询公司。

图 4-1 2008—2012 年中国 A 股上市公司总经理平均薪酬情况

三、外部治理机制不健全

外部治理机制是相对于内部治理机制而言的。外部治理机制是由公司控制权市场、经理人市场、法律监管体系等组成的外部约束机制。处在转轨经济中的中国上市公司外部治理机制并不健全，难以发挥有效监督的作用，具体表现在以下几点：

1．公司的控股权市场无法真正发挥作用

在有效的公司治理中，公司控股权市场是一个十分重要的外部治理机制。一些学者认为，公司的竞争对手可通过收集股权或投票代理权的方式，取得目标公司的控制权，进而达到接管或者更换无效率的经理人员的目的。公司控制权市场的存在使得经理层始终面临被接管的威胁，迫使其改善公司经营，提高公司业绩，从而降低代理成本。西方学者的一些研究结论支持上述观点。马丁和麦康奈尔（Martin and McConnell，1991）发现，对于目标公司而言，在被接管后，CEO 绩效的增长与接管以前的绩效相比有大幅增长，他们的研究结论与接管市场培训了较差经理人员的假设相一致。希尔里等（Healy et al.，1992）研究发现，在购并之后公司业绩得到改善，而且绩效改善并不是由削减研发费用或资本支出的长期投资而获得的。然而，在中国特殊的制度背景下，公司的控制权市场却无法发挥作用，原因在于中国上市公司股权结构高度集中，国有股和法人股所占比重较高，这部分股份处于凝固状态，不能上市流通，公司收购（尤其是敌意收购）在中国很难成功。另外，中国上市公司控制权的转移大多采用协议收购的形式进行，鲜有通过二级市场竞价方式获得公司的例子。这些收购或者兼并大多是政策驱动并由国家主导（这种控制权的转移通过国家股或法人股的转让形式来实现），并未解决根本问题。有些地方政府甚至将经营业绩好的国有企业与亏损较多的国有企业合并，以美化其政绩，这种收购形式违背了公司控制权市场的主旨，其公司治理效果也大打折扣。

2．经理人市场不完善

实施管理层激励的一个重要前提是经理人与岗位胜任能力相匹配，因为管理层激励不能解决经理人选择机制问题。如果存在完善的经理人市场，那么经理人能够在市场上自由流动，并由市场来决定其薪酬水平。即，有较高经营能力的经理人员会被上市公司高薪聘请，无经营能力、无效率的经理人员则会被解聘或者取代，同时其在市场上的薪酬水平会降低，甚至面临失业的威胁。经理人市场对经理人的约束作用主要表现在两方面：第一，经理人市场是选拔优秀经理人的主要来源，在公司经营不善时，现任经理人可能面临被解聘；第二，市场的信号传递机制会把公司业绩与经理人在市场上的“声誉”联系起来，促使经理人为提升自己的“声誉”而全力以赴地提高公司业绩。法玛（Fama，1980）指出，经理人市场对公司实施了许多直接压力以按照绩效对经理人进行分类和补充。

在中国，职业经理人市场尚不完善，尚未形成职业经理人有效的能力评价体系，职业经理人的能力也良莠不齐，通过竞争性的经理人市场来实现强化公司外部治理的目的尚未达到。目前绝大多数经理人是由行政机关任命的，他们具有公务员的身份，在公司中还享受一定的行政级别待遇，具有较强的政治因素，而这一客观现实在很长时间内还会维持。对于这些公司的经理人来说，公司薪酬并不是最强的激励因素，谋求更高的社会地位往往比薪酬更加激励他们。能力缺乏造成的经理人这一特殊商品的贬值无法在经理人价格形成机制中体现出来。因此，不健全的经理人评价体系和行政任命使价值规律无法在经理人市场上真正发挥作用，很难使人力资源达到优化配置，影响了公司外部治理的效果和效率。

3．信息披露监管机制不健全，信息披露违规层出不穷

目前，我国已形成包括基本法律、行政法规、部门规章和自律性规则在内的多层次的信息披露法规体系和包括中国证监会、证券交易所各司其职、合理分工、协调监督的信息披露监管体系。从制度上说，我国信息披露规则体系已较完善，但在制度执行上、违法违规行为处罚上及制度安排

的灵活性上还有很大不足。目前我国市场经济体制及相适应的法制体系还不健全，资本市场弱式有效的特征比较明显，上市公司信息披露违规事件层出不穷。1999—2012 年共有 612 起信息披露违规事件。其中，涉及未及时披露重大信息、虚假信息披露或信息披露严重误导、信息披露重大遗漏、业绩预测结果不准确或不及时，而受到中国证监会公开行政处罚的 175 起；受到证券交易所公开批评的 132 起；受到证券交易所公开谴责的 292 起。[①]

我国对于上市公司信息披露违规的处罚手段还是以行政处罚为主，上海、深圳证券交易所尚不具备任何法定的或授权的行政监管能力和行政处罚权。对于严重违规的上市公司管理层，中国证监会除了罚款和市场禁入之外，鲜有更为有效和更具威慑力的惩罚手段。相对于违规带来的巨额收益，来自监管当局的谴责、警告和极为有限的经济处罚是微乎其微的。同时，我国证券市场的信用体制不健全，也减少了上市公司信息披露违规的声誉损失。尽管《证券法》对上市公司及其责任人规定了信息披露违规行为应承担的法律责任，但目前主要的惩罚措施还是以行政罚款为主，而民事赔偿和刑事处罚的规定仍缺乏实施细则和有效机制，造成法律法规的实施偏重行政责任，而轻视民事责任和刑事责任。这从一定程度上降低了信息披露违规的成本，并成为信息披露违规事件屡禁不止的一个重要原因。

第二节　所得税制度

税收制度是一个国家或地区在一定的历史时期，根据特定的社会、经济和政治状况，以法律或法令形式确定的各种课税办法的总称。换言之，税收制度就是国家以法律形式规定的各种税收法令和各种征收管理办法的

① 根据 Wind 数据资源库整理。

总和。税收制度的内容包括税种的设计、各个税种的具体内容，如征税对象、纳税人、税率、纳税环节、纳税期限、违章处理等。西方风险对冲动因理论认为，由于存在所得税的累进税率、投资税收抵免和亏损结转，风险对冲能够降低公司预期所得税水平，进而提高公司价值。因此，所得税制度是影响公司使用衍生产品的重要因素。

范等（Fan et al.，2003）观察到全球运行的三种主要税收体制，第一种是古典税收体制，即红利支付既在个人水平又在公司水平上征税；第二种是红利减免税收体制；第三种是红利归集抵免税收体制。就中国而言，中国的所得税制度更倾向于古典税收体制。中国的企业所得税制度是随着改革开放和经济体制改革逐步建立和完善起来的。20 世纪 70 年代末至 80 年代初，为了适应中国对外开放、利用外资的需要，全国人民代表大会分别在 1980 年 9 月 10 日和 1981 年 12 月 13 日通过了《中华人民共和国中外合资经营企业所得税法》和《中华人民共和国外国企业所得税法》。1991 年 4 月 9 日，第七届全国人民代表大会将《中外合资经营企业所得税法》与《外国企业所得税法》合并，制定了《中华人民共和国外商投资企业和外国企业所得税法》，于同年 7 月 1 日起执行。税法规定，外商投资企业和外国企业按应纳税所得额，适用 30%的比例税率；地方所得税，按应纳税所得额，适用 3%的比例税率，两项合计，总体名义税率为 33%。

针对内资企业，国务院于 1993 年 12 月 13 日将国企所得税、国企调节税、集体企业所得税和私营企业所得税合并，制定了《中华人民共和国企业所得税暂行条例》，自 1994 年 1 月 1 日起执行。税法规定，一般企业适用 33%的税率；对微利企业暂时适用 27%或者 18%的两档照顾性税率；金融、保险企业暂时适用 55%的税率（1997 年以后税率改为 33%）。

上述外商企业所得税、内资企业所得税的分别统一以及此后若干年的内资企业所得税的不断调整，为新企业所得税法的出台奠定了理论基础。在经过多年的税制改革和“两税合一”的理论探讨后，2007 年 3 月 16 日，第十届全国人民代表大会第五次会议通过了《中华人民共和国企业所得税法》（以下简称“新企业所得税法”），自 2008 年 1 月 1 日起正式实施。2007 年 11 月 28 日，国务院第 197 次常务会议通过了《中华人民共和国企业所得税法实施条例》。

新企业所得税法的纳税义务人为在中国境内的国有企业、集体企业、私营企业、联营企业、股份制企业、外商投资企业、外国企业和有生产、经营及其他所得的其他组织，以及实际管理机构不在中国境内，但有来源于中国境内所得的企业；征税对象为纳税人来源于中国境内、境外的生产经营所得、其他所得和清算所得（非居民企业在中国境内未设立机构场所的，仅对其来源于中国境内的所得纳税）；纳税人每个纳税年度的收入总额减去不征税收入、免税收入、各项扣除项目以后的余额，为应纳税所得额；一般企业适用 25%的基本税率，小型微利企业适用 20%的优惠税率，并对非居民企业适用 20%的低税率。如果纳税人某个纳税年度发生亏损的，可以用下一年度的所得弥补。

就中国上市公司而言，公司的实际所得税税率与名义法定税率往往不一致。一方面，由于合并会产生差异，编制合并报表时公司没有合并纳税，从而使利润部分有所抵消，而所得税费用则是纳入合并范围的公司合并数；另外，母子公司可能适用不同的法定税率。另一方面，由于会计制度和税法对收益、费用、资产、负债等的确认和认定范围的不同，从而导致税前会计利润与公司应纳税所得额之间产生差异，即永久性差异和时间性差异。另外，由于公司采用纳税影响会计法（负债法或递延法）、会计政策的变更以及资产负债表日后事项调整而涉及所得税的情况，也会影响公司的所得税费用。

同时，新企业所得税法还规定了各种税收优惠，目前就中国上市公司而言，可获得的所得税税收优惠政策包括：① 民族自治地方的企业，经过省级人民政府批准，可以定期减征或免征企业所得税；② 国家重点扶持的高新技术企业减按15%的税率征收企业所得税；③ 企业从事国家重点扶持的公共基础设施项目的投资经营所得和从事环境保护、节能节水项目的所得，自项目取得第一笔生产经营收入所属纳税年度起，第1年至第3年免征企业所得税，第4年至第6年减半征收企业所得税；④ 软件生产企业、集成电路设计企业实行增值税即征即退政策所退还的税款，由企业用于研究开发软件产品的，不予征收企业所得税。国家规划布局内的重点软件生产企业，如当年未享受免税优惠的，减按10%的税率征收企业所得税。我国境内新办软件生产企业经认定后，自获利年度起，第1年和第2年免征企业所得税，第3年至第5年减半征收企业所得税；⑤ 证券投资基金从证券市场取得的收入，暂不征收企业所得税。投资者从证券投资基金分配取得的收入，暂不征收企业所得税；⑥ 对设在西部地区国家鼓励类产业的内资企业，可在一定期限内，减按15%的税率征收企业所得税。综上，中国所得税的优惠种类较多，各种所得税优惠一定程度上降低了上市公司的所得税负担，单单从适用的法定税率并不能真实反映其所得税的实际负担情况，应综合考虑其实际所得税税率来衡量其所得税负担。

中国税法允许长达5年的亏损递延（Loss Carry Forwards），但不允许亏损预提（Loss Carry Backs）。新企业所得税法规定，纳税人某一纳税年度发生亏损，可以用下一年的所得弥补，下一年度的所得不足以弥补的，可以逐年延续弥补，但延续弥补期限最长不超过5年。另外，中国税法不允许投资税收抵免（Investment Tax Credits）。

第三节　资本市场效率性

有效市场的概念首先由法玛（Fama，1965）正式提出。他对有效市场的定义："如果市场中的价格完全反映了所有可用的信息，就可以将这个市场称为有效的。"他把市场按照有效性划分为三个层次：弱式有效市场、半强式有效市场和强式有效市场。

有效市场假说认为，在一个资本市场上，有关某个资本产品（包括股票、公司债券、国债、衍生产品等金融产品）的全部信息都能够迅速、完整和准确地被某个关注它的投资者所获得，其交易价格正确地反映其内在投资价值或真实价值，这样的资本市场就是有效的资本市场。换言之，如果资本市场上某个资本产品的相关信息对每个投资者都是对等的，那么任何投资者都可根据自己掌握的信息及时地进行理性的投资决策，这样任何投资者都不能获得非正常报酬，这种资本市场就是"有效的"。

有效市场假说的支持者认为，价格在任何时点上都是证券内在价值的最佳评估。基于这一命题，可得到价格有效性的前提，即市场均衡状况可用预期报酬率来表示。进一步说，在考虑到定价信息时，某证券的预期价格等于今天的价格加上下一时期的预期报酬率。常用公式（4.1）来证明这一关系：

$$E(\widetilde{P}_{i,t+1|\varphi_t}) = [1 + E(\widetilde{R}_{i,t+1|\varphi_t})]\mathrm{P}_{i,t} \tag{4.1}$$

其中，E 是数学期望运算符号；~为随机变量符号；$P_{i,t+1|\varphi_t}$ 表示第 i 种证券在时点 t+1 上的价格；φ_t 表示在时点 t 上可以获得的信息；$R_{i,t+1}$ 表示在时点 t+1 上的报酬率；$P_{i,t}$ 是证券 i 在时点 t 上的价格。

在上述公式中，$E(\widetilde{R}_{i,t+1|\varphi_t})$ 是以资本资产定价模型（CAPM）为基础的，资本资产定价模型是检验有效市场假说的必要前提。根据 CAPM 模型，公司股票期望报酬率与该股票报酬的风险正相关，即为公式（4.2）：

$$E(\widetilde{R}_{i,t+1|\varphi_t}) = \alpha_i + \beta_i E(\widetilde{R}_{m|\varphi_m}) \tag{4.2}$$

其中，α_i 表示证券 i 的报酬率与市场无关的部分；β_i 表示证券 i 的市

场风险；$E(\widetilde{R}_{m|\varphi_m})$代表了市场组合的预期报酬率。法玛（Fama，1970）认为，完全竞争理论无法解释现代资本市场的现实，因此，市场有效性的体现就被描述成投资者面对的各种公平竞争。在这种竞争市场中，证券价格能否成为正确的信号取决于价格是否充分反映所有可获取的信息，所以可取的信息 φ_t 就成为价格能否作为正确信号的决定因素。

美国四十多年来的实证检验表明，美国资本市场基本达到半强式有效市场。而国内学者对资本市场有效性的研究主要集中在中国资本市场是否弱式有效。根据国内学者对中国资本市场有效性的研究结果，中国的股票市场目前不具备半强式有效，至多达到弱式有效性。表 4-5 对中国股票市场有效性的实证研究文献进行了总结。

表 4-5　中国股票市场有效性实证研究总结

研究目的	研究者	研究方法	时间区间	结论
弱式有效检验	吴世农（1994）	自相关分析	1992 年 6 月 1 日—1993 年 12 月 1 日，上海	非有效市场
	俞乔（1994）	误差项序列相关、游程检验、非参量性检验	1990 年 12 月 29 日—1994 年 4 月 28 日	深沪两市均不具有弱式有效
	宋颂兴等（1995）	随机游走模型	1993 年 1 月 1 号—1994 年 10 月 29 日，上海	弱式有效
	高鸿帧（1996）	序列相关性、延续性检验、新信息反应检验	1990 年 12 月 19 日—1994 年 12 月 19 日，上海	从非有效向弱式有效过渡
	吴世农（1996）	随机漫步、过滤检验	1993—1995 年	难于判断市场弱式有效
	陈小悦等（1997）	Dick-Fuller 检验	1991—1996 年，深圳	达到弱式有效
	张亦春等（2001）	广义谱密度函数域分析	1993 年 1 月 3 日—2000 年 1 月 7 日	尚未达到弱式有效
	胡波等（2002）	随机游动模型	1996 年 2 月 12 日—2001 年 7 月 9 日	尚未达到弱式有效
	马向前等（2002）	序列相关检验、ADF 检验	1990 年 12 月—2000 年 12 月	1993 年后达到程度低的弱式有效

续表

研究目的	研究者	研究方法	时间区间	结论
半强式有效检验	沈艺峰（1996）	收购事件	1993 年（两家公司）	未达半强式有效
	吴世农和黄志功（1997）	累计超常收益	1996 年 1 月 2 日—1996 年 5 月 31 日(上海 30 家公司)	尚未达到半强式有效
	杨朝军等（1997）	分配公告	1993-1995 年（上海 100 家公司）	无法证实半强式有效
	靳云汇和李学（2000）	买壳上市	1997-1998 年（94 家公司）	不能接受半强式有效
	赵勇和朱武祥（2000）	兼并收购	1998-1999 年（29 家公司）	不能接受半强式有效

众所周知，现代衍生证券定价理论的基础来源于以下基本假设：股价满足一个广义的维纳过程，即 Ito 随机过程。而维纳过程是一种基于某些特定条件的马尔科夫随机过程。因此，衍生证券定价理论的前提是弱式有效市场。这样弱式有效市场的检验可通过检验衍生证券定价模型来进行。美国的衍生证券市场已经相当成熟，有关衍生证券定价的实证检验也较多。而在国内，有关有效市场假说的实证检验大部分集中在股票市场，缺乏对衍生证券市场的实证分析。这跟我国资本市场的发展程度有关。我国资本市场金融产品较为单一，股票、债券市场发展较早，而衍生产品市场发展相对落后，股指期货和信用类衍生产品刚刚起步，利率期权类产品尚处空白。因此，积极发展国内衍生产品市场，对于检验国内衍生证券市场定价和有效市场假说具有重要意义。

第四节　利率市场化进程

利率是金融资产的价格，在总量上影响着一国的储蓄、投资及货币的供给和需求，在结构上影响着资源配置效率、产业调整、金融机构转型和国民收入再分配等。利率市场化是指在市场经济条件下，利率的高低由资金市场的供求关系来决定。但是，在很长一段时间内我国实行严格的利率管制。从新中国成立到1995年，中国人民银行是国家管理利率的唯一机关，对利率实行集中、统一管理，金融部门不能自定利率，其他单位和个人不得制定与国家利率政策和有关规定相抵触的利率政策或具体办法。利率管制导致了利率不能真实反映资金的供求关系，不仅降低了金融市场资金配置的效率，还扭曲了信贷市场、同业拆借、债券、票据等金融市场的利率传导机制。

鉴于利率管制的种种弊端，我国在20世纪90年代启动了利率市场化改革。中央领导层一直支持利率市场化改革，从中央重要的会议文件可以看出。1993年，十四届四中全会提出金融体制改革的内容之一是“允许商业银行存贷款利率在一定幅度内自由浮动”。2002年，十六大报告重申：“稳步推进利率市场化改革，优化金融资源配置。”2003年，十六届三中全会中明确提出“稳步推进利率市场化，建立健全由市场供求关系决定的利率形成机制，中央银行通过运用货币政策工具引导市场利率”。2012年，十八大报告中提出：“深化金融体制改革，健全促进宏观经济稳定、支持实体经济发展的现代金融体系，加快发展多层次资本市场，稳步推进利率和汇率市场化改革，逐步实现人民币资本项目可兑换。”2013年11月，党的十八届三中全会在《中共中央关于全面深化改革若干重大问题的决定》中提出“加快推进利率市场化，健全反映市场供求变化的国债收益率曲线”。在此大背景下，我国的利率市场化进程在有条不紊地进行。1996年1月，我国建立了全国统一的银行间同业拆借市场，产生了中国银行间同业拆借市场利率（Chibor），银行间同业拆借市场利率由拆借双方根据市场资金供求自主确定，标志着我国利率市场化的开始。1996年，财政部采用了利率招标、收益率招标等形式，实现了国债的市场化发行。1997年6月，央行下发了《关于银行间债券回购业务有关问题的通知》，决定放开债券回购利率和现券交易价格，利用全国统一的同业拆借市场来开办银行间债券回购业务。2007年1月4日，经中国人民银行批准同意，上海银行间同业拆放利率（Shibor）正式上线，使我国有了自己的市场基准利率，为深化利率市场化奠定了基础。

经过二十多年的利率市场化改革，货币市场、债券市场及商业银行的票据贴现和外币存贷款利率都已基本市场化。目前除了无需市场化的政策性利率之外，仅有人民币存贷款仍实行利率管制，如表4-6所示。

表4-6　中国利率体系及其市场化程度

利率类型	利率种类	利率市场化状况
政策性利率	再贴现利率、存款准备金利率	官方利率，无须市场化
市场利率	同业拆借利率、国债利率、央行票据利率、信用债券利率（包含企业债、公司债、短期融资券、超短期融资券、中期票据等）、金融债利率、商业票据利率、票据贴现利率、外币存贷款利率	市场化程度高
管制利率	人民币存款利率、人民币贷款利率	人民币存款利率上限管理 人民币贷款利率下限管理

资料来源：根据中国人民银行相关资料整理。

其中，我国货币市场已基本实现了利率市场化。1996年6月，我国取消拆借利率上限管理，基本实现了拆借利率的市场化。2007年1月，央行推出的上海银行间市场拆放利率（Shibor）正式上线，我国货币市场利率市场化程度不断完善。Shibor 能够及时反映我国货币市场上人民币短期资金的供求状况。

随着利率市场化的推进，我国逐步放开了金融债券、国债、企业债的利率管制，目前债券市场实施的基本为市场化利率，使利率的市场化范围进一步扩大。

其中，境内外币存、贷款利率已经基本放开，利率市场化程度较高。

目前，人民币贷款利率虽然下限管制，但实际利率水平的市场化程度比较高。截至2012年7月6日，央行已将金融机构贷款利率浮动区间的下限调整至基准利率的 0.7 倍。不过，从近年来信贷市场实际执行的贷款利率来看，贷款的实际利率一般高于基准利率，这样贷款的下限管理并没有发挥作用。在 2012 年新发放的贷款中，下浮利率的比例仅占 7.98%，而按照基准利率和上浮利率新增的贷款比例超过了 92%[①]，这说明目前的绝大部分贷款并不受贷款利率下限管制的影响，贷款利率的市场化程度比较高。

目前，人民币存款利率实行上限管理，利率市场化程度较低。截至 2012 年 7 月 6 日，中国人民银行决定将金融机构存款利率浮动区间的上限调整为基准利率的 1.1 倍。由于人民币存款利率是我国金融市场的核心利率，央行对人民币存款利率进行上限管理降低了金融市场的整体利率市场化水平，因此，适时放开对人民币存款利率的上限管制将是我国下一步利率市场化的焦点。

总体而言，我国利率市场化进程已取得巨大成就，在各种金融工具定价中，国内同业拆借利率、债券市场利率、贴现利率等都已实现了市场定价，货币市场和外币存款也基本实现利率市场化，只剩下存款利率上限、贷款利率上限仍受一定管制。这样，中国货币市场上就存在多种利率并存的状态，有以同业拆借利率（Shibor）为代表的市场利率，也有以人民币存款利率为代表、受央行利率管制的“非市场化利率”，这种“利率双轨制”，构成了当前我国货币市场的特殊背景。

第五节　人民币汇率制度演变

汇率是一种货币兑换另外一种货币的比率，即一种货币表示另一种货币的价格。由于世界各国的货币名称不同，币值也不相等，所以，一种货

① 资料来源：中国人民银行的《2012 年货币政策执行报告》。

币对其他国家或地区的货币要规定一个兑换率，这个兑换率即称为汇率。汇率制度是一国货币当局对本国货币有关汇率变动所做的一系列安排和规定。在当今的《牙买加协议》[①]体系下，汇率制度有完全自由浮动汇率制、有管理的浮动汇率制、按通胀等指标调整的浮动汇率制、爬行钉住汇率制和复合汇率制等几种类型。我国的人民币汇率制度是根据国内经济形势和人民币汇率制度改革不断建立和完善起来的，本节阐述了我国人民币汇率制度的演进过程，以期对我国的汇率制度背景有一个清楚的认识。

一、汇率双轨制

1981—1998年，我国实行人民币“汇率双轨制”，主要表现为1981—1984年的官方汇率与内部结算汇率同时并存的汇率双轨制和1985—1993年的官方汇率与外汇调剂市场汇价并存的汇率双轨制。

第一个阶段（1981—1984年）的汇率双轨制表现为官方汇率与内部结算汇率同时并存。其中，官方汇率适用于进口和服务贸易等大部分外币业务，而内部结算汇率仅适用于出口贸易的结算。内部结算汇率使用的汇价一直低于官方汇率，这样做的目的是为了鼓励出口，抑制进口，增加国家的外汇储备。汇率双轨制正是转轨经济下汇率制度的重要特征，因此，这个时期的汇率制度体现了国家对出口和进口的不同政策导向，也可以看成是针对进口贸易和出口贸易不同的汇率制度。这一时期的汇率制度主要特点：第一，两种汇率并存；第二，在官方汇率保持不变的条件下，主动调低人民币内部结算汇率，体现了鼓励出口、抑制进口的政策导向。由于进、出口贸易企业采用两种汇率进行结算，两种汇率并不相同，而外汇

① 在布雷顿森林体系崩溃后，国际货币基金组织于1976年1月在牙买加首都金斯敦举行会议，会议最后通过了《牙买加协议》，它的主要内容包括以下几点：a. 修订了国际货币基金组织份额，其结果是发达国家的投票权与发展中国家比较相对减少；b. 浮动利率合法化。成员国可以自由选择汇率方面的安排，因此固定汇率制和浮动汇率制可以同时并存；c. 美元不再与黄金挂钩，废除黄金条款，实行“黄金非货币化”。

调剂交易又受到严格的限制，外汇余额调剂手段缺乏，因此进口企业外汇缺口的问题日益突出。这一矛盾日趋激烈，直接导致了 1985 年新的汇率制度改革。

第二个阶段（1985—1993 年）的汇率双规制，表现为官方汇率与外汇调剂市场汇价共存。自 1988 年 3 月起，全国各地开始开设外汇调剂中心，逐步放开外汇调剂市场的汇率价格。由于官方汇率与外汇调剂市场的汇率成交价格并不一致，由此进入新的“汇率双轨制”。在初期，官方汇率在外汇市场占有主导地位，但随着外汇调剂市场的不断完善，官方汇率的交易份额不断下降，而反映市场供求关系的外汇调剂市场的地位逐步上升，交易份额也不断增加，到 1993 年，外汇调剂市场的外汇交易份额已达近 80%。这反映出市场供求关系对汇率的决定作用越来越明显，为日后人民币汇率制度的进一步发展奠定了基础。

二、单一汇价与有管理的浮动汇率制

1993 年之前的汇率双轨制在运行过程中，出现了很多问题，尤其是为市场寻租活动提供了空间，全国各地出现了多个“外汇黑市”，严重扰乱了我国外汇市场的正常秩序。另外，在汇率双规制执行过程中，一些外汇经常项目、资本投资项目的自由兑换均受到了严格的管制，扭曲了人民币汇率的真实价格，人民币存在贬值压力。

1993 年 12 月 29 日，中国人民银行发布了《关于进一步改革外汇管理体制的公告》，宣布自 1994 年 1 月 1 日起对外汇体制进行重大改革。自 1996 年 3 月起，中国人民银行在上海、深圳、江苏、大连四个地区进行了外商投资企业的结售汇试点业务。1996 年 7 月在试点获得成功的基础上，人民银行决定将外商投资企业纳入银行的结售汇体系中，使人民币经常项目从部分可兑换向完全可自由兑换过渡。1996 年 11 月 27 日，中国人民银行宣布自 1996 年 7 月 1 日正式接受《国际货币基金组织协定》第八条，从而实现了人民币经常项目的自由可兑换。

不过，由于 1997 年东南亚金融危机的冲击，人民币汇率制度发展进程受到了影响。为了避免东南亚国家集体陷入无止境的竞争性贬值，中国主动承诺人民币汇率不贬值。此后，人民币汇率制度表面上仍为有管理的浮动汇率制度，但由于人民币不贬值的承诺，以及当时出口压力增加、难以承受汇率升值的压力等因素的制约，这一时期的人民币汇率在实际上长期盯住美元而缺乏弹性。这一缺乏弹性的汇率持续了八年左右，对国内不可贸易品生产行业的挤压比较严重，影响了中国经济的长期可持续发展，最后导致 2005 年 7 月 21 日的汇率制度改革。

三、参考一篮子货币的浮动汇率制度

2005 年 7 月 21 日，中国人民银行宣布对人民币汇率制度实施重大改革。这次汇率改革的主要内容有：① 实行以市场供求为基础、参考一篮子货币进行调节、有管理的浮动汇率制度；② 将当日人民币交易价格调整为 1 美元兑换 8.11 元人民币，较之前 1 美元兑换 8.72 元人民币的全国统一人民币外汇牌价升值了约 2%，并将其作为次日外汇交易中间价。

在当时的汇率改革过程中，政策对渐进性的偏好在市场上形成了人民币汇率持续升值的单边预期，带来大量热钱的涌入。中国政府采取了“疏”和“堵”相结合的方式来进行治理：“疏”是鼓励中国企业、单位对外直接投资或间接投资，以减少资金流入的压力；“堵”即对国际热钱流入进行严格管理。

2008 年 9 月，美国次贷危机爆发并很快升级为全球性金融危机。这一时期，人民币汇率面临贬值压力。在 2008 年年末和 2009 年年初，与即期汇率相比，人民币无本金交割远期外汇（NDF）市场 12 个月的人民币远期汇率贬值预期高达 8%左右，如图 4-2 所示。在此背景下，人民币汇率重新盯住美元，收窄了浮动区间，稳定了市场预期。在 2009 年上半年，NDF 市场的人民币汇率贬值预期迅速逆转为升值预期，但人民币名义汇率在 6.82 水平附近与美元保持紧密联系。

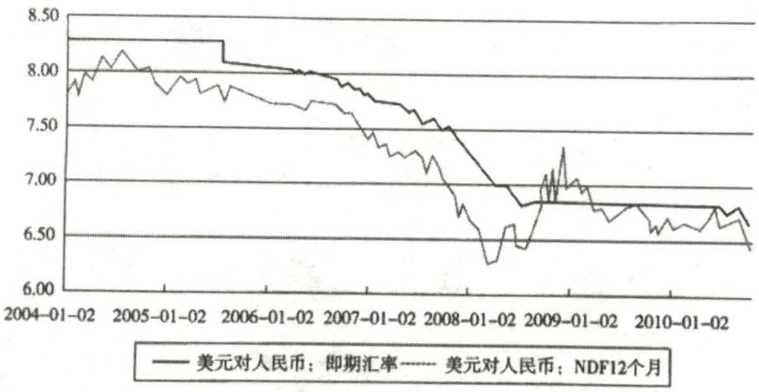

资料来源：路透，CEIC，2010。

图 4-2　人民币的名义汇率和 NDF 市场的预期报价

从 2009 年下半年起，全球经济显著复苏。中国经济在 2009 年取得了 9%的高增长速度，再加上中国出口的显著复苏，人民币面临新一轮的外部升值压力在所难免。中国人民银行在 2010 年 6 月 19 日宣布，在 2005 年汇率改革的基础上，重启人民币汇率形成机制改革，汇率机制延续了 2005 年 7 月汇率改革时的口径，即以市场供求为基础、参考一篮子货币进行调节、有管理的浮动汇率制度。自改革开放以来，我国汇率制度的演变情况如表 4-7 所示。

表 4-7　改革开放以来人民币汇率制度的演变

汇率制度类型	起止时间	汇率制度特征
汇率双轨制	1981 年至 1984 年	官方汇率与内部结算汇率并存
	1985 年至 1993 年	官方汇价与外汇调剂市场汇价并存
单一汇价与有管理的浮动汇率	1994 年至 1996 年	以市场供求为基础的、单一的、有管理的浮动汇率制度
	1997 年至 2005 年 7 月	长期盯住美元而缺乏弹性

续表

汇率制度类型	起止时间	汇率制度特征
参考一篮子货币的浮动汇率	2005年7月至2008年7月	以市场供求为基础、参考一篮子货币进行调节、有管理的浮动汇率制度
	2008年8月至2010年6月	人民币汇率重新盯住美元
	2010年6月至今	以市场供求为基础、参考一篮子货币进行调节、有管理的浮动汇率制度

资料来源：根据中国人民银行、国家外汇管理局相关资料整理。

第六节　本章小结

本章对中国制度背景进行了系统分析，主要从公司治理机制、所得税制度、资本市场效率性、利率市场化进程和人民币汇率制度五个方面进行分析，以便为解释中国上市公司的衍生产品使用特征提供现实背景和理论依据，有利于深入了解衍生产品使用影响因素的背后力量。

现阶段，高度集中的股权结构、股东大会形同虚设、内部人控制的董事会以及缺乏有效的控制权市场和经理人市场、信息披露监管机制不健全等市场缺陷及制度漏洞问题，长期以来备受诟病，被公认为是中国上市公司治理结构不佳的根源；中国的税收制度改革取得一定成绩，但与国际惯例尚未接轨；与美国等西方发达市场经济体相比，中国资本市场弱式有效的特征较为明显，市场离“在资源配置中起基础性作用”的地位仍有较大差距；中国的货币市场和外汇市场存在一定的政府管制，刚刚建立起来的以市场供求关系决定的利率和汇率形成机制与西方发达市场经济国家相比仍有一定差距。这些都是制约中国衍生产品市场发展与衍生产品使用的制度因素。

第五章　中国衍生产品发展与使用现状分析

本章首先从场内衍生产品和场外衍生产品两个方面阐述了中国衍生产品的发展现状。然后，分别从行业分布情况、所在区域分布情况、资产规模分布情况和衍生品不同类型使用情况四个方面分析了衍生产品在中国上市公司的使用现状。

第一节　中国衍生产品发展现状

衍生产品按照交易场所的不同，可以划分为场内衍生产品和场外衍生产品。场内衍生品是指在交易所内达成交易的标准化合约。场外衍生品是指在交易所以外进行交易的衍生产品。目前中国推出的衍生产品品种如表 5-1 所示。

表 5-1　中国衍生产品推出品种情况

	按基础资产划分的类别	衍生产品品种
场内衍生产品	商品衍生品	农产品期货、金属类期货、能源、化工类期货
	权益衍生品	沪深 300 指数期货、上证 50ETF 期权
	利率衍生品	5 年期国债期货

续表

	按基础资产划分的类别	衍生产品品种
场外衍生产品	利率衍生品	债券远期、远期利率协议、利率互换
	汇率衍生品	人民币外汇远期、人民币外汇掉期、人民币货币掉期、人民币外汇期权
	信用衍生品	信用风险缓释合约（CRMA）、信用风险缓释凭证(CRMW)
	资产支持类结构衍生品	抵押贷款支持证券、资产支持证券、专项资产支持计划
	商品或商品价格指数衍生品	黄金远期、黄金掉期、黄金期权、人民币 FFA、铁矿石掉期、动力煤掉期
	权益衍生品	认股权证、可转换债券

资料来源：根据中国期货业协会、中国证监会、中国银行间市场交易商协会等相关资料整理。

一、场内衍生产品发展现状

1．国内期货业发展现状

我国期货业务的开始是以 1990 年 10 月 12 日郑州粮食批发市场开业为标志，到现在已经走过了二十多年的发展历程。国内期货市场大体经历了初期发展、清理整顿和规范发展三个阶段，以下对此进行简要回顾。

第一阶段（1990—1993 年）：初期发展阶段。20 世纪 80 年代末，我国市场经济价格机制的作用不断显现，不断增大的农产品价格的波动风险，给我国农业生产造成不利影响。1990 年 10 月 12 日，经国务院批准，郑州粮食批发市场正式成立，标志着我国商品期货市场正式开启。之后，国内其他期货交易所陆续建立，拉开了国内期货市场交易的序幕。试点初期，受行业利益驱使，曾出现过五十多家商品交易所、三十多个市场交易品种和两千三百多个交易所会员。在此阶段，由于政府法律法规的缺失以及期货人才和技术的储备不足，带来了期货市场的盲目发展，大户垄断、操纵市场、联手交易等违法行为时有发生，严重扰乱了期货市场的正常秩序，急需相关法律法规的出台来规范期货市场的发展。

第二阶段（1994—2000年）：清理整顿阶段。1993年11月4日，国务院发布相关文件，要求各地对期货市场进行清理整顿，关停一大批期货交易所，最终保留了15家期货交易所被确定为试点。1998年8月，国务院发布《关于进一步整顿和规范期货市场的通知》，将14家期货交易所（原来15家交易所中的广东联合商品交易所已在1996年的清理整顿中被关闭）撤并，仅保留上海、郑州和大连3家，只保留12个期货交易品种。2000年12月28日，中国期货业协会在北京成立。至此，中国期货行业监管体系和自律体系已完全确立，治理整顿阶段结束。

第三阶段（2000年至今）：规范发展阶段。经过两年多的治理整顿，我国的期货市场逐步走上了规范发展的道路。2001年3月，"十五"规划纲要明确提出了"稳步发展期货市场"。2004年1月，《国务院关于推进资本市场改革开放和稳定发展的若干意见》（以下简称《国九条》）中又明确提出要"稳步发展期货市场，在严格控制风险的前提下，逐步推出为大宗商品生产者和消费者提供发现价格和套期保值功能的商品期货品种"。2007年4月，国务院修订并发布了《期货交易管理条例》，为强化市场监督和发展场内金融期货奠定了制度基础。《国九条》发布后，我国期货市场先后成功上市了棉花、玉米、燃料油、豆油、白糖、精对苯二甲酸（PTA）、菜籽油、棕榈油、塑料、锌、黄金、白银等30个关系国计民生的大宗商品期货交易品种。黄金期货于2008年1月顺利上市。2012年5月10日，白银期货在上海期货交易所上市。

此外，我国金融期货的发展也初获成效。2006年9月，中国金融期货交易所正式成立。2010年4月，沪深300指数期货在中国金融期货交易所挂牌交易。2013年9月6日，5年期国债期货正式上市交易。

截至2013年年底，我国期货交易品种已增加至40个，期货品种已经从单一品种发展到产业链上下游，涵盖了农产品、金属类、能源、化工等领域，进一步拓展了服务实体经济的深度和广度。2013年中国期货市场交易品种如表5-2所示。

表 5-2　2013 年中国期货市场交易品种分布情况

交易所名称及代码	交易所所在地	品种
上海期货交易所（SHFE）	上海	铜、铝、锌、天然橡胶、燃料油、黄金、螺纹钢、线材、铅、白银、石油沥青
大连商品交易所（DCE）	大连	黄大豆一号、黄大豆二号、豆粕、豆油、玉米、线性低密度聚乙烯（LLDPE）、棕榈油、聚氯乙烯（PVC）、焦炭、胶合板、纤维板、铁矿石、鸡蛋、焦煤
郑州商品交易所（CZCE）	郑州	强麦、棉花一号、白糖、精对苯二甲酸（PTA）、菜籽油、早籼稻、甲醇、玻璃、普麦、油菜籽、菜籽粕、动力煤、粳稻
中国金融期货交易所(CFFEX)	上海	沪深 300 指数期货、5 年期国债期货

资料来源：中国期货业协会。

根据中国期货业协会最新数据显示，2013 年，我国期货市场交易规模实现了大幅增长，成交量与成交额同比都有大幅提高。2013 年全年期货市场累计成交量为 206,177.3 万手①，累计成交额为 2,674,739.52 亿元，同比分别增长 42.15%和 56.30%（见图 5-1），创下自 1993 年我国期货市场成立以来的历史新高，表明我国期货市场开始走向成熟。1993—2013 年中国期货市场成交情况如图 5-2 所示。

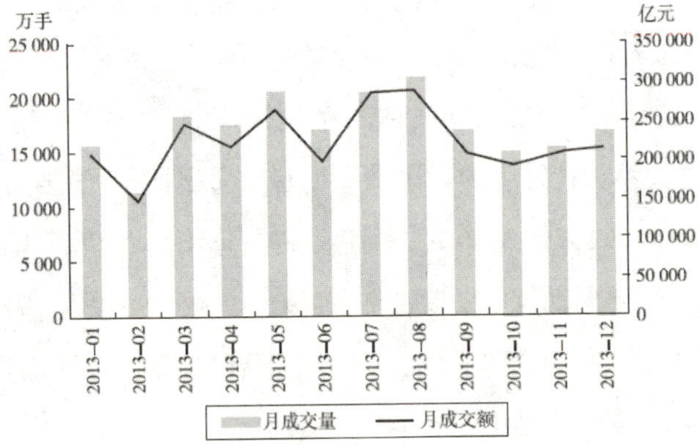

资料来源：中国期货业协会相关资料。

图 5-1　2013 年中国期货市场月度成交情况

① 中国期货业协会.中国期货业发展报告（2013 年度）[M].北京：中国金融出版社，2014: 17-18.

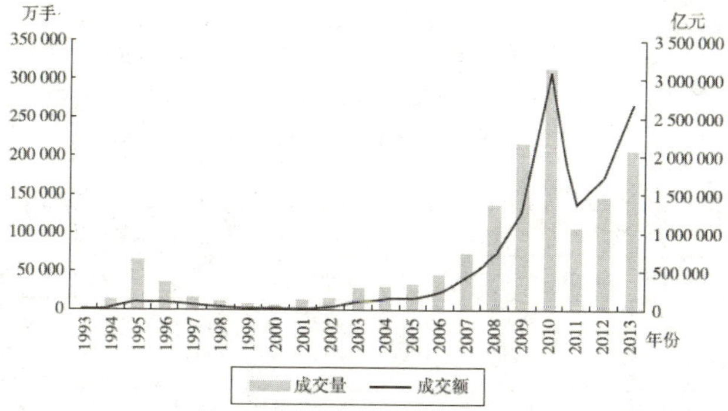

资料来源：中国期货业协会相关资料。

图 5-2　1993—2013 年中国期货市场成交情况

目前国内的期货交易品种主要分为农产品期货、金属类期货、能源化工类期货、沪深 300 指数期货和 5 年期国债期货，以下将分述各品种期货的发展状况。

（1）农产品期货

2013 年全年我国农产品期货品种累计成交量为 72,984.79 万手，累计成交金额为 31.74 亿元，分别占全国期货市场的 35.40%和 11.88%。农产品成交量比重较 2012 年有微幅增长，成交金额所占比重则比 2012 年下滑 11.59%（见表 5-3）。

表 5-3　2013 年农产品期货品种成交同比变化

品种	2013 年成交量（万手）	2012 年成交量（万手）	同比增减（%）	占总成交量比（%）	2013 年成交额（亿元）	2012 年成交额（亿元）	同比增减（%）	占总成交金额比（%）
玉米	1331.36	3782.44	-64.80	0.65	3174.63	9059.27	-64.96	0.12
黄大豆1号	1099.35	4547.54	-75.83	0.53	5062.50	21451.63	-76.40	0.19
黄大豆2号	0.72	1.04	-30.42	0.00	3.06	4.94	-38.07	0.00
豆粕	26535.76	32587.67	-18.57	12.87	88418.63	115866.82	-23.69	3.31
豆油	9633.47	6885.86	39.90	4.67	72191.89	64307.44	12.26	2.70
棕榈油	8249.52	4331.00	90.48	4.00	50846.34	32414.47	56.86	1.90
鸡蛋	195.13	-	-	0.09	798.38	-	-	0.03

续表

品种	2013 年成交量（万手）	2012 年成交量（万手）	同比增减（%）	占总成交量比（%）	2013 年成交额（亿元）	2012 年成交额（亿元）	同比增减（%）	占总成交金额比（%）
纤维板	237.48	—	—	0.12	874.01	—	—	0.03
胶合板	198.81	—	—	0.10	1305.14	—	—	0.05
1 号棉	745.21	2101.64	-64.54	0.36	7405.90	20927.96	-64.61	0.28
早籼稻	87.29	383.83	-77.26	0.04	354.28	1043.99	-66.07	0.01
普通白小麦	0.19	0.63	-69.75	0.00	2.35	7.12	-67.06	0.00
优质强筋小麦	290.34	2580.21	-88.75	0.14	1293.12	6535.23	-80.21	0.05
菜籽油	1269.99	624.86	103.24	0.62	9551.82	3187.29	199.68	0.36
油菜籽	117.27	13.71	755.48	0.06	633.59	72.30	776.33	0.02
菜籽粕	16010.04	42.12	37909.90	7.77	39194.20	99.96	39111.84	1.47
白糖	6978.81	14827.80	-52.93	3.38	36305.78	84087.50	-56.82	1.36
粳稻	4.05	—	—	0.00	24.83	—	—	0.00
合计	72984.79	72710.35	0.377	35.40	317440.45	359065.92	-11.59	11.88

注：鸡蛋、纤维板、胶合板、粳稻为 2013 年新上市品种。

资料来源：中国期货业协会相关资料。

从 2011—2013 年国内期货交易所农产品期货交易量与交易额同比增减情况来看，农产品期货交易额连续 3 年不断下跌，占全国期货市场成交额比重已经从 28.18%跌至 11.88%，说明农产品期货的成交额份额在不断缩小，如表 5-4 所示。

表 5-4　2011—2013 年农产品期货成交情况

年份	成交量（万手）	同比增减（%）	占总成交量比（%）	成交额（亿元）	同比增减（%）	占总成交额比（%）
2010	76667.6①	—	—	443989.21	—	—
2011	46845.36	-38.90	44.44	387600	-12.70	28.18
2012	72710.35	55.21	50	359065.92	-7.35	21
2013	72984.79	0.377	35.4	317440.45	-11.59	11.88

资料来源：根据中国期货业协会相关资料整理。

① 2010 年期货市场成交量、成交额均按照双边统计，2011 年开始全部改为单边。为统一数据口径，本数据根据 2010 年统计数据转换为单边，以下涉及 2010 年的期货数据全部按照此方法处理。

（2）金属类期货

2013 年，我国金属类期货累计成交量为 56,690.07 万手，累计成交额为 45.75 万亿元，同比增幅分别为 95.39%和 56.98%，累计成交量和成交额分别占 2013 年全年期货市场的 27.5%和 17.11%（见表 5-5）。

表 5-5　2013 年金属类期货品种成交同比变化

品种	2013 年成交量（万手）	2012 年成交量（万手）	同比增减（%）	占总成交量比（%）	2013 年成交额（亿元）	2012 年成交额（亿元）	同比增减（%）	占总成交金额比（%）
铜	6429.59	5728.48	12.24	3.12	167323.62	163744.71	2.19	6.26
铝	330.56	394.27	-16.16	0.16	2407.32	3094.90	-22.22	0.09
锌	1208.32	2110.09	-42.74	0.59	9040.92	16131.88	-43.96	0.34
铅	17.28	6.86	151.67	0.01	246.28	265.01	-7.07	0.01
螺纹钢	29372.89	18056.25	62.67	14.25	109407.13	67385.62	62.36	4.09
线材	0.39	0.27	42.14	0.00	1.46	1.06	37.05	0.00
黄金	2008.78	591.67	239.51	0.97	53545.31	20182.19	165.31	2.00
白银	17322.26	2126.50	714.59	8.40	115554.86	20654.30	459.47	4.32
合计	56690.07	29014.39	95.39	27.5	457526.90	291459.67	56.98	17.11

资料来源：中国期货业协会相关资料。

2011—2013 年，金属类期货交易量逐年攀升，占总成交量的比重从 19.30%上升至 27.5%；成交额方面，2013 年增幅超过 50%，占总成交额的比重变化不大（见表 5-6）。

表 5-6　2011—2013 年金属类期货成交情况

年份	成交量（万手）	同比增减（%）	占总成交量比（%）	成交额（亿元）	同比增减（%）	占总成交额比（%）
2010	44364.94	—	—	399157.36	—	—
2011	20349.43	-54.13	19.30	271800	-31.91	19.76
2012	29014.39	42.58	20	291459.67	7.23	17
2013	56690.07	95.39	27.5	457526.90	56.98	17.11

资料来源：根据中国期货业协会相关资料整理。

（3）能源、化工类期货

2013 年，能源、化工类期货品种累计成交量为 57,147.55 万手，累计成交金额为 48.97 万亿元，分别占全国期货市场的 27.72%和 18.31%（见表 5-7）。

表 5-7 2013 年能源、化工类期货品种成交同比变化

品种	2013 年成交量（万手）	2012 年成交量（万手）	同比增减（%）	占总成交量比例（%）	2013 年成交额（亿元）	2012 年成交额（亿元）	同比增减（%）	占总成交金额比（%）
天然橡胶	7243.81	7517.63	-3.64	3.51	145267.78	154493.48	-5.97	5.43
燃料油	0.10	0.91	-88.62	0.00	2.51	23.71	-89.41	0.00
PTA	7625.77	12124.56	-37.10	3.70	30318.66	47972.94	-36.80	1.13
LLDPE	7214.21	7187.15	0.38	3.50	38648.32	36425.50	6.10	1.44
PVC	178.72	690.02	-74.10	0.09	593.21	2332.40	-74.57	0.02
甲醇	349.76	379.74	-7.89	0.17	5551.77	5384.98	3.10	0.21
焦炭	11530.66	3291.59	250.31	5.59	184249.76	51348.71	258.82	6.89
玻璃	18610.49	1613.69	1053.29	9.03	53390.93	4295.48	1142.96	2.00
焦煤	3425.96	—	—	1.66	23317.07	—	—	0.87
动力煤	435.72	—	—	0.21	4951.12	—	—	0.19
石油沥青	313.43	—	—	0.15	1370.53	—	—	0.05
铁矿石	218.92	—	—	0.11	2044.32	—	—	0.08
合计	57147.55	32805.29	74.20	27.72	489705.98	302277.20	62.00	18.31

注：焦煤、动力煤、石油沥青、铁矿石为 2013 年新上市品种。

资料来源：中国期货业协会相关资料。

2011—2013 年，能源、化工类期货成交量震荡上扬，2013 年成交量出现大幅上涨，占有全国期货市场的 1/4 以上；成交额先减后增，2013 年成交额增长迅猛，其占全国期货市场的份额与 2012 年相比变化不大（见表 5-8）。

表 5-8　2011—2013 年能源、化工类期货成交情况

年份	成交量（万手）	同比增减（%）	占总成交量比例（%）	成交额（亿元）	同比增减（%）	占总成交额比例（%）
2010	31049.39	—	—	281815.13	—	—
2011	33177.76	6.85	31.47	278152	-1.30	20.23
2012	32805.29	-1.12	23	302277.20	8.67	18
2013	57147.55	74.2	27.72	489705.98	62.00	18.31

资料来源：根据中国期货业协会相关资料整理。

（4）沪深 300 指数期货

股指期货是指以股价指数为标的物的标准化期货合约，具有价格发现、风险管理等功能。早在 1993 年，我国进行了股指期货的试点业务。当时中国股票市场并不稳定，监管和法规尚不规范，股指期货不仅不能发挥避险的功能，反而成为投机的工具，市场上甚至出现了大户联手交易、打压股价指数等违法行为，严重扰乱了金融市场秩序。1993 年 9 月，股指期货被叫停，所有股指期货全部被强行平仓。

2004 年 1 月，《国九条》发布，明确提出要“研究开发与股票和债券相关的新品种及其衍生产品”，以股指期货为代表的金融期货项目在我国重新启动。以证监会为代表的相关监管部门成立专门研究小组，筹备金融期货的开发。2006 年 10 月 30 日开始，中国金融期货交易所（以下简称“中金所”）对沪深 300 指数进行仿真交易。2010 年 4 月 16 日，沪深 300 指数期货正式在中金所挂牌交易，为我国期货市场开辟了一个崭新的领域，连通了股票市场和期货市场，使两个市场的联动性明显增强。

截至 2013 年 12 月 31 日，沪深 300 指数期货总成交量为 1.93 亿手，总成交额为 140.7 万亿元，同比分别增长 83.91%和 85.62%。其成交金额占全国期货市场的半数以上，达到 52.60%（见表 5-9），彰显了金融期货的发展潜力。沪深 300 指数期货在全球单指股指期货交易量排名为第 10 名（见表 5-10）。沪深 300 指数期货自上市以来，其成交量和成交额连续 4 年不断

攀升，其中 2013 年增幅最大，如图 5-3 所示。

表 5-9　2013 年沪深 300 指数期货成交情况

2013 年成交量（万手）	2012 年成交量（万手）	同比增减（%）	占总成交量比（%）	2013 年成交额（亿元）	2012 年成交额（亿元）	同比增减（%）	占总成交额比（%）
19322.05	10506.18	83.91	9.37	1407002.32	758406.78	85.52	52.60

注：5 年期国债为 2013 年新上市品种。

资料来源：中国期货业协会相关资料。

表 5-10　2013 年中国沪深 300 指数期货成交量全球排名　　单位：手

排名	品种名称及隶属交易所	2012 年	2013 年	同比增长(%)
10	沪深 300 指数期货，CFEEX	105061825	193220516	83.91

资料来源：美国期货业协会（FIA）相关资料。

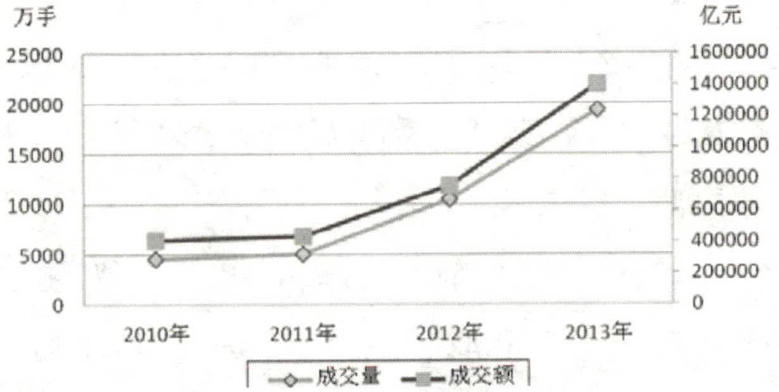

资料来源：根据中国期货业协会相关资料整理。

图 5-3　2010—2013 年沪深 300 指数期货年度交易情况

总体而言，自沪深 300 指数期货 2010 年上市至今，投资者运用股指期货避险的效果良好，有效对冲了股票市场价格波动的市场风险。此外，股指期货服务资本市场的作用日趋明显，促进了机构投资者的参与，发挥了衍生品市场功能。截至 2013 年年末，已有 75 家证券公司、69 家基金公司和 7 家信托公司参与了股指期货交易。借助股指期货，ETF 等相关市场和品种进一步活跃，加快了机构的产品创新和转型步伐。

（5）5 年期国债期货

国债期货是国际上历史悠久、运作成熟、使用广泛的基础金融衍生产品和风险管理工具。我国曾在 1992—1995 年进行过国债期货的试点工作。因当时交易制度及监控机制不健全，导致 1994 年发生了“3·14 合约交割风波”，1995 年，又引发了“3·27 合约违规风波”。事后，中国证监会于 1995 年 5 月 17 日在全国范围内暂停了国债期货交易试点业务。

近年来，随着债券市场在我国经济结构调整和转型升级中的基础作用进一步显现，迫切需要国家发展与之相配套的国债期货市场。中央领导层面非常重视国债期货的发展。2012 年 3 月，国务院《关于 2012 年深化经济体制改革重点工作的意见》指出要“稳妥推进国债期货市场建设”。2012 年 9 月，《金融业发展和改革“十二五”规划》也明确提出“适时推出国债期货”。2013 年 3 月 27 日，国务院常务会议提出“金融改革要在推动利率和汇率市场化、发展多层次资本市场方面推出新的举措”。2013 年 5 月 24 日，国务院《关于 2013 年深化经济体制改革重点工作的意见》提出“推进国债期货市场建设”。

证监会高度重视国债期货的上市工作。2009 年 3 月，经证监会批准，中国金融期货交易所（以下简称“中金所”）成立国债期货开发领导小组，启动了国债期货项目的开发。2010 年 4 月股指期货上市后，中金所加快了国债期货的准备工作。2011 年 8 月，中金所完成国债期货合约规则体系构建，包括《5 年期国债期货合约》、《交易细则》、《结算细则》、《交割细则》和《风险控制管理办法》。2011 年 11 月 7 日至 2012 年 2 月 12 日，中金所正式启动了国债期货仿真交易，初步检验了国债期货的合约规则。此外，2013 年 6 月 19 日，国务院同意证监会开展国债期货交易。2013 年 7 月 5 日，证监会发布《关于中国金融期货交易所上市国债期货的批复》，正式批准中国金融期货交易所上市 5 年期国债期货合约。8 月 9 日，证监会修改并发布了《关于建立金融期货投资者适当性制度的规定》。8 月 21 日和 9 月 3 日，证监会分别发布了《证券公司参与股指期货、国债期货交易指引》

和《公开募集证券投资基金参与国债期货交易指引》。

2013 年 9 月 6 日，国债期货正式在中金所挂牌上市，首批上市合约为 TF1312、TF1403 和 TF1406 合约，挂牌基准价分别为 94.168 元、94.188 元和 94.218 元。TF1312 合约首日以 94.220 元开盘，收盘于 94.170 元，较基准价上涨 0.002 元，实现“开门红”。此后，受现货市场影响，国债期货价格稳中有跌。截至 2013 年 12 月 31 日，主力合约 TF1403 收盘价 91.802 元，国债期货实现了“高目标、稳起步”的预期目标。

2013 年国债期货共 76 个交易日，总成交 328,794 手，日均成交量为 4,325 手；总成交额累计为 3,064 亿元，日均成交额 40.31 亿元；日均持仓 3,737 手（见图 5-4）。

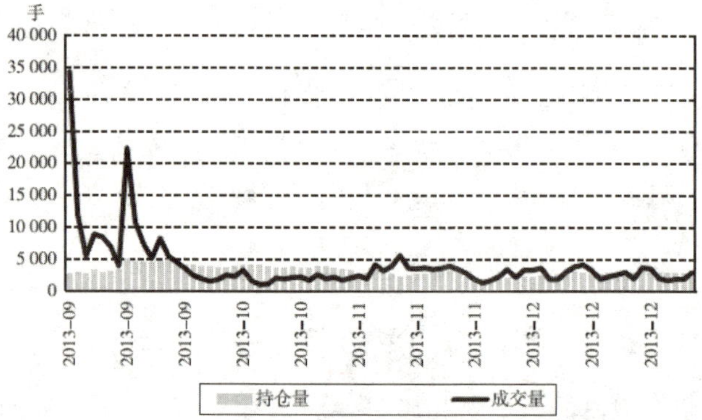

资料来源：中国金融期货交易所相关资料。

图 5-4　国债期货主力合约成交持仓情况

5 年期国债期货的成功上市，标志着我国资本市场改革向前迈进一大步，是我国多层次资本市场建设和利率市场化改革中取得的重要成果。从国际成熟市场来看，西方发达国家的国债期货市场基本推出了包括短期、中期、长期各种期限品种较为完善的国债期货产品体系，而在国内，市场利率化进程正在不断深化。2013 年 11 月，党的十八届三中全会在《中共中央关于全面深化改革若干重大问题的决定》中首次提出“加快推进利率市场化，健全反映市场供求变化的国债收益率曲线”，这对完善国债期货产品体系具有重要的指导意义。因此，在未来的市场利率化进程中，尽快推出短、中、长期各期限的国债期货产品，满足利率市场对短期、中期、长期利率波动的避险需求，具有紧迫性。

2. 股票期权发展现状

股票期权是指由证券交易所统一制定的、规定买方有权在将来特定时间按照特定价格买入或者卖出约定股票、跟踪股票指数的交易型开放式指数基金等标的证券的标准化合约。2015 年 1 月 9 日，中国证监会发布了《股票期权交易试点管理办法》和《证券期货经营机构参与股票期权交易试点指引》，对股票期权的相关法律法规进行了规范。2015 年 2 月 9 日，经中国证监会批准，上证 50ETF 期权合约（以下简称“上证 50ETF 期权”）在上海证券交易所正式挂牌上市。上证 50ETF 期权的合约标的为上证 50 交易型开放式指数证券投资基金，简称为“50ETF”，证券代码为“510050”，基金管理人为华夏基金管理有限公司。上证 50ETF 期权在证券市场交易的合约共有 40 个，其中类型包括认购和认沽两种，到期月份为 3 月、4 月、6 月和 9 月，行权价格系列共有 5 个。

从上证 50ETF 期权上市交易首日的表现看，其对提升现货市场信心发挥了积极作用。全天上证综合指数上涨 0.62%，上证 50 指数上涨 1.79%，可见上证 50 指数涨幅远超过上证综合指数，表明市场总体认可 50ETF 期权，也表明我国推出股票期权与成熟市场股票期权的推出情况相似，对提升投资者信心和市场流动性具有重要意义。

二、场外衍生产品发展现状

我国最早的场外衍生产品可以追溯到 1997 年国内银行推出的人民币远期结售汇业务。1997 年 1 月，中国人民银行发布了《远期结售汇业务暂行管理办法》，揭开了我国场外衍生产品交易的序幕，随后国内各大商业银行相继开始了人民币远期结售汇的试点工作。

2005 年 6 月和 8 月，中国外汇交易中心暨全国银行间同业拆借中心（以下简称交易中心）分别推出了银行间远期外汇和债券远期交易，标志着我国场外金融衍生产品由汇率类产品发展到利率类产品。2006 年 4 月，交易中心推出人民币外币掉期业务；2007 年 4 月，又推出利率互换交易；2009 年 11 月，信用风险缓释合约开始交易，拉开了我国信用衍生产品交易的序幕。2011 年，又推出了人民币对外汇的期权业务。

目前，我国的场外衍生产品交易主要集中在银行间市场、外汇交易中心和银行柜台市场等。2012 年 12 月 21 日，中国证监会发布了《证券公司柜台交易业务规范》，证券公司逐步参与到场外衍生产品市场，至此我国已形成全方位、多层次的场外交易市场。2005 年以后，新的衍生产品序列不断被推出，银行间本外币市场交易量也屡创新高，市场参与的主体在数量和类型上不断增加。虽然我国场外衍生产品起步较晚，但是市场发展已初具规模。2012 年，我国场外衍生产品成交名义本金总额接近 20 万亿元，达到全年股票市场成交额的 65%。从市场发育来看，我国场外衍生产品已形成汇率、利率和信用衍生产品的完整结构，交易品种已覆盖远期、互换和期权等不同层面。中国银行间市场交易的金融衍生产品的分类如表 5-11 所示。

表 5-11 中国银行间市场衍生产品的交易品种

市场	类别	衍生产品
银行间市场（中国外汇交易中心暨全国银行间同业拆借中心）	本币市场	债券远期
		远期利率协议
		利率互换
		信用衍生品
		场外黄金衍生品
	外汇市场	人民币外汇远期
		人民币外汇掉期
		人民币外汇货币掉期
		人民币外汇期权

资料来源：中国货币网。

1. 利率衍生产品发展现状

2005 年以来，我国先后推出了债券远期、利率互换和远期利率协议业务，利率衍生产品市场稳步发展。截至 2012 年年末，人民币利率衍生品成交 29,189.7 亿元，同比增长 5.0%。其中，利率互换成交 29,021.4 亿元，较上年增长 8.5%，其成交额占到利率衍生品市场总成交额的 99.42%（见图 5-5）。可见，利率互换已成为利率衍生产品市场的绝对主力军。2012 年，债券远期和远期利率协议成交额较上年有所下降。

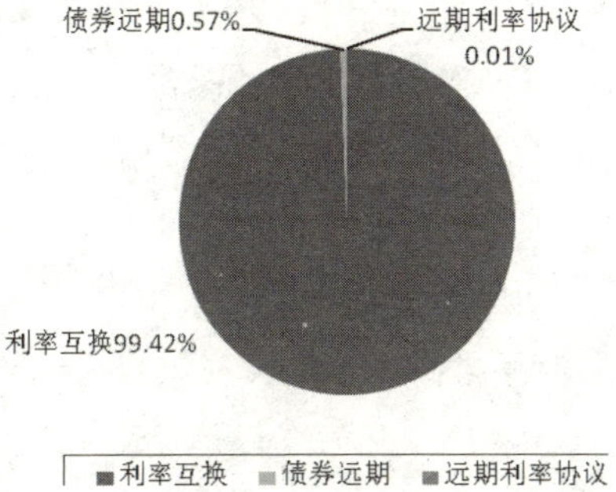

资料来源：根据《中国场外金融衍生产品市场发展报告（2012 年度）》整理。

图 5-5　2012 年中国银行间市场利率衍生品成交金额比重

（1）债券远期

随着 2005 年 3 月金融机构同业存款利率的放开，利率风险日益突出，金融机构对利率风险管理产品的需求不断增加。2005 年 5 月 16 日，中国人民银行先后发布《全国银行间债券市场债券远期交易管理规定》（中国人民银行公告[2005]第 9 号）和《关于银行间债券市场债券远期交易信息披露和风险监测有关事项的通知》（银发[2005]141 号），全国银行间同业拆借中心和中央结算公司分别制定了配套的交易规则和结算规则，为债券远期交易奠定了基本的制度框架。2005 年 6 月 15 日，经中国人民银行批准，债券远期交易[①]在银行间债券市场正式推出，中国工商银行与兴业银行达成首笔债

① 我国银行间债券远期交易市场的标的债券主要集中在国债、中央银行票据、金融债、企业债和短期融资债券。银行间债券远期市场的期限品种多集中在短期交易，期限从 7 天到 1 年不等。

券远期交易，标志着我国场外人民币利率衍生产品正式诞生。

债券远期市场自2005年5月16日推出到现在，主要经历了以下四个发展阶段：第一个阶段（自2005年5月16日债券远期推出到2007年年末金融海啸爆发），这个阶段是我国债券远期快速发展的阶段，成交额从2005年的178亿元快速增长到2007年的2518.1亿元。这个阶段债券远期之所以获得快速发展，跟人民币进入汇率改革不无关系。央行于2005年7月21日宣布实行以市场供求为基础、参考一篮子货币进行调节、有管理的浮动汇率制度。众多市场参与者普遍对人民币持续升值的预期，导致债券市场有源源不断的热钱流入，推动了债券远期市场的升温；第二个阶段（自2007年年末到2008年年末），此阶段处于金融海啸爆发时期，债券远期受到抑制，增长速度放缓，2008年第四个季度交易量较前三个季度出现明显萎缩，全年交易量达到5005.5亿元，占整个利率衍生品交易总额的54.2%；第三个阶段（自2008年年末至2009年年末），此阶段债券远期市场开始回暖。因政府刺激经济的政策开始产生效果，经济有所回暖，也促进了国内债券远期市场发展。2009年，债券远期交易量稳步增加，交易额达到6563.9亿元，比2008年增长31.1%，其中以2~7天品种交易最为活跃；第四个阶段（2010年年初至今），此阶段债券远期成交量逐年下降，2010年、2011年、2012年债券远期成交金额分别比上年下降了51.5%、67.7%和83.85%。造成成交量下降的主要原因在于自2010年4月开始，中国银行间市场交易商协会、同业拆借中心加强了对衍生产品交易资格的管理，明确机构相互之间只能在签署了主协议后才能进行债券远期交易。此外，由于国家对地方政府发行债券的管制，造成次级债、地方政府债、政府支持机构债券的远期交易基本消失。2005—2012年债券远期交易情况如图5-6所示。

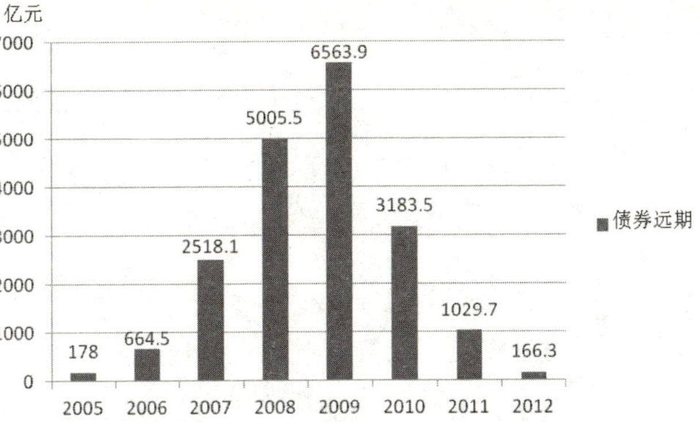

资料来源：根据《中国场外金融衍生产品市场发展报告（2012 年度）》整理。

图 5-6　2005—2012 年债券远期交易情况

（2）利率互换

2005 年后的几年间，我国又进一步推出了利率互换。2006 年 2 月 9 日，经中国人民银行批准，启动了人民币利率互换试点业务，人民币利率互换业务诞生。

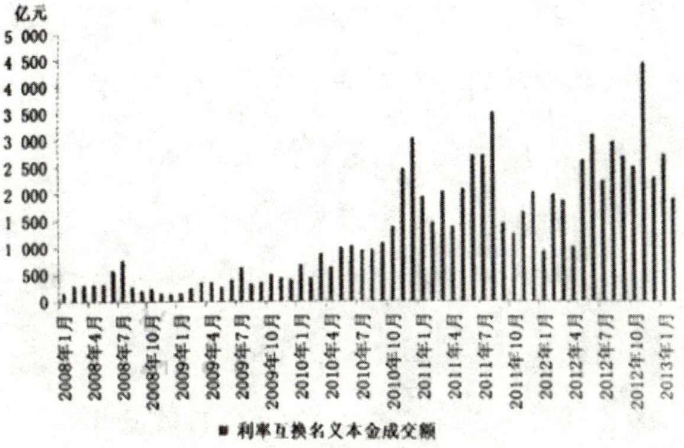

资料来源：Wind 资讯。

图 5-7　2008 年年初至 2013 年年初中国利率互换名义本金成交情况

历经 2006—2007 年两年的试点，2008 年 1 月 18 日，经过中国人民银行批准，人民币利率互换业务正式开展。自此利率互换成交额逐年增加（见图 5-7）。自 2010 年开始利率互换市场发展尤为迅速，成交量呈现趋势性放大，2010 年、2011 年和 2012 年利率互换名义本金月均分别达到 1230.99

亿元、2046.59 亿元、2395.55 亿元，其中，2012 年 11 月更是创出了有史以来月度最大值——4429.80 亿元。不过，与西方发达国家成熟市场相比，利率互换成交额与债券市场总成交额比重仍非常小，2012 年全年利率互换成交额为 29,189.70 亿元，同期银行间债券存量约为 237,569.11 亿元，利率互换交易量仅占债券市场总规模的 12.3%，比重较小。而在西方成熟衍生品市场上，债券衍生品市场大约是债券市场规模的 10 倍以上，这说明我国利率互换市场的发展尚处于成长阶段，有较大的提升空间。

（3）远期利率协议

远期利率协议是继债券远期、利率互换之后，我国利率衍生产品市场的第三个交易品种。2007 年 8 月，中国人民银行发布报告称，今后将积极配合利率、汇率制度改革进程，积极稳妥推进衍生产品市场发展，全面开展人民币利率互换交易，研究推出远期利率协议等衍生产品。2007 年 9 月 29 日，中国人民银行发布《远期利率协议业务管理规定》（人民银行公告[2007]第 20 号），明确提出了人民币远期利率协议的制度框架。之后，中国外汇交易中心暨全国银行间同业拆借中心发布通知，将开展以上海银行间同业拆放利率（Shibor）为基准的远期利率协议报价。2007 年 11 月 1 日，人民币远期利率协议正式上线，标志着我国场外人民币利率衍生产品市场逐步形成。首批交易在中信银行、汇丰银行（中国）和摩根大通（中国）有限公司三家之间进行，其中，中信银行和汇丰银行完成了我国首笔人民币远期利率协议交易，本金为 2 亿元，以三个月的 Shibor 为基准利率，达成 3M×6M 的协议。但是，自 2007 年 11 月开始交易起，人民币远期利率协议交易一直较为清淡，具体可见表 5-12。人民币远期利率协议交易清淡的主要原因：① 中国企业客户对远期利率协议的避险需求明显不足；② 市场缺乏公信力强的定价依据，远期利率定价困难，报价往往存在较大偏差；③ 远期利率协议与利率互换在功能上存在部分替代效应，但其推出时间晚于利率互换，市场成员对利率互换更加熟悉，并针对利率互换建立了相关内部制度，从事远期利率协议的动力不足；④ 远期利率协议期限较短，市场波动较小，市场参与者的热情不高。至 2012 年年末，远期利率协议市场的备案机构共 55 家，较 2011 年年末增加 1 家，但实际参与交易的机构只有 4 家。

表 5-12　2007—2012 年人民币远期利率协议成交量

年份	名义本金（亿元）	成交笔数
2007	10.5	14
2008	113.6	137
2009	60	27
2010	33.5	20
2011	3	3
2012	2	3

资料来源：中国货币网。

2. 汇率衍生产品发展现状

我国汇率衍生产品的发展是随着我国汇率改革的深化逐步展开的。2005 年 7 月 21 日，中国人民银行宣布对人民币实行汇率改革。此次的汇率改革增大了汇率价格的波动，市场参与者迫切需要对应的衍生产品来对冲外汇风险。2005 年 8 月，人民币外汇远期交易业务正式在银行间外汇市场上线，标志着我国汇率衍生产品的诞生。2006 年 4 月，人民币外汇掉期业务又在银行间外汇市场正式上线，成为在我国银行间外汇市场交易的第二个外汇衍生产品。首笔人民币外汇掉期交易在中国银行和中国进出口银行之间达成。为进一步满足国内经济主体规避汇率风险的需求，继推出人民币外汇远期、人民币外汇掉期后，人民币外汇货币掉期又正式推出。中国人民银行于 2007 年 8 月 20 日发布文件决定在银行间外汇市场推出人民币外汇货币掉期交易。自 2011 年 1 月 31 日起，国家外汇管理局允许外汇指定银行对客户开展人民币外汇货币掉期业务。2012 年 6 月，中国外汇管理局再颁布新措施，允许境内金融机构在银行间外汇市场开展货币掉期业务时，可采取在协议生效日和到期日均无本金交换的人民币外汇货币掉期业务。首笔交易于 2012 年 6 月

11 日由汇丰银行和兴业银行之间达成，双方达成了一笔名义本金为 1000 万美元的人民币对美元货币掉期交易。2011 年 2 月 16 日，人民币外汇期权业务同时在银行间市场和银行对客户零售市场上正式推出。

综上，自 2005 年至 2012 年，我国汇率衍生产品市场获得长足发展，已经包含了人民币外汇远期、人民币外汇掉期、人民币货币掉期和人民币外汇期权较为完整的汇率衍生品体系。2006 年，我国汇率衍生品成交金额仅为 649.17 亿美元，占整个人民币外汇市场总规模的 7.8%。到 2012 年，人民币汇率衍生品市场共完成 2.61 万亿美元交易，占人民币外汇市场总规模的 43.8%，比 2006 年提高了 36 个百分点（见图 5-8）。

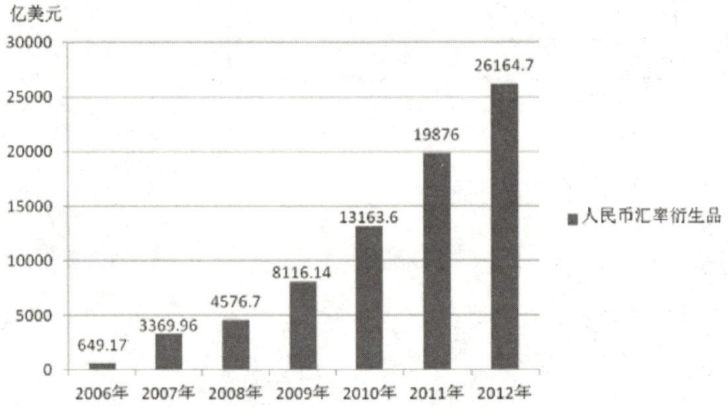

资料来源：中国外汇交易中心。

图 5-8　2006—2012 年人民币汇率衍生产品市场成交水平

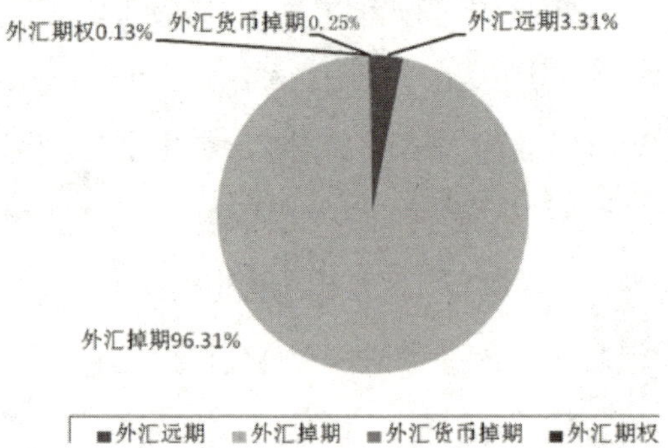

资料来源：根据中国场外金融衍生产品市场发展报告（2012 年度）整理。

图 5-9　2012 年中国汇率衍生品成交金额比重

2012年，汇率衍生产品市场保持了快速增长，其成交额为2.61万亿美元（折合人民币16.48万亿元[①]），同比增长31.6%。其中，人民币外汇掉期成交额为2.52万亿美元，同比增长42.2%，占人民币汇率衍生产品市场的96.31%；人民币外汇远期市场成交866亿美元，同比下降59.6%，占人民币汇率衍生产品市场的3.31%；人民币外汇货币掉期市场成交65.3亿美元，同比增长83.3倍，占人民币汇率衍生产品市场的0.25%；人民币外汇期权市场全年成交33.4亿美元，同比增长2.3倍，占人民币汇率衍生产品市场的0.13%[②]（见图5-9）。

（1）人民币外汇远期

2005年8月15日，人民币外汇远期交易业务正式上线。人民币外汇远期交易，是指交易双方以约定的外汇币种、金额、汇率，在约定的未来某一时期（距离成交日两个工作日以上）交割的外汇对人民币的交易。人民币外汇远期交易主要包括两种业务：人民币远期结汇业务和人民币远期售汇业务。结汇是外汇收入持有者将外汇卖给外汇指定银行；售汇是外汇指定银行将外汇卖给外汇使用者。远期结售汇业务，是指外汇指定银行与境内机构签订远期合约，约定将来办理结汇或者售汇的外币币种、金额、汇率和日期，到期时按照合同约定办理结汇或者售汇的业务。

总体而言，由于人民币对美元远期交易的成交量占外汇远期交易总成交量的97%以上，因此，人民币远期外汇交易情况和人民币兑换美元的预期汇率密切相关，2005—2012年我国外汇远期成交额情况如图5-10所示。

---

① 按照2012年人民币汇率中间价全年平均值1美元对人民币6.3125元折算。

② 中国银行间市场交易商协会. 中国场外金融衍生产品市场发展报告(2012年度)[M]. 中国金融出版社，2013：6-8.

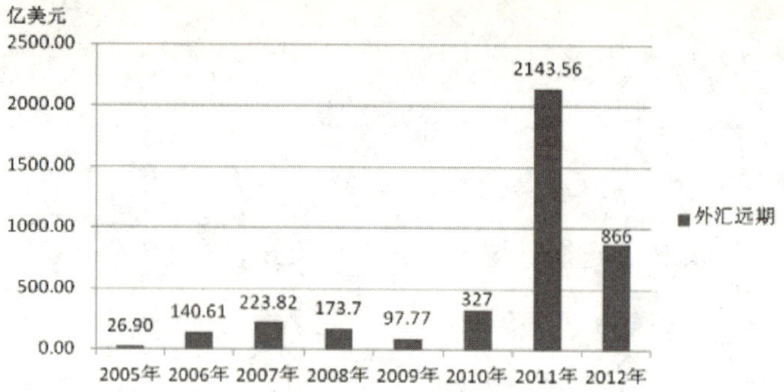

资料来源：中国外汇交易中心。

图 5-10　2005—2012 年中国外汇远期成交金额

人民币外汇远期交易业务自 2005 年推出到现在，主要经历了以下四个发展阶段：

第一个阶段（自 2005 年 8 月 15 日外汇远期交易业务推出到 2007 年年末），这个阶段是我国外汇远期交易快速发展的阶段，成交额从 2005 年的 26.90 亿美元快速增长到 2007 年的 223.82 亿美元，同比增长 7.32 倍。这个阶段外汇远期之所以获得快速发展，跟人民币升值预期不无关系。由于人民币升值压力不断增大，出口企业参与大量的外汇远期交易，锁定未来汇率，以规避人民币升值带来的汇率风险。2006 年外汇远期成交 140.61 亿美元，较 2005 年增长 422.71%，2007 年由于人民币的进一步升值，加大了国内对外汇远期的需求，2007 年外汇远期总成交 2945 笔，成交金额 223.82 亿美元，较 2006 年成交额增长 59.2%；第二个阶段（自 2008 年年初至 2009 年年末），由于金融海啸的爆发和人民币对美元贬值预期，人民币外汇远期交易量开始萎缩，其占人民币外汇衍生品市场的比重从 2007 年的 6.64%下降至 2009 年的 1.20%。从成交额来看，2008 年和 2009 年成交额分别为 173.7 亿美元和 97.77 亿美元，分别比 2007 年下降了 22.4%和 56.3%；第三个阶段（自 2010 年年末至 2011 年年末），人民币外汇远期市场开始复苏，2010 年外汇远期成交 327 亿美元，同比增长 234.47%，2011 年外汇远期成交 2143.56 亿美元，同比增长 5.55 倍。究其原因，人民币外汇远期市场的复苏跟国家外汇管理局发布的交易新规有直接关系。2010 年 11 月，国家外汇管理局发布《关于加强外汇业务管理有关问题的通知》(以下简称《通知》)，要求对结售汇综合头寸加强管理，在现有银行结售汇综合头寸限额管理的基础上，对按照收付实现制原则计算的头寸余额实行下限管理。交易新规的发布带来了外汇产品市场的结构性变化。收付实现制头寸下限的效应比较复杂，会随着各头寸状态和价格预期而变化，参与个体的操作差异也比较大。市场交易行为的变化带来了人民币外汇远期市场的复苏；第四个阶段（自 2012 年年中开始至今），人民币外汇远期交易量大幅下降，成交额回到“下限管理”实施前的水平。2012 年 4 月 16 日，国家外汇管理局取消了 2010 年 11 月起对收付实现制头寸余额实施的“下限管理”规定。受此影响，人民币外汇远期市场成交水平持续下滑，2012 年，人民币外汇远期市场成交 866 亿美元，同比下降 59.6%，远期曲线和掉期曲线基本合二为一，远期市场逐步回到“下限管理”前的状态。

（2）人民币外汇掉期

虽然人民币外汇掉期推出时间晚于外汇远期，但其推出后发展速度迅猛，自 2006 年 4 月推出以来一直占据汇率衍生产品市场的主导地位，其交易量和交易金额远远超过外汇远期、外汇货币掉期和外汇期权，可谓“后起之秀”，如图 5-11 所示。

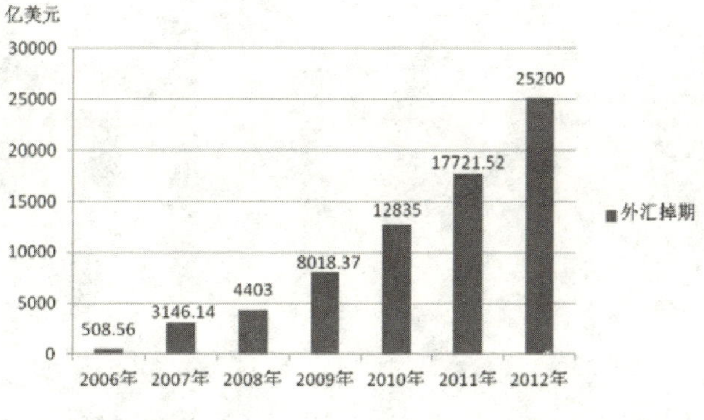

资料来源：中国外汇交易中心。

图 5-11　2006—2012 年人民币外汇掉期成交情况

（3）人民币外汇货币掉期

人民币外汇货币掉期，是指在指定期限内将约定数量的外币本金与人民币进行交换，同时在指定期限内将两种货币利息进行交换的交换协议。其中，本金交换的形式包括：① 在协议生效日双方按约定汇率交换人民币与外币的本金，在协议到期日双方再以相同的汇率、相同金额进行一次本金的反向交换；② 中国人民银行和国家外汇管理局规定的其他形式。利息交换指双方定期向对方支付以换入货币计算的利息金额，可以固定利率计算利息，也可以浮动利率计算利息[①]。外汇货币掉期与外汇掉期的区别有以下两点：第一，货币掉期两次本金交换时使用汇率均相同，而货币掉期交易本金交换使用的汇率不同；第二，货币掉期存在两个币种对应利息的交换，而外汇掉期不涉及利息的交换。

从中国外汇交易中心发布的各年外汇衍生品市场发展报告来看，2007—2009 年未发布相关数据，可理解为交易量为零；直到 2010 年，外汇交易中心才发布相关数据。其中，2010 年和 2011 年，人民币货币掉期分别成交 1.6 亿美元和 0.8 亿美元；随着货币掉期市场活跃度的显著增强，2012 年，货币掉期全年共成交 65.3 亿美元，同比增长 83.8 倍（见图 5-12）。不过，货币掉期交易量在所有外汇衍生产品中占比仍然非常小（2012 年仅占 0.25%），说明货币掉期市场的发展仍有提升空间，发展潜力巨大。

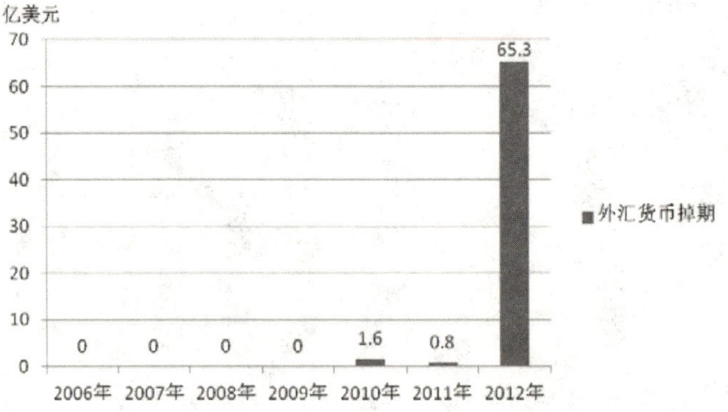

资料来源：中国外汇交易中心。

图 5-12　2007—2012 年人民币外汇货币掉期成交情况

① 巴曙松，牛播坤. 2010 年全球金融衍生品市场发展报告[M]. 北京：北京大学出版社，2010：215-216.

（4）人民币外汇期权

人民币外汇期权，指的是标的资产为约定的人民币汇率的期权，通常具有看涨期权和看跌期权两种。目前，人民币外汇期权交易的货币主要包括人民币对美元、欧元、日元、港币、英镑等[①]，交易的类型为人民币对外汇普通欧式期权组合。2012 年，外汇期权的成交金额为 33.4 亿美元。虽然外汇期权交易在整个外汇衍生产品中的占比很低（仅为 0.13%），但自 2011 年 2 月诞生之日起增长迅猛，2012 年比 2011 年同比增长 230%，如表 5-13 所示。

表 5-13　2012 年银行间外汇市场交易情况统计

	12 月（亿美元）	同比（%）	全年累计（亿美元）	同比（%）
外汇即期市场	—	0.4	—	-6.1
外汇衍生品市场	2541.8	32.0	26100	31.6
外汇掉期	2430.0	36.5	25200	42.2
外汇远期	75.2	-47.7	866	-59.6
货币掉期	34.1	16970.0	65.3	8380
外汇期权	2.4	192.2	33.4	230

资料来源：2012 年银行间市场运行报告。

3．信用衍生产品发展现状

2005 年以来，我国债券市场发展迅猛，银行间市场 2012 年全年信用债券发行量达到 6.41 万亿元，年末存量为 15.77 万亿元，市场规模跃居亚洲第二、世界第三。为了缓解债券市场的信用风险，完善债券市场的信用风险分担机制，适应当期金融市场发展的客观需要，保证金融市场健康稳定发展，中国银监会、中国银行间市场交易商协会决定推出信用风险缓释工具。经过长期和深入研究，在广泛调研和征询市场意见之后，2010 年 10 月 29 日，信用风险缓释工具（Credit Risk Mitigation，CRM）正式上线，标志着我国信用衍生产品市场的正式开启。

① 熊玉莲. 场外金融衍生产品法律监管研究[M]. 上海：复旦大学出版社，2014：181-182.

表 5-14 中国信用风险缓释凭证一级市场创设明细汇总

简称	信用风险缓释凭证				标的债券		
	起始日	创设面额（亿元）	凭证期限（年）	保护费用（元/百元名义本金）	债券简称	债项信用评级	主体信用评级
10 中债增 CRMW001	2010 年 11 月 24 日	1.3	2.83	0.87	10 联通 MTN2	AAA	AAA
10 中债增 CRMW001	2010 年 11 月 24 日	1	0.82	0.3	10 联通 CP02	A-1	AAA
10 交行 CRMW001	2010 年 11 月 24 日	0.5	0.73	0.35	10TCL 集 CP01	A-1	AA
10 民生银行 CRMW001	2010 年 11 月 23 日	2	0.90	0.23	10 云铜 CP01	A-1	AA+
10 浦发银行 CRMW001	2010 年 12 月 30 日	0.5	0.91	0.51	10 郑煤 CP01	A-1	AA
10 兴业银行 CRMW001	2010 年 12 月 31 日	0.5	0.78	0.3	10 攀钢集 CP02	A-1	AA
10 中债增 CRMW003	2010 年 12 月 31 日	1	1.65	0.46	09 清控 MTN1	AA+	AA+
10 汇丰银行 CRMW001	2010 年 12 月 27 日	0.1	1	0.3	10 中油股 MTN3	AAA	AAA
11 中债增 CRMW001	2011 年 3 月 23 日	0.5	0.66	0.3	10 赣粤 CP03	A-1	AA+

资料来源：2012 年中国场外金额衍生产品市场发展报告。

信用风险缓释工具是指包括信用风险缓释合约（CRMA）、信用风险缓释凭证（CRMW）及其他用于管理信用风险的信用衍生产品。自信用缓释工具创建以来至 2012 年年末，共有 16 家市场参与者达成了 46 笔信用风险缓释合约交易，名义本金合计达 39.4 亿元，标的债务类型包括短期融资券、中期票据、中小企业集合票据等，期限从 32 天至 802 天不等；共有 6 家信用缓释凭证创设机构创设发行了 9 只信用风险缓释凭证，名义本金为 7.4 亿元。其中，尚在存续期的信用风险缓释合约共有 2 笔，名义本金金额 3.5 亿元，涉及交易商 3 家；尚在存续期信用风险缓释凭证有 1 只，名义本金 1.3 亿元。表 5-14 对所有一级市场创设的信用风险缓释凭证进行了汇总。

总的来说，我国信用衍生品市场发展平稳有序，但是与发达国家成熟市场相比，无论是成交笔数还是成交的名义本金，差距仍然较大。因此，我国信用衍生品市场仍处于成长阶段，发展前景广阔。

4．资产支持类结构衍生品发展现状

目前，我国已有的资产支持类结构衍生品主要包括抵押贷款支持证券（MBS）、资产支持证券（ABS）和专项资产管理计划（SAMP）。由于信贷规模不断扩大，早在 20 世纪 90 年代初我国就开始探讨资产证券化的相关问题，以中远公司为代表的国内公司在国外成功发行了资产支持证券。但直到 2005 年 4 月，经过中国人民银行、中国银监会批准，我国才正式推出信贷资产证券化试点。2005 年 8 月，中国证监会开始推行以证券公司为参与主体的非信贷资产证券化业务试点。这两类资产证券化产品在参与主体、基础资产、监管机构、交易市场等方面大不相同（见表 5-15）。

表 5-15　中国信贷资产支持证券与非信贷资产支持证券对比

	信贷资产支持证券	非信贷资产支持证券
管理方式	信托方式	专项资产管理计划
SPV	依法设立的信托投资公司或中国银监会批准的其他机构担任	证券公司资产管理
发起人	商业银行	公司、企业
基础产品	信贷资产、不良资产等	企业债权类资产、收益类资产及中国证监会认可的其他资产
监管机构	中国人民银行、中国银监会	中国证监会
交易市场	中国银行间债券市场	中国证券交易所

资料来源：中国人民银行、中国证监会。

自 2005 年至今，我国累计发行资产支持证券产品 42 只，累计金额为 1,232.05 亿元，其中包括 6 只资产支持票据（ABN），其募集资金金额共计 60 亿元，2005—2013 年我国资产支持证券逐年发行量如图 5-13 所示。

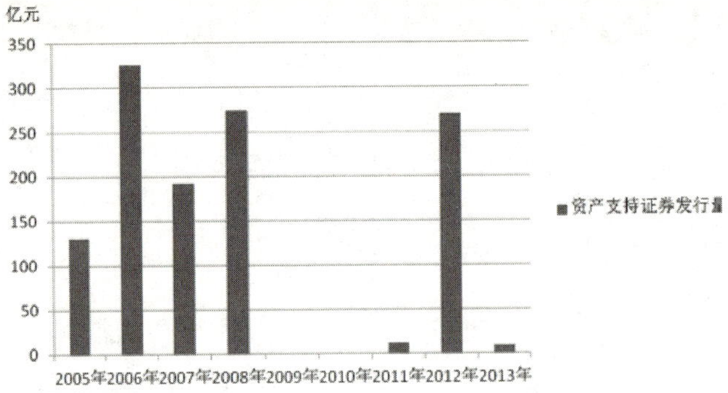

资料来源：中国人民银行、中国证监会。

图 5-13　2005—2013 年中国资产支持证券逐年发行量

5. 场外商品及商品价格指数衍生品发展现状

（1）场外黄金衍生品

2012 年以来，我国场外黄金衍生品市场取得了蓬勃发展。黄金衍生产品是指基于黄金或包含黄金的产品组合衍生出来的金融工具，其价值由标的资产黄金或其产品组合的价格决定，通常以合约的形式存在。目前我国的场外黄金衍生产品主要包括黄金远期、黄金掉期、黄金期权以及包含上述衍生交易的结构性产品。

2013 年 3 月 25 日，黄金即期询价交易在上海黄金交易所正式上线，银行间黄金询价远期交易业务投入试运行。2013 年 11 月 25 日，上海黄金交易所上线银行间黄金询价掉期交易品种。2015 年 2 月 2 日，黄金询价期权交易正式上线。至此，黄金远期、黄金掉期和黄金期权业务已全部推出。

目前，我国场外黄金衍生产品市场尚处于发展阶段，由于市场参与者对黄金衍生产品的认识和了解存在差异，使得不同衍生产品之间的市场需求和交易量差异较大。作为最为基础的衍生产品，黄金远期在国内商业银行及广大黄金生产、贸易、加工商的套期保值交易中应用较为广泛，市场需求不断增长，市场交易量大。而黄金掉期和黄金期权在套期保值交易中应用较少，市场交易量也较小。随着黄金理财产品的发展，特别是刚刚推出的黄金 ETF 产品受到市场广泛关注，黄金期权及其组合将会在部分黄金理财产品中得到应用，市场前景广阔。

（2）航运及大宗商品价格指数衍生品

目前，我国推出的航运运费指数衍生品主要是指人民币远期运费协议，大宗商品价格指数衍生品主要包括人民币铁矿石掉期、动力煤掉期等。

海运市场是国际贸易的派生需求，历来受经济周期、局部战争、突发事件等国际因素的影响，海运市场运费价格的波动因此难以掌握。为了方便国内企业规避国际航线运费的价格波动风险，2013 年 4 月 16 日，经中国人民银行批准同意，人民币远期运费协议中央对手清算业务在上海清算所正式上线。由于其结算、清算、计价货币均为人民币，又被称为人民币 FFA（Forward Freight Agreement）。人民币 FFA 作为一种远期运费风险管理工具，可以满足国内航运市场供需双方套期保值的需求。

继推出人民币远期运费协议中央对手清算业务之后，上海清算所于 2014 年 8 月 4 日又推出了人民币铁矿石、动力煤掉期中央对手清算业务。以人民币计价的中国铁矿石掉期和动力煤掉期的出台，可以规避国内投资者和产业客户的汇率风险，也可以弥补铁矿石期货和动力煤期货一定的套保空白，给资金紧缺产业链的客户增添新的融资途径，市场前景可期。

6．场外权益类衍生产品发展现状

（1）权证

权证又称认股权证，是由股份公司发行的可认购其一定数量股票的买入期权，它赋予持有人按照约定的价格在一定期限内购买发行公司一定数量股份的权利。深圳宝安公司是我国最早发行权证的公司，其发行的权证于 1992 年 11 月 5 日至 1993 年 11 月 2 日在深交所挂牌交易。1994 年中国证监会又特批深圳交易所的六只股票发行了认股权证。这六只股票分别是厦海发、闽闽东、湘中意、吉轻工、桂柳工、武凤凰。这些认股权证上市交易后曾多次被热炒，导致股价的暴跌暴涨，干扰了股票市场的正常秩序，

1996年6月，证监会暂停了权证交易，整个权证市场被迫关闭。

2005年8月，停止多年的权证市场又重新开始交易。宝钢权证作为首只重新开始交易的权证在上海证券交易所挂牌上市。自权证重启以来，权证交易市场经历了曲折发展。2007年年初，权证交易量突破3,000亿元。2008年，受全球次贷危机的拖累，权证交易额有所下降，成交额为69,685亿元，比2007年下降了10.46%。2009年以来，虽然全球经济开始转暖和中国金融市场活跃度增加，但由于目前发行的权证数量已经大幅减少，2009年成交额仅53,647亿元，较前几年有大幅跌落。品种方面，由于认沽权证风险过大，易受到机构炒作，在中国不成熟的资本市场背景下，投资者较难接受。2008年6月13日中国南方航空公司的认沽权证交易结束之后，认沽权证交易在中国金融市场上消失。

（2）可转换债券

1997年3月，国务院发布《可转换公司债券管理暂行办法》，并决定在500家重点国有未上市公司中进行可转换债券的试点。2000年2月25日上海机场可转换债券上市发行，同年3月17日鞍山钢铁可转换债上市发行，标志着我国可转债的发展向前迈进一大步。2001—2004年中国资本市场出现了一场“可转债热”，可转换债券的发行规模迅速增长。2002年、2003年和2004年可转债的总发行额分别为41.5亿元、185.5亿元和209.03亿元。因为股权分置改革让路，2005年可转债的发行处于停滞状态，可转债市场存有量不断减少。2009年12月，市场上可流通的可转债存量仅剩12只，可转债市场容量也降至178亿元的低点。2007年，11家上市公司发布了拟发行可转债的公告，中国证监会批准了9家正式发行可转债，发行规模开始不断增长。随着2010年400亿元的中行转债和250亿元的工行转债的发行，市场上可流通的可转债存量已经突破了千亿元大关，达到1,175.95亿元。

综上所述，我国衍生品市场的发展已经取得巨大成就，场内期货市场逐渐走向成熟，场内期权已经推出，与西方成熟市场的差距正在不断缩小；场外衍生品市场虽起步较晚，但市场发展已初具规模，新推出的产品自上线交易以来，市场发展迅猛，成交量不断攀升。总体而言，我国衍生品市场的格局已初步形成，市场发展处于成长阶段，发展的前景较为广阔。随着市场投资者类型不断丰富、基础设施不断健全，整个衍生品市场在风险管理和价格发现方面的重要作用将进一步凸显。不过，我国衍生产品市场发展状况与西方发达国家的差距仍然较大，市场发展尚存在一系列问题。

三、中国衍生品市场发展存在的主要问题

第一，市场上交易品种太少，不能满足现阶段我国经济发展的需求。目前，我国场内衍生产品已包含农产品类期货、金属类期货、能源与化工类期货、沪深 300 指数期货、5 年期国债期货、上证 50ETF 期权等 41 个品种。场外衍生产品已涵盖债券远期、利率互换、远期利率协议、外汇远期、外汇互换、货币互换、外汇期权、信用风险缓释合约、信用风险缓释凭证，以及抵押贷款支持证券、资产支持证券、专项资产管理计划、黄金远期、黄金掉期、黄金期权、人民币 FFA、铁矿石掉期、动力煤掉期等 20 个品种，累计交易品种 61 个。与世界其他国家相比，目前我国 GDP 大约相当于美国 20 世纪 90 年代的水平，而那时的美国衍生品市场有七十多个交易品种。同时，现存的衍生产品品种均为结构简单的初级衍生品，创新步伐相对缓慢，还远远不能满足参与机构个性化的产品服务需求，存在较大的发展空间。

第二，参与主体结构单一，参与度有限。目前场内期货市场的交易主体以个人投资者为主，基本占到同期客户总数的 95%以上，而广大中小公司基本缺席。场外衍生品市场的参与主体以商业银行为主，其他金融机构、非金融企业等参与度较低。交易主体的单一使市场需求容易同质化，限制

了市场流动性的提高。

第三，与国际市场相比，衍生产品市场交易量较小，市场活跃度不高。从期货交易量的全球排名来看，中国四大期货交易所均排在10名之后，落后于欧美发达国家、韩国和印度。2012年四大期货交易所的累计成交量不足美国芝加哥交易所（CME）成交量的2/3；再看场外金融衍生品，2012年我国银行间债券市场成交额是75.2万亿元，是场外衍生产品名义本金的近25倍。以利率互换为例，2012年我国利率互换名义本金为2.92万亿元，根据国际清算银行公布的数字，截至2010年，全球利率互换的名义本金已经达到36.438万亿美元。可见，我国衍生产品市场尚处于成长阶段，其交易量明显落后于基础产品，且其在国际市场中的占比也与我国的经济地位严重不符。

第四，与衍生品相配套的法律法规滞后于市场发展。从总体上看，我国尚缺乏一套统一的规范整个衍生产品市场交易的相关法律，立法的整体思路缺乏统一性和连贯性，目前法律上的空白由暂时性的法律规定或者制度安排来填补，其法律适用性尚未得到确认。另外，在衍生产品的相关法律法规中，限制性、禁止性的条文居多，鼓励性的条文较少，无法满足市场快速发展的需要。相关法律法规的滞后及法律上的不确定性，制约了我国衍生产品市场的发展水平以及公司对衍生产品的使用程度。

第二节　衍生产品在中国上市公司的使用现状

根据证监会统计，截至2012年年底，中国境内上市公司（A、B股）共有2494家，其中B股107家。境外上市公司（H股）2012年共有179家。2012年境内上市公司中共有2452家非金融上市公司。在2452家非金融上市公司中，2012 年仅有 184 家公司使用了衍生产品来进行风险对冲，相对比例不足 10%，这与西方市场经济国家有较大差距。巴特莱姆等（Bartram et al.，2009）指出，公司使用衍生品的比例在不同的国家之间有显著差别：澳大利亚有 67%的公司使用衍生品，美国和英国分别是 65%和 64%。根据国际互换与衍生产品协会（ISDA）2009 年 4 月的统计资料显示，世界 500 强企业中，94.2%的公司使用衍生产品来管理或规避所面临的商业和金融风险。本节分别从行业分布情况、所在区域分布情况、资产规模分布情况和衍生品不同类型使用情况四个方面对衍生产品在我国上市公司的使用现状进行分析。

一、行业分布情况

中国证监会于 2012 年 10 月 26 日发布并实施了《上市公司行业分类指引（2012 年修订）》（以下简称新《指引》），同时宣布废止 2001 年中国证监会公布的《上市公司行业分类指引》。新《指引》以在中国境内证券交易所挂牌交易的上市公司为基本分类对象，以上市公司营业收入等财务数据为主要分类标准和依据，所采用财务数据为经过会计师事务所审计并已公开披露的合并报表数据，因此具有权威性和科学性。新《指引》将上市公司划分为 19 个大类行业，与此对应，门类代码用一位拉丁字母表示，通常用字母 A、B、C……依次代表不同门类。

表 5-16 列出了 2012 年使用衍生产品的中国非金融上市公司的行业分布情况。由表 5-16 可见，使用衍生产品上市公司的行业分布并不均衡，目前使用衍生产品较多的行业主要集中在制造业、采矿业、交通运输、仓储和邮政业。其中，制造业上市公司有 94 家，占 51.09%；采矿业上市公司有 29 家，占 15.76%；交通运输、仓储和邮政业上市公司有 19 家，占 10.33%。这三类行业使用衍生产品的上市公司占使用衍生产品上市公司总数的 77.18%。究其原因，这三类行业公司的原材料或者燃料容易受到商品价格波动的影响，这

些公司大量持有衍生品的目的主要在于规避商品价格变动的风险。

从表 5-16 还可以看到，使用衍生产品较少的行业包括电力、热力、燃气及水生产和供应业（共 9 家）、建筑业（共 8 家）、批发和零售业（共 7 家）、农、林、牧、渔业（共 6 家）、信息传输、软件和信息技术服务业（共 6 家）、房地产业（共 3 家）、综合类（共 3 家）。

另外，未使用任何衍生产品的行业包括住宿和餐饮业、租赁和商务服务业、科学研究和技术服务业、水利、环境和公共设施管理业、居民服务、修理和其他服务业、教育业、卫生和社会工作、文化、体育和娱乐业。

表 5-16　2012 年使用衍生产品上市公司的行业分布情况

行业及代码	公司数	比例（%）
农、林、牧、渔业（A）	6	3.26
采矿业（B）	29	15.76
制造业（C）	94	51.09
电力、热力、燃气及水生产和供应业（D）	9	4.89
建筑业（E）	8	4.35
批发和零售业（F）	7	3.80
交通运输、仓储和邮政业（G）	19	10.33
住宿和餐饮业（H）	0	0
信息传输、软件和信息技术服务业（I）	6	3.26
房地产业（K）	3	1.63
租赁和商务服务业（L）	0	0
科学研究和技术服务业（M）	0	0
水利、环境和公共设施管理业（N）	0	0
居民服务、修理和其他服务业（O）	0	0
教育业（P）	0	0
卫生和社会工作（Q）	0	0
文化、体育和娱乐业（R）	0	0
综合类（S）	3	1.63
合计	184	100

二、所在区域分布情况

巴特莱姆等（Bartram et al.，2009）对多个国家公司使用衍生产品的情况进行了国际比较研究，他们发现，一国的经济发展水平、法律系统、税收体系、信息环境、资本市场发展状况和金融体制等影响了公司使用衍生产品的程度。在中国，各个省、自治区和直辖市在地方政府管制、税收政策、经济发展水平、产品和要素市场的发育程度、金融中介组织乃至法律法规环境等方面存在着相当大的差异。就区域而言，在东部发达和沿海省份，经济发展水平、金融业发展水平、市场化进程较高；而在其他一些省份，市场因素在经济中还未占据重要地位，经济发展水平较低，因此，分布在中国不同地区的上市公司，其使用衍生产品的程度可能存在差异。

我们使用2012年的统计数据对上市公司所在区域分布和公司衍生产品使用的关系进行了分析。表5-17列出了2012年使用衍生产品上市公司的所在区域分布情况。其中，2012年使用衍生产品的上市公司广泛分布于27个省、自治区和直辖市（以下简称“省份”），其中浙江省上市公司最多，共有27家，占14.67%；其次是广东省，共有19家，占10.34%；排名第三位的是上海市，共有18家，占9.78%；排名第四位和第五位的是江苏省和北京市，分别有17家和13家，分别占9.24%和7.07%。上述排名前五位省份的公司共计93家，占比半数以上，达到51.1%。从表5-17可见，东部发达地区使用衍生产品的公司数量明显高于中部和西部地区，说明地区市场化程度和经济发展水平对衍生产品的使用具有一定的影响作用。

表5-17　2012年使用衍生产品上市公司的所在区域分布情况

地区	公司数	比例（%）	地区	公司数量	比例（%）
北京	13	7.07	河南	3	1.63
上海	18	9.78	湖北	9	4.89
天津	5	2.72	湖南	7	3.80

续表

地区	公司数	比例（%）	地区	公司数量	比例（%）
山西	6	3.26	广东	19	10.34
内蒙古	3	1.63	海南	3	1.63
辽宁	6	3.26	四川	3	1.63
吉林	3	1.63	贵州	2	1.09
黑龙江	2	1.09	云南	2	1.09
河北	3	1.63	西藏	1	0.54
江苏	17	9.24	陕西	3	1.63
浙江	27	14.67	甘肃	1	0.54
安徽	4	2.18	青海	1	0.54
福建	7	3.80	新疆	7	3.80
山东	9	4.89	合计	184	100

三、资产规模分布情况

表 5-18 列出了 2012 年使用衍生产品的上市公司资产规模分布情况。从表 5-18 可以看出，2012 年，在使用衍生产品的上市公司中，资产规模在 10 亿元以下的公司有 18 家，占比 9.78%；10 亿~50 亿元之间的公司有 67 家，占比 36.41%；50 亿~100 亿元之间的公司有 49 家，占比 26.63%；100 亿~500 亿元之间的公司有 33 家，占比 17.93%；500 亿元以上的有 17 家，占比 9.25%。从资产规模分布来看，规模在 50 亿元以上的公司占比 53.81%，可见，使用衍生产品的上市公司具有较大的资产规模。

表 5-18　2012 年使用衍生产品上市公司的资产规模分布情况

资产规模（元）	公司数	比例（%）
10 亿以下	18	9.78
10 亿~50 亿	67	36.41
50 亿~100 亿	49	26.63
100 亿~500 亿	33	17.93
500 亿以上	17	9.25
合计	184	100

四、衍生品不同类型使用情况

表 5-19 列出了 2012 年上市公司衍生产品使用类型的分布情况。

表 5-19　2012 年上市公司使用衍生产品的类型分布情况

衍生产品使用类型	公司数	比例（%）
远期合约	95	3.87
期货合约	67	2.73
互换协议	48	1.96
期权合约	21	0.86
衍生品全部类型	184	7.50%

从表 5-19 可见，2012 年，境内上市的所有非金融上市公司（2452 家）中，约有 7.50%的上市公司使用了衍生产品。远期合约是使用最为广泛的衍生产品，其次是期货合约，平均来看，3.87%的上市公司使用了远期合约；2.73%的上市公司使用了期货合约；同时，1.96%的上市公司使用互换，0.86%的上市公司则使用期权。其中，使用远期合约和期权主要管理外汇风险，使用期货合约主要管理商品价格风险，使用互换主要管理利率风险。应注意到，某些公司会使用衍生产品的组合来管理各种不同类型的风险。为进行比较，作为一种基准，大约 65%的美国上市公司使用衍生品，而英国和澳大利亚的衍生品使用者则分别为 64%和 67%。可见，我国上市公司的衍生产品使用率偏低。

经过上述分析，我们发现，与发达国家相比，目前中国上市公司使用衍生产品的深度和广度都较为有限。造成中国上市公司衍生产品使用率低的主要原因有以下几点：首先，可能与中国公司参与国际化的程度低有关。目前较少有公司参与到国际化的跨国信贷和投资活动中，面临来自国际市场价格波动的风险较小；其次，衍生产品得以充分应用的背景条件，例如完全放开的市场化利率、无政府管制的浮动汇率制度、发达的金融市场体系、高效的市场资源配置、完善的公司治理结构、健全的法律法规体系等，在目前现有条件下均不具备；再次，正如前文分析的那样，中国衍生产品市场发展水平有限，市场上交易品种较少，与衍生产品相配套的法律法规滞后于市场发展等。这些都是制约衍生产品在中国上市公司广泛使用的客观条件。

第三节　本章小结

本章首先从场内衍生产品和场外衍生产品两个方面阐述了中国衍生产品发展现状，并指出我国衍生品市场发展存在的主要问题，这些问题包括：① 市场上交易品种太少，不能满足现阶段我国经济发展的需求；② 参与主体结构单一，参与度有限，场外衍生品市场的参与主体以商业银行为主，其他金融机构、非金融企业等参与度较低；③ 与国际市场相比，衍生产品市场交易量较小，市场活跃度不高；④ 与衍生品相配套的法律法规滞后于市场发展。

然后，分别从行业分布情况、所在区域分布情况、资产规模分布情况和衍生品不同类型使用情况四个方面分析了衍生产品在中国上市公司的使用现状。经过描述性统计后发现：不同行业之间对衍生产品的使用程度存在差异，从行业分布来看，使用衍生产品上市公司的行业分布比较集中，主要集中在制造业、采矿业、交通运输、仓储和邮政业；不同区域之间对衍生产品的使用程度也存在差异，东部地区对衍生产品的使用程度高于中部和西部地区对衍生产品的使用程度；使用衍生产品的上市公司具有较大的资产规模。

最后，通过与发达国家公司相比，我们发现，目前中国上市公司使用衍生产品的深度和广度都较为有限，造成上市公司衍生产品使用率低的主要原因有以下几点：① 可能与中国公司参与国际化的程度低有关。目前较少有公司参与到国际化的跨国信贷和投资活动中，面临来自国际市场价格波动的风险较小；② 衍生产品得以充分应用的背景条件，例如完全放开的市场化利率、无政府管制的浮动汇率制度、发达的金融市场体系、高效的市场资源配置、完善的公司治理结构、健全的法律法规体系等，在目前现有条件下均不具备；③ 正如前文分析的那样，中国衍生产品市场发展水平有限，市场上交易品种较少，与衍生产品相配套的法律法规滞后于市场发展等。这些都是制约衍生产品在中国上市公司广泛使用的客观条件。

第六章　公司特征影响衍生产品使用的理论和实证研究

本章根据第二章回顾的风险对冲动因理论以及国内外衍生产品使用影响因素实证研究结果，结合中国制度背景，理论分析公司特征（如公司规模、成长机会、财务杠杆、实际税率、资产流动性、股利支付、盈利能力）如何影响公司对衍生产品的使用，探讨相关因素的代理变量，提出相关变量的预期关系，构建计量经济模型，实证研究公司特征如何影响公司对衍生产品的使用。

第一节　理论分析与研究假设

公司风险对冲动因理论和实证研究表明，公司规模、成长机会、财务杠杆、实际税率、资产流动性、股利支付、盈利能力等公司特征影响公司对衍生产品的使用。为了构建计量经济模型，我们首先根据风险对冲动因理论及衍生产品使用影响因素的实证研究，对公司特征如何影响衍生产品使用进行理论分析，并提出相关变量的预期关系。

一、公司规模

关于是大公司更多地使用衍生产品还是小公司更多地使用衍生产品，国外学者探讨较多，目前普遍接受的是衍生产品使用的“公司规模假说”，即大公司比小公司更倾向于使用衍生产品。对公司规模假说的解释主要包括以下几点：① 操作金融衍生产品需随时处理大量相关信息，规模大的公司更可能雇用专业经理人从事衍生产品的操作，即可以享受信息的规模经济（Block and Gallagher，1986；Booth，Smith and Stolz，1984），这意味着大公司更倾向于使用衍生产品；② 互换、远期、场外交易（Over-the-counter）期权市场在交易成本结构方面显示出“规模经济”效应，即衍生产品的合约金额越大，平均交易成本将越低，因此，大公司便可享受成本的规模经济；③ 大公司管理层的管理经验一般要多于小公司的管理层，其风险管理的意识往往高于小公司。

与上述观点截然相反，一些学者却提出不同的观点，即与大公司相比，小公司将表现出较强的愿望去使用衍生产品。其解释主要包括以下几点：① 财务危机最终将导致公司破产并进入重组或者清算，在这种情况下公司将面临直接的法律成本。沃纳（Warner，1977）研究发现，公司财务危机的直接成本与公司规模并不成比例，通常小于该比例。这意味着小公司比大公司更容易受到降低财务危机成本目的的驱使，更倾向于使用衍生产品；② 按照税收假说，与大公司相比，小公司更可能在税率表的累进区域内具有应税收入，这意味着小公司更可能为了节约税负而使用衍生产品；③ 按照弗鲁特等（Froot et al.，1993）的观点，小公司向外举债的成本预期比大公司要高，其遭受信息不对称成本的可能性比大公司要大，因此规模小的公司更可能使用衍生产品。

国外学者对公司规模实证检验的较多，基本上所有的有关衍生产品使用影响因素的实证研究都发现，衍生产品的使用会随着公司规模的增加而增加。南希等（Nance et al.，1993）通过问卷调查了世界500强和标准普尔400中的535家公司，其中有效样本为169家，他们研究发现，公司规模越大，公司越倾向于使用衍生产品。米安（Mian，1996）检验了使用三种类型的衍生产品（商品衍生品、利率衍生品和货币衍生品）的3022个样本公司。其研究发现，公司规模和衍生产品使用之间正相关，表明与融资成本和财务危机成本对衍生产品使用的影响相比，信息和交易成本的规模经济对衍生产品使用的影响更大。伯克曼和布拉德巴利（Berkman and Bradbury，1996）使用新西兰公司的报告数据对衍生品使用情况进行实证研究。其研究结果表明，公司会随着规模的增加而增加使用衍生产品。他们对这个结果进行了解释：第一，财务危机的间接成本很可能比其直接成本要大很多，如果破产的间接成本不存在规模效应，则公司规模可能不是财务危机成本的有效代理变量；第二，规模大的公司拥有更为高级的风险管理实践，因此更可能使用衍生产品。维索茨基（Wysocki，1998）研究发现，衍生产品的使用会随着公司规模的增加而增加，随着政府管制的增加而减少。

格雷厄姆和罗杰斯（Graham and Rogers，1999）研究了那些面临利率风险和汇率风险公司的衍生产品使用状况，他们的研究发现，小公司更少地使用衍生产品，该研究结果与小公司面临较大信息不对称成本并使用更多衍生产品的假设不一致。另外，他们发现，在衍生产品对冲项目中存在较大数额的固定成本，小公司的对冲收益不足以抵消这些固定成本，因此小公司会较少使用衍生产品。阮和法弗（Nguyen and Faff，2003）研究了澳大利亚公司使用金融衍生产品的动机，其研究发现，使用汇率衍生产品和利率衍生产品的公司具有较大的公司规模，从而验证了公司的“规模经济”效应。贾德（Judge，2006）通过调查获得了400个英国公司的衍生产品使用信息。其研究发现，具有较大规模的公司倾向于使用衍生产品。克拉克、贾德和艾（Clark，Judge and Ngai，2006）对在香港证券交易所上市的227家香港公司和内地公司的风险对冲决定因素和风险对冲的价值效应进行了实证研究。他们的研究发现，公司规模与衍生产品的使用之间显著正相关。图格鲁尔、塞泽尔和瑟曼斯（Ertugrul，Sezer and Sirmans，2008）研究了1999—2001 年美国不动产投资基金机构实施风险对冲的影响因素。他们研究发现，衍生产品的使用与公司规模正相关。莱姆劳（Ramlall，2009）以2005—2006 年毛里求斯的公司数据为样本研究了衍生产品使用的影响因素，其研究发现，公司管理层最大化效用假说和节税假设都未得到验证，而公司规模与衍生产品使用之间正相关。综上，为了验证公司规模与衍生产品使用之间的关系，我们提出：

假设 1：公司规模与衍生产品的使用正相关，规模大的公司倾向于使用衍生产品。

二、成长机会

按照避免“投资不足”假说，当公司出现高成长性的投资机会，且公司内部现金流较低时，因向外部融资成本较高，公司会倾向于使用衍生产品，以避免或者减少“投资不足”问题。从理论上说，具有更多成长机会的公司，会较多地使用衍生产品进行风险对冲。迈尔斯（Myers，1977）将公司潜在的投资机会特征化为期权，并指出，那些在其投资计划中具有更多成长期权的公司倾向于采取旨在降低公司价值波动性的对冲项目。南希等（Nance et al.，1993）的实证研究发现：那些使用衍生产品的公司往往具有更高的研发支出；那些具有更多投资期权的公司往往使用更多的衍生品，且这些公司的财务杠杆比率较低，这说明使用衍生产品进行对冲的公司在其投资项目中具有更多的成长期权。弗鲁特等（Froot et al.，1993）认为，公司未来现金流的波动性只有当降低了公司内部资金的数量时才会构成一个严重问题，并因此会降低公司选择有利可图投资机会的能力。

伯克曼和布拉德巴利（Berkman and Bradbury，1996）的研究发现，只有当其使用公允价值来计量衍生产品时，衍生产品的使用程度才与公司增长期权之间存在正相关关系。盖齐、明德和斯科兰德（Geczy，Minton and Schrand，1997）的研究结果表明，那些具有较高增长机会但很难获得内部和外部融资的公司倾向于使用汇率衍生品。另外，他们发现那些与公司成本和收益相关的公司特征与公司的风险管理决策相关，且这些公司特征还将影响公司选择何种具体的汇率衍生品工具。加伊和纳姆（Gay and Nam，1998）在分析公司的“投资不足”问题时发现，公司对衍生品的使用与其成长机会之间存在正相关的关系。格雷厄姆和罗杰斯（Graham and Rogers，1999）发现，衍生产品的使用随着公司投资机会的增加而增加。卡特、罗杰斯和西姆金斯（Carter，Rogers and Simkins，2006）调查了美国航空业公司 1992—2003 年的燃油对冲行为，他们的研究发现，对冲与资本投资（代理成长机会）带来的价值增加正相关，且这部分对冲溢价主要归功于对冲与资本投资相互作用的结果。达尼耶拉（Danijela，2007）分析了克罗地亚非金融上市公司的风险管理实践和风险对冲决策。通过使用单因素分析和多元回归的方法来检验被研究公司的风险对冲程度是否为一些公司特征的函数，而这些公司特征之前已被证实与风险管理决策有关。经过研究发现，公司投资支出比（代理成长机会）与衍生产品的使用之间显著正相关，实证结果与具有高成长期权的公司使用更多的衍生产品进行对冲的理论假设相一致。

此外，下列学者的研究发现，衍生产品的使用将随着公司研发支出（代理成长机会）的增加而增加。这些学者包括南希等（Nance et al.，1993）、盖齐等（Geczy et al.，1997）、多尔德（Dolde，1995）、阿雷安利斯和奥弗克（Allayannis and Ofek，2001）、加伊和纳姆（Gay and Nam，1998）、崔等（Choi et al.，2013）。为了验证公司的成长机会与衍生产品使用之间的关系，我们提出：

假设 2：公司成长机会与衍生产品的使用正相关，具有高成长机会的公司倾向于使用衍生产品。

三、财务杠杆

有关公司财务杠杆对衍生产品使用的影响，国外学者的文献也较多涉及。很多学者在研究“财务危机”问题时会涉及对财务杠杆与衍生产品使用之间关系的评述。迈尔斯（Myers，1977）认为，既然那些资本结构中负债较多的公司将更容易面临“财务危机”问题，而使用衍生产品可降低财务危机成本，从而那些具有较高财务杠杆比率的公司将倾向于使用衍生产品。伯克曼和布拉德巴利（Berkman and Bradbury，1996）克服了研究数据的限制及取证有偏的缺陷，使用了新西兰公司的报告数据（该国要求公司必须披露使用的资产负债表外工具和使用资产负债表法的公允价值和合同名义价值）。他们研究发现，公司会随着财务杠杆比率的增加而增加使用衍生产品。可见，伯克曼和布拉德巴利的研究结果与那些具有更高财务杠杆的公司倾向于使用衍生产品的假设是吻合的。

史密斯和瓦茨（Smith and Watts，1992）讨论了对冲与财务杠杆比率之间的关系并指出，还不能将财务杠杆运行的两种效应区分开来：一是在投资机会一定的情况之下，更高的财务杠杆比率能产生更强的对冲动机，二是具有更高财务杠杆比率的公司拥有较少的投资机会，并具有较弱的对冲动机。与此同时，具有高成长机会的公司很可能会具有较低的财务杠杆比率、较短的债务期限结构、较低的股利支付额、较低的股利收益额以及较高的流动性。因为具有高增长机会的公司也可能不倾向于进行对冲，即那些不进行对冲的公司会具有较低的财务杠杆比率、较短期限的债务期限结构、较低的股利支付额、较低的股利收益额及较高的流动性。因此，在投资机会既定的情况下，对冲也可能被那些具有较高财务杠杆比率、较长债务期限结构、较高股利支付额、较高股利收益额和较低流动性的公司所接纳。

多尔德（Dolde，1995）、伯克曼和布拉德巴利（Berkman and Bradbury，1996）、豪沙尔特（Haushalter，2000）、加伊和纳姆（Gay and Nam，1998）、豪顿和珀费克特（Howton and Perfect，1998）使用财务杠杆比率来衡量财务危机的预期成本。他们发现，更高的财务杠杆比率会导致更大程度对衍生产品的使用。大部分研究针对这个关系的解释是，更大的财务危机预期成本将导致更大程度对衍生产品的使用。也就是说，这种解释是假设那些具有更高财务杠杆比率的公司将面临更大的财务危机可能性，为了降低公司财务危机的可能性，具有更高财务杠杆比率的公司会倾向于使用衍生产品。

克拉克、贾德和艾（Clark，Judge and Ngai，2006）对在香港证券交易所上市的 227 家香港公司和内地公司的衍生产品使用决定因素和风险对冲的价值效应进行了实证研究。他们研究发现，衍生产品的使用与样本公司的财务杠杆比率紧密相关。而且结果表明，与香港上市公司相比，内地上市公司的显著性要弱一些，这可能是由于国家是大部分内地上市公司的主要股东，由于政府的贷款担保，降低了这些公司财务危机的可能性，进而降低了其衍生产品使用对财务杠杆比率的敏感性。图格鲁尔、塞泽尔和瑟曼斯（Ertugrul，Sezer，Sirmans，2008）研究了 1999—2001 年美国不动产投资基金机构实施风险对冲的影响因素。其研究结果表明，对冲与财务杠杆之间显著相关，说明美国不动产投资行业对衍生品的使用受到降低财务危机成本目的的驱使。克拉克和贾德（Clark and Judge，2008）以 1995 年年末英国股票市场排行前 500 位的 441 家非金融上市公司为研究样本，研究了财务危机成本与公司使用衍生产品之间的关系。他们的研究发现，将财务杠杆比率作为财务危机成本的代理变量，在未区分外币债务使用者和非外币债务使用者的条件下会得出错误的结论，但将汇率衍生品使用者区分为使用和不使用外币债务者两类时，单独使用外币债务、同时使用外币债务和汇率衍生品的这两类公司对衍生产品的使用与财务杠杆比率正相关；而单独使用汇率衍生品的公司对衍生产品的使用则与财务杠杆比率不相关，这表明公司是否使用外币债务会影响研究结果。阿尔茨和巴特莱姆（Aretz and Bartram，2010）的研究结果表明，公司使用衍生品的数量和程度与财务杠杆比率正相关。为了验证公司财务杠杆与衍生产品使用之间的关系，我们提出：

假设 3：财务杠杆与衍生产品的使用正相关，财务杠杆比率高的公司倾向于使用衍生产品。

四、实际税率

按照税收假说，由于公司税收函数的凸性特征，对冲活动能够降低公司税前价值的波动性，从而可以有效降低公司的实际税负水平。在实际经济活动中，由于存在所得税的累进税率、投资税收抵免和亏损结转，导致税收函数往往会呈现凸性。因为一个公司的应纳税义务通常是按照实际税率对其当年收入进行征收，当税收函数为凸性时，公司应税收入上升所带来的税收损失将大于其下降所带来的税收节约。公司通过使用衍生产品降低了公司应税收入的波动性，使公司各年度的应税收入波动性减小，从而降低了公司预期税负支出。迈耶斯和史密斯（Mayers and Smith，1982）、史密斯和斯图兹（Smith and Stulz，1985）均认为，如果公司的纳税义务是公司收入的凸性函数时，或者说公司面临的是一个凸性的税收函数时，衍生产品的使用通过减少公司预期税负支出，而提高了公司价值。而且该函数的形状越凸，则风险对冲的节税收益越大。弗鲁特等（Froot et al.，1993）指出，对冲活动可以降低公司收入的波动性，一个波动性小的收入将比波动性大的收入使公司承受更低的税收负担。凸性税收函数对一些公司是很常见的，尤其是对那些很可能面临亏损的公司和那些不能100%结转其亏损至随后年度的公司。兹莫曼（Zimmerman，1988）研究发现，税收优惠项目（比如税收损失递延、投资税收抵免，外国征税减免）使得公司纳税义务也呈现为凸性函数。格雷厄姆和史密斯（Graham and Smith，1999）认为，大部分税收凸性来源于税法对盈利和损失的不对称处置。转回和递延条款可使公司将其损失平均化，从而在其最凸点降低税收函数的弯曲度并使函数在更广的应税收益下变平缓。相比之下，可选最低税额与投资税收抵免则对税收函数的凸性影响不大。伯克曼和布拉德巴利（Berkman and Bradbury，1996）的实证研究发现，亏损递延（Loss Carry Forward）与衍生产品的使用存在正相关关系。克拉克、贾德和艾（Clark，Judge and Ngai，2006）对在香港证券交易所上市的 227 家香港公司和内地公司的衍生产品使用决定因素和风险对冲的价值效应进行了实证检验。他们的研究发现，香港上市公司进行对冲可带来公司价值 0.88%的税收节约利益；而内地上市公司的对冲节税收益仅占公司价值的 0.56%。阿尔茨等（Aretz et al.，2007）认为，如果公司利润与实际税率的关系是凸性的，公司风险管理可以通过降低税前利润的波动性，实现减轻公司的税收负担的目的。其中，实际税率的凸性由逐渐增加的边际税率或税法对某些税收优惠项目的限制（例如不能在无限的年度内进行亏损递延或亏损预提）所造成。多诺霍（Donohoe，2015）研究了公司使用金融衍生产品所带来的节税收益，其研究发现，公司进行衍生产品对冲后，其三年期的平均实际税率大约降低了 3.6 到 4.4 个百分点。

我国税法不允许投资税收抵免和亏损预提（Loss Carry Backs）。但允许长达 5 年的亏损递延（Loss Carry Forwards），即纳税人某一纳税年度发生亏损，可以用下一年的所得弥补，下一年度的所得不足以弥补的，可以逐年延续弥补，但延续弥补期限最长不超过 5 年。由于税法允许 5 年的亏损递延，公司损失所得税返还的时间价值，因此公司实际税率与公司收入之间的关系呈现凸性。实际税率越高，税收函数的凸性越强，公司使用衍生产品进行风险对冲的程度越大。根据税收理论，我们提出：

假设 4：实际税率与衍生产品的使用正相关，实际税率高的公司倾向于使用衍生产品。

五、资产流动性和股利支付

有关资产流动性对衍生产品使用的影响，多数学者认为，资产流动性会降低公司对衍生品使用的需求。南希等（Nance et al.，1993）认为，一个具有较高速动比率且较低股利支付率的公司，其依靠对冲来降低其直接债务的预期财务危机成本和代理成本的需求降低了，即较高的资产流动性将降低公司的对冲需求。这种解释并不是把资产流动性作为公司长期债务的替代品来看待，而是将资产流动性作为公司获得内部资金的一种来源。另外，股利支付也会影响公司对衍生产品的需求。一个较低的股利支付率将使得公司有充足的资金来满足固定权益持有者的需要，并因此降低代理冲突。南希等（Nance et al.，1993）指出，对冲的替代品能够降低公司对冲的需求，例如，公司对股利支付的限制使得公司能保持充足的资产流动性，而使得使用衍生产品变得无关紧要。同样地，持有较多的流动资产也可降低公司对风险对冲的需求，有研究表明流动比率与衍生产品的使用呈现负相关（Tufano，1996；Geczy et al.，1997）。加里文德（Jalivand，1999）、阿雷安利斯和奥弗克（Allayannis and Ofek，2001）均认为，股利发放将降低公司的资产流动性，并使用股息收益率对资产流动性进行度量。他们的实证研究发现，公司股息收益率与衍生产品使用之间负相关。卡特、罗杰斯和西姆金斯（Carter，Rogers and Simkins，2006）在对航空业风险对冲行为的研究中，使用了一个哑变量来检验股利发放对衍生产品使用的影响。阮和法弗（Nguyen and Faff，2003）研究了澳大利亚公司使用金融衍生产品的动机，他们研究发现，对使用利率衍生产品的公司而言，它们具有较低的资产流动性和较高的股利支付率。巴洛克维奇等（Borokhovich et al.，2004）在实证检验中使用速动比率作为流动性的代理变量，其研究发现，速动比率与衍生产品使用之间负相关。卡特等（Carter et al.，2006）通过对美国航空业自1992年至2003年的航油对冲行为研究后发现，公司现金持有量与衍生产品使用之间是负相关的。他们认为，一个具有较多流动资产的公司不倾向于从事风险管理，因为它拥有一个较大的财务缓冲区。阿尔茨和巴特莱姆（Aretz and Bartram，2010）的研究发现，公司使用衍生品的数量和程度与经营对冲的程度、股利政策及流动资产持有量有关。库玛和拉宾诺维奇（Kumar and Rabinovitch，2013）使用1996—2008年美国油气公司衍生产品头寸的具体数据对风险对冲的影响因素进行了研究。其研究发现，公司内部现金流的波动风险影响衍生产品的使用。为了验证资产流动性、股利支付与衍生产品使用的关系，我们提出：

假设5：资产流动性与衍生产品的使用负相关，资产流动性低的公司倾向于使用衍生产品。

假设6：股利支付与衍生产品的使用正相关，股利支付高的公司倾向于使用衍生产品。

六、盈利能力

基于降低财务危机成本理论，当公司具有较强的盈利能力时，公司面临财务危机的可能性将会降低，盈利能力的增加会降低公司对衍生产品的使用。格雷厄姆和罗杰斯（Graham and Rogers，1999）试图找到一个变量能直接衡量财务危机的发生概率和财务危机发生后的相关成本。他们在研究中首次引入了一个与财务危机成本相关的变量，即资产报酬率。他们认为，拥有较低盈利能力的公司更有可能面临财务危机问题，因而公司盈利能力可能会与衍生产品的使用负相关。他们使用公司税前资产报酬率（Pre-tax ROA）来衡量盈利能力，研究发现衍生产品的使用与税前资产报酬率负相关，即具有较低盈利能力的公司使用了更多的衍生产品，这与公司使用衍生产品是为了降低财务危机成本的观点不谋而合。为了验证盈利能力与公司使用衍生产品之间的关系，我们提出：

假设 7：盈利能力与衍生产品的使用负相关，盈利能力弱的公司倾向于使用衍生产品。

第二节　实证研究设计

一、研究变量定义

为了构建衍生产品使用影响因素实证检验模型，我们根据先前其他学者的实证研究，并结合中国的实际情况，对相关研究变量进行探讨，给出捕捉这些变量的代理变量。

1．被解释变量

本章研究的被解释变量是公司对衍生产品的使用。目前对被解释变量（公司衍生产品的使用）的度量有三种方法：一是采用虚拟变量来度量公司对衍生产品的使用，即如果公司使用衍生产品进行风险对冲，则该变量的值为 1，否则为 0。这是目前使用最多的方法；二是采用对冲比率（Hedge ratio）作为衍生产品使用程度的代理变量，研究者通常采用衍生产品的总面值/公司规模来计算对冲比率。其中，伯克曼和布拉德巴利（Berkman and Bradbury，1996）、加伊和纳姆（Gary and Nam，1998）、豪顿和珀费克特（Howton and Perfect，1998）、阿雷安利斯和奥弗克（Allayannis and Ofek，2001）使用衍生产品的总面值除以公司规模来作为对冲的代理变量。格雷厄姆和罗杰斯（Graham and Rogers，2002）采用衍生产品净头寸的绝对值除以公司规模来计算对冲比率；三是使用 delta 值来度量衍生产品的使用程度。图法诺（Tufano，1996）在对北美金矿开采行业的对冲活动进行实证研究时，首先使用了 delta 值作为衍生产品使用的代理变量。每种度量方法都有其自身的优缺点：使用虚拟变量的优点在于操作简单，尤其对于无法获得公司使用衍生产品的具体数据时，这是唯一可行的方法，它的局限性在于无法对公司衍生产品使用的程度进行准确计量，仅仅对冲了 1%风险暴露的公司与对冲 100%风险暴露的公司被同等对待，却忽略了不同公司衍生产品使用程度的不同；使用对冲比率克服了使用虚拟变量的弊端，但使用衍生产品的总面值/公司规模来衡量衍生产品使用程度误差较大。加总得来的衍生产品总面值是多头与空头之和，衍生产品多头和空头会相互抵消，有可能高估了公司使用衍生产品的程度。迪翁和特里基（Dionne and Triki，2013）指出，由于对冲策略既包括对冲程度的大小，还包括对衍生工具的选择，使用净头寸衡量衍生产品使用会遗失对冲工具的选择信息；而以 delta 值度量对冲克服了对冲比率的缺陷，它既包含衍生产品使用程度的信息，还包含了衍生产品使用类型的信息。不过，采用 delta 值作为衍生产品使用的代理变量仅限于对某个特定行业的实证研究，缺乏一般适用性。

我们试图通过 CSMAR 数据库提取有关公司“衍生金融资产（或衍生金融负债）”的具体数据。但是在收集数据的过程中，我们发现上市公司使用衍生产品的相关会计数据是通过“交易性金融资产（或交易性金融负债）”，以及“流动资产—套期工具（或流动负债—套期工具）”来进行反映。由于“交易性金融资产（或交易性金融负债）”反映的金融资产（或金融负债）除了衍生工具外，还包括股票、债券、基金等其他金融工具，无法准确反映公司对衍生产品的使用情况；另外，“流动资产—套期工具（或流动负债—套期工具）”也没有在CSMAR数据库中单独列示，于是只能在公司资产负债表的“交易性金融资产（或交易性金融负债）”及其附注中获取有关该公司是否使用衍生产品的信息（如交易类型、交易金额等），并在上市公司年报中以“套期保值”、“衍生产品”、“风险管理”、“对冲”、“远期”、“掉期”、“互换”、“期权”等关键词以搜索上市公司使用衍生产品的具体数据。对公司使用衍生产品进行风险对冲的度量，本章使用两个不同但又相互联系的代理变量来加以描述。

（1）衍生产品使用虚拟变量（HEDGE）

我们将公司对衍生产品的使用定义为公司是否使用衍生产品进行风险管理（虚拟变量）。如果公司年报中披露当期曾经持有或使用过衍生工具并披露具体金额或者仅仅披露使用过衍生工具进行风险管理，我们均将其确认为使用衍生产品的公司，则该虚拟变量为1；否则为0。

（2）对冲比率（DERI）

由于上述衍生产品使用虚拟变量（HEDGE）不能展现公司使用衍生产品的程度大小，我们又构造了对冲比率（DERI）指标，试图全面反映上市公司使用衍生产品参与对冲的程度，以求得到更有意义的结果。衡量公司使用衍生产品程度的指标为基于风险敞口的对冲比率（Hedge Ratio），研究者通常采用衍生产品的总面值/公司规模来衡量对冲比率。如果公司年报中披露了金融合约的名义本金额，那么可以使用金融合约的名义本金额除以公司规模得出对冲比率的近似值，但实际上在使用衍生产品的公司中，只有部分公司披露了金融合约的公允价值，因此，本章采用衍生产品的公允价值除以公司总资产来度量对冲比率。

2. 解释变量

对公司规模的度量，南希等（Nance et al.，1993）、图法诺（Tufano，1996）、盖齐等（Geczy et al.，1997）、加伊和纳姆（Gay and Nam，1998）采用公司负债账面价值加上公司权益市场价值之和的自然对数度量；伯克曼和布拉德巴利（Berkman and Bardbury，1996）、米安（Mian，1996）、维索茨基（Wysocki，1998）采用公司市场价值的自然对数度量；格雷厄姆和罗杰斯（Graham and Rogers，2002）采用资产账面价值的自然对数度量。本章使用总资产的自然对数度量公司规模。

对成长机会的度量，早期的研究学者使用最多的两个代理变量是公司的市值账面价值比和公司的研究开发支出。除了以上两个指标外，部分学者还经常使用 Tobin Q 值、主营业务收入增长率、市盈率等作为一个公司成长机会的衡量手段。使用公司的市值账面比来衡量公司的成长机会是基于以下观点：公司市场价值代表了公司资产的价值和未来的增长机会，账面价值代表了公司资产的价值，因此，两者的比率能够提供一个公司成长机会的相对准确的衡量手段。因此，本章使用公司市值账面价值比来度量成长机会。

对财务杠杆（资本结构），本章使用债务总额占资产总额的比来度量财务杠杆大小。

对实际税率，本章采用所得税费用占税前会计利润的比重来度量公司实际税率。

对资产流动性和股利支付，本章使用流动资产总额除以流动负债总额来度量资产流动性；使用普通股每股股利与普通股每股收益之比度量公司股利支付率。

对盈利能力，本章采用净利润与平均净资产之比度量公司盈利能力。

3. 控制变量

为了控制其他因素对研究结果的影响，本章还设置了公司治理水平、行业虚拟变量、区域虚拟变量、年度虚拟变量等控制变量。GI 为运用主成分分析法得出的代理治理水平的综合指标，用以控制公司治理水平对衍生产品使用的影响。在此，我们借鉴白重恩等（2005）使用的方法，对公司各个治理要素进行主成分分析（Principal Componen Analysis，PCA），将主成分分析法中得出的第一大主元定义为反映公司整体治理水平的指数 GI。在第一大主元中，9 个反映公司治理的指标（即第一大股东持股比例、第二大股东到第九大股东持股比例之和、国家股比例、法人股比例、独立董事比例、董事会规模、领导结构、外部法律环境和管理者持股）的载荷系数分别为：−0.431，0.704，−0.012，0.252，−0.013，−0.197，−0.006，0.221 和−0.142，除了独立董事比例和管理者持股外，其他 7 个指标都与我们的理论预期相吻合。9 个指标中，第一大股东持股比例、第二大股东到第九大股东持股比例之和、法人股比例和外部法律环境这 4 个指标是反映 GI 变量的重要指标，我们利用这 4 个指标的线性组合来构建 GI 变量。另外，IND、REG 和 YEA 分别为行业、区域和年度虚拟变量，用以控制行业、区域和年度对衍生产品使用的影响。变量定义与描述如表 6-1 所示。

表 6-1　变量定义与描述

类型	符号	名称	变量计量
被解释变量	HEDGE	衍生产品使用虚拟变量	若公司使用衍生产品进行风险对冲，则该虚拟变量为 1，否则为 0
	DERI	对冲比率	公司使用衍生产品的公允价值/资产总额
解释变量	SIZE	公司规模	总资产的自然对数
	GROW	成长机会	资产的市场价值/账面价值（M/B）
	LEV	财务杠杆	债务总额/资产总额
	TAX	实际税率	所得税费用/税前会计利润
	LIQ	流动性	流动资产总额/流动负债总额

续表

类型	符号	名称	变量计量
解释变量	DIV	股利支付	普通股每股股利/普通股每股收益
	ROE	盈利能力	净资产收益率，等于净利润除以净资产
控制变量	GI	公司治理水平	运用主成分分析法得出的代理治理水平的综合指标
	IND	行业虚拟变量	公司所处的行业，虚拟变量
	REG	区域虚拟变量	公司所在的区域[①]（东部、中部或西部），虚拟变量
	YEA	年度虚拟变量	公司使用衍生产品所处的年度，虚拟变量

二、实证模型设定

对衍生产品使用影响因素的实证分析中通常采用两种方法：第一，运用Logistic模型（离散选择分析）来检验相关因素影响公司对衍生产品的使用，如南希等（Nance et al.，1993）使用Logistic模型来检验投资税收抵免对衍生产品使用的影响；米安（Mian，1996）使用 Logistic 模型对衍生产品使用的影响因素（如财务杠杆、税收损失递延、外币投资扣除、公司规模等）进行检验；另外，使用Logistic模型检验的还有盖齐等（Geczy et al.，1997）、维索茨基（Wysocki，1998）等；第二，运用Tobit模型来检验相关因素影响公司使用衍生产品对冲的程度大小（Berkman and Bradbury，1996；Tufano，1996；Gay and Nam，1998；Graham and Rogers，2002）。

本章从公司是否使用衍生产品和公司使用衍生产品的程度两个角度考察公司特征对公司使用衍生产品的影响，并构建如下两个模型：

首先，为了检验公司规模、成长机会、财务杠杆、实际税率、资产流动性、股利支付、盈利能力与公司是否使用衍生产品之间的关系，我们建

① 按照我国统计局的最新划分，东部地区包括北京、天津、河北、辽宁、上海、江苏、浙江、福建、山东、广东和海南共11个省（市）；中部地区包括山西、吉林、黑龙江、安徽、江西、河南、湖北和湖南共8个省；西部地区包括四川、重庆、贵州、云南、西藏、陕西、甘肃、青海、宁夏、新疆、广西和内蒙古共12个省（区）。

立模型 1 并使用 Logistic 回归分析方法验证研究假设，其中模型 1 的表达式为：

$$Ln\left(\frac{p(HEDGE)}{1-p(HEDGE)}\right)=\beta_0+\beta_1SIZE+\beta_2GROW+\beta_3LEV+\beta_4TAX+\beta_5LIQ+\beta_6DIV+\beta_7ROE+\beta_8GI+\sum_{i=9}^{17}\beta_iIND+\sum_{j=18}^{19}\beta_jREG+\sum_{k=20}^{21}\beta_kYEA+\varepsilon \tag{6.1}$$

其中：$\beta 0$ 为截距，$\beta 1-\beta 21$ 为系数，ε 为残差。

然后，为了检验公司规模、成长机会、财务杠杆、实际税率、资产流动性、股利支付、盈利能力与公司使用衍生产品程度大小之间的关系，我们建立模型 2 并使用 Tobit 回归分析方法验证研究假设，其中模型 2 的表达式为：

$$DERI=\beta_0+\beta_1SIZE+\beta_2GROW+\beta_3LEV+\beta_4TAX+\beta_5LIQ+\beta_6DIV+\beta_7ROE+\beta_8GI+\sum_{i=9}^{17}\beta_iIND+\sum_{j=18}^{19}\beta_jREG+\sum_{k=20}^{21}\beta_kYEA+\varepsilon \tag{6.2}$$

其中：$\beta 0$ 为截距，$\beta 1-\beta 21$ 为系数，ε 为残差。

三、样本与数据

1. 样本选取

中国财政部于 2006 年 2 月颁布新的《企业会计准则》(以下简称“新准则”)，对国内公司从事衍生工具交易的会计处理作出相关规范。新准则自 2007 年 1 月 1 日起在上市公司范围内施行，鼓励其他企业执行。新准则扩大了会计核算的范围，将过去只在表外附注中披露的衍生工具使用情况纳入表内确认和计量。新准则要求：“衍生工具（如国债期货、远期合同、股指期货等）按照公允价值计量，衍生工具的公允价值变动大于零时，应将其相关变动金额确认为交易性金融资产”。新准则的实施，使得财务报表能适时、准确地反映公司从事衍生工具业务的风险及其对公司财务状况和经营成果的影响，也有助于我们对衍生产品使用的影响因素展开研究。

本章首先选取2010—2012年沪、深股市全部A股的非金融上市公司为初选样本，然后按照是否使用衍生产品对这些公司进行进一步的筛选。分别在公司资产负债表的“交易性金融资产（或交易性金融负债）”及其附注中获取有关该公司是否从事衍生产品交易的信息（如交易类型、交易金额等），并在上市公司年报中以“套期保值”、“衍生产品”、“风险管理”、“对冲”、“远期”、“掉期”、“互换”、“期权”等关键词来搜索上市公司使用衍生产品的会计数据。如果公司年报中披露当期曾经持有或使用过衍生工具并披露具体金额或者仅仅披露使用过衍生工具进行风险管理，我们均将其确认为使用衍生产品的公司。按照这种筛选方法，共计得到417家样本公司（其中，2010年106家；2011年127家；2012年184家）。另外，417家样本公司中披露衍生品交易金额的上市公司有116家。其次，采用行业配比的原则选择了417家未使用衍生产品的公司作为配对样本。其中，配对样本的选取依据下述标准：公司所处的行业类别相同，即配对公司与样本公司行业相同。我们将2010—2012年沪、深股市全部A股的417家使用衍生产品的非金融上市公司和417家配对样本作为研究样本（总共834家公司）。表6-2是对研究样本按行业门类、所在区域进行分类的结果。

表6-2　研究样本按行业类别和所在区域的分类结果

行业（代码）	样本数（个）	比例（%）
样本公司 Panel A：行业门类		
农、林、牧、渔业（A）	11	2.64
采矿业（B）	67	16.07
制造业（C）	211	50.60
电力、热力、燃气及水生产和供应业（D）	19	4.56
建筑业（E）	18	4.32
批发和零售业（F）	16	3.84
交通运输、仓储和邮政业（G）	47	11.27

续表

行业（代码）	样本数（个）	比例（%）
信息传输、软件和信息技术服务业（I）	12	2.87
房地产业（K）	9	2.16
综合类（S）	7	1.67
小计	417	100
样本公司 Panel B：公司所在区域		
东部	289	69.30
中部	77	18.47
西部	51	12.23
小计	417	100
配对样本	417	
合计	834	

从表 6-2 可见，在 10 个行业门类中，样本公司大部分分布在制造业中，占总样本的 50.60%，样本公司比较集中的行业还有采矿业和交通运输、仓储和邮政业，分别占总样本的 16.07%和 11.27%；另外，大多数样本公司分布在东部地区，占总样本的 69.30%。

2．数据来源

上市公司使用衍生产品进行对冲的数据是依据公开发布的上市公司 2010—2012 年度财务报告信息手工整理获得，收集数据过程中使用了国泰安 CSMAR 的股票市场系列和公司研究系列数据库，对于 CSMAR 数据库缺失的数据通过 WIND 数据库来提取。另外，使用 WIND 数据库对 CSMAR 数据进行交叉核对，以保证数据的可靠性。其他数据来源于 RESSET 金融研究数据库、中国证券报（http://www.cs.com.cn/）、中国并购网（http://www.mergers-china.com/）、全景网（http://www.p5w.net/index.htm）以及巨潮资讯（http://www.cninfo.com.cn/）等网站公开披露的上市公司信息。

本章使用 STATA 12.0、Eviews 6.0 软件进行数据处理，其中，使用 STATA 12.0 软件进行数据预处理；使用 Eviews 6.0 对行业、区域虚拟变量进行似然比（LR）联合显著性检验；使用 STATA 12.0 进行描述性统计、单因素分析、相关性分析和多元回归分析。

第三节　实证结果及分析

实证结果及分析包括描述性统计、单因素分析、多元回归分析和稳健性检验，以下将加以分述。

一、描述性统计

表 6-3 报告了混合样本在估计中所使用研究变量的描述性统计量。

表 6-3　混合样本描述性统计

变量名称	变量符号	均值	中位数	最大值	最小值	标准差
衍生产品使用虚拟变量	HEDGE	0.5000	0.5000	1.000	0.00	0.4981
对冲比率	DERI	0.0018	0.0001	0.1007	0.00	0.0098
公司规模	SIZE	20.8520	20.8296	24.1711	17.4118	0.8711
成长机会	GROW	1.7481	1.5772	11.1203	1.0027	0.6339
财务杠杆	LEV	0.4934	0.4973	0.8929	0.0441	0.1767
实际税率	TAX	0.1597	0.1468	0.5633	0.0008	0.2050
资产流动性	LIQ	2.5796	1.9221	4.5215	0.9713	1.2856
股利支付	DIV	0.2664	0.2807	0.9918	0.0008	0.3667
盈利能力	ROE	0.0357	0.0641	0.3406	-0.7331	4.7534
公司治理水平	GI	0.0677	0.05628	0.4802	0.0015	2.2674

从表 6-3 可见，对冲比率的均值为 0.18%，表明我国上市公司使用衍生产品的程度还比较低；财务杠杆比率（资产负债率）的均值为 49.34%，与沈艺峰和江伟（2007）的资产负债率均值 47.33%相比略高；实际税率的均

值为15.97%，低于25%的基准税率，表明我国大多数上市公司都不同程度享受了国家给予的各种税收优惠；流动比率的均值为2.5796，高于2，表明我国上市公司的资产流动性偏高；盈利能力的均值为 3.57%，标准差为4.7534，说明我国上市公司盈利状况差距较大；公司治理GI指数的均值、中位数和最大值为0.0677、0.05628和0.4802，表明我国上市公司之间的治理水平差距较大。

二、单因素分析

表6-4报告了使用衍生产品公司与未使用衍生产品公司特征变量（解释变量）的描述性统计，虽然可以直观观测到两类公司某个解释变量的均值或中位数存在差异，但并不能据此判断两类公司在该特征变量上存在显著性差异，需要进行单因素检验，以判断两类公司是否在某个方面存在显著性差异。

表6-4　公司特征变量的描述性统计和单因素检验

变量	未使用衍生产品公司			使用衍生产品公司			t检验	Mann-Whitney
	均	中位数	标准差	均值	中位数	标准数	t值	U检验Z值
SIZE	19.4641	19.2117	1.7667	21.5666	21.9178	1.2881	3.395***	-6.824***
GROW	1.6389	1.4754	0.0479	2.3504	2.1678	0.0449	-1.082	-2.983***
LEV	0.4714	0.3921	0.3754	0.5426	0.3774	0.4562	2.834***	-1.983**
TAX	0.1589	0.1573	0.0021	0.1603	0.1636	0.0341	-0.239	-1.018
LIQ	2.4307	1.7631	0.5769	2.8739	2.6236	0.8196	-2.069**	-3.237***
DIV	0.2532	0.2598	0.0425	0.2837	0.2904	0.0912	1.673*	-0.204
ROE	0.0369	0.0720	0.0564	0.0332	0.0566	0.0219	-0.331	-0.482
GI	0.0409	0.0313	0.7167	0.1183	0.1300	0.8167	2.981***	-2.885***

注：符号*、**、***分别表示检验结果在10%、5%和1%水平下显著。

单因素检验分为参数检验和非参数检验。参数检验可对来自两个样本的均值进行检验，但对总体分布做出了服从正态分布的假设，然后根据来自总体的样本对均值进行检验，所以是一种仅适用于某些特定环境下的检验。非参数检验则对总体分布不作任何假设，适用于均值、中位数、方差是否存在显著差异的假设检验。不过，非参数检验适应性强，但功效不如参数检验。因此，我们采用参数检验的 t 检验法和非参数检验的 Mann-Whitney U 检验法，对两类公司的特征变量进行对比检验，以判断使用衍生产品公司的特征变量与未使用衍生产品公司相比是否存在显著差异，并将结果报告在表 6-4 的第 8 列和第 9 列。以下分别对公司特征变量的 t 检验结果和 Mann-Whitney U 检验结果进行解释。

1．两类公司在公司规模上的比较

就公司规模而言，使用衍生产品公司的资产规模均值为 21.5666，对照公司（未使用衍生产品公司）为 19.4641，与预期方向一致。参数检验 t 值在 1%水平上显著，表明使用衍生产品公司与未使用衍生产品公司在公司规模上具有显著性差异；非参数检验 Z 值在 1%水平上显著，表明使用衍生产品公司与未使用衍生产品公司在公司规模上具有显著性差异，资产规模大的公司更可能使用衍生产品进行风险对冲，这一结论与国外大多数学者的结论相一致。

2．两类公司在成长机会上的比较

对公司成长机会而言，使用衍生产品公司的资产市值账面价值比均值为 2.3504，对照公司为 1.6389，与预期方向相同。参数检验 t 值不显著，表明使用衍生产品公司与未使用衍生产品公司在成长机会上不具有显著性差异；非参数检验 Z 值在 1%水平上显著，表明使用衍生产品公司与未使用衍生产品公司在成长机会上具有显著性差异。

3．两类公司在财务杠杆上的比较

对财务杠杆（资本结构）而言，使用衍生产品公司的财务杠杆比率均值为 54.26%，而对照公司为 47.14%，与预期方向相同。参数检验 t 值在 1%

水平上显著，非参数检验Z值在5%水平上显著，表明使用衍生产品公司与未使用衍生产品公司在财务杠杆比率上具有显著性差异，财务杠杆比率高的公司更可能使用衍生产品进行风险对冲，这一结论与国外大多数学者的研究结论一致。

4．两类公司在实际税率上的比较

在实际税率方面，使用衍生产品公司的实际税率均值为16.03%，对照公司为15.89%，与预期方向相同。参数检验t值不显著，非参数检验Z值不显著，表明使用衍生产品公司的实际税率与未使用衍生产品公司相比没有显著性差异。这一结果与国外的实证研究不一致，但与黄建兵、宁静鞭和於颖华（2008）的实证研究结果一致。

5．两类公司在资产流动性上的比较

在资产流动性方面，使用衍生产品公司的流动比率均值为 2.8739，对照公司为2.4307，与预期方向相反。参数检验t值在5%水平上显著，非参数检验Z值在1%水平上显著，表明使用衍生产品公司的流动比率与未使用衍生产品公司相比具有显著性差异，即使用衍生产品公司与未使用衍生产品公司相比具有较高的资产流动性，这与国外的实证发现不一致。

6．两类公司在股利支付上的比较

在公司股利支付方面，使用衍生产品公司的股利支付率均值为28.37%，对照公司为25.32%，与预期方向相同。参数检验t值在10%水平上显著，表明使用衍生产品公司与未使用衍生产品公司在股利支付率上具有显著性差异；非参数检验Z值不显著，表明使用衍生产品公司的股利支付率与未使用衍生产品公司相比不具有显著性差异。

7．两类公司在盈利能力上的比较

在盈利能力方面，使用衍生产品公司的净资产收益率均值为3.32%，对照公司为 3.69%，与预期方向相同。参数检验 t 值不显著，非参数检验 Z 值不显著，表明使用衍生产品公司的盈利能力与未使用衍生产品公司相比没有显著性差异。这一结果与格雷厄姆和罗杰斯（Graham and Rogers，2002）的实证研究不一致。

8. 两类公司在治理水平上的比较

在公司治理水平方面，使用衍生产品公司的 GI 指标均值为 0.1183，对照公司为 0.0409，与预期方向相同。参数检验 t 值在 1%水平上显著，非参数检验 Z 值在 1%水平上显著，表明使用衍生产品公司与未使用衍生产品公司在公司治理水平上具有显著性差异，治理水平高的公司更可能使用衍生产品进行风险对冲，这一结论与列利（Lel，2006）、阿雷安利斯、列利和米勒（Allayannis，Lel and Miller，2012）的研究结论相一致。

三、多元回归分析

单因素检验无法控制解释变量之间的相互影响，为了进一步检验本章所提的各种研究假设，本部分在参数检验（t 检验）和非参数检验（Mann-Whitney U 检验）的基础上，使用第二节构建的计量经济模型，采用多元回归分析（Logistic 模型和 Tobit 模型），从公司是否使用衍生产品和公司使用衍生产品的程度两个角度来考察公司特征对公司使用衍生产品的影响。在进行多元回归分析之前，我们首先对模型中的解释变量进行相关性分析，从而得到各个解释变量之间的相关系数矩阵（Pearson Correlation），如表 6-5 所示。

表 6-5　解释变量之间的相关系数矩阵（Pearson Correlation）

指标	SIZE	GROW	LEV	TAX	LIQ	DIV	ROE	GI
SIZE	1							
GROW	-0.007	1						
LEV	0.023	0.241**	1					

续表

指标	SIZE	GROW	LEV	TAX	LIQ	DIV	ROE	GI
TAX	-0.191***	0.311**	0.338**	1				
LIQ	0.283**	0.071	-0.004	-0.245**	1			
DIV	-0.007	-0.21*	0.029*	-0.173**	-0.449**	1		
ROE	0.187**	0.034*	0.008	0.266***	0.145	-0.077	1	
GI	0.236**	-0.177	0.461**	0.223*	-0.109**	-0.324*	0.292	1

注：符号*、**、***分别表示检验结果在10%、5%和1%水平下显著。

表 6-6　公司特征影响衍生产品使用的多元回归结果

变量	预期符号	模型 1	模型 2
SIZE	+	0.6032*** (7.43)	0.0034** (2.45)
GROW	+	-0.3301 (-0.19)	-0.0037 (-0.57)
LEV	+	0.5967*** (6.92)	0.0185*** (3.79)
TAX	+	0.1572 (0.39)	0.0195 (0.41)
LIQ	-	0.1623 (1.23)	-0.0027 (-0.53)
DIV	+	0.5608** (2.29)	0.0078* (1.79)
ROE	-	0.2217 (0.11)	0.0048 (1.37)
GI	+	0.2613*** (7.21)	0.0029** (2.06)
Intercept	?	-5.2786*** (-11.5125)	-0.1534*** (-3.01)
IND	?	Yes	Yes
REG	?	Yes	Yes
YEA	?	Yes	Yes
Pseudo R^2		0.3786	0.3596
Chi square		258.11	61.27
Observation		834	232

注：模型1和模型2均控制了10个行业分类哑变量、3个区域哑变量和3个年度哑变量。符号*、**、***分别表示检验结果在10%、5%和1%水平下显著。模型2中的研究样本由116个披露衍生品交易金额的样本公司和116个配对样本组成。

从表 6-5 可见，所有解释变量的 Pearson 相关系数绝对值，均没有超过 0.5。表 6-5 显示，实际税率与市值账面比、财务杠杆比率与实际税率、股利支付率与流动比率、GI 指标与财务杠杆比率、股利支付率与 GI 指标这 5 对解释变量之间相关系数的绝对值超过了 0.3，其余相关系数的绝对值均低于 0.3，说明虽然部分解释变量之间存在多重共线性问题，但并不严重。因此，所有检验变量均可以纳入到多元回归模型中。

表 6-6 报告了衍生产品使用影响因素的多元回归结果。其中，模型 1 为 Logistic 多元回归结果，模型 2 为 Tobit 多元回归结果。拟合优度检验给出了模型的 Chi-square 值（卡方值）和对应 Pseudo R^2 值，模型 1 和模型 2 的 Pseudo R^2 值均大于 0.3，说明模型的拟合优度尚可。下面我们重点来分析一下多元回归的结果。

从表 6-6 可见，模型 1 中回归结果显著的变量有公司规模、财务杠杆比率、股利支付率、GI 指标和常数项，其中，公司规模、财务杠杆比率、GI 指标、常数项在 1%的置信水平上显著，而股利支付率在 5%的置信水平上显著；模型 2 中回归结果显著的变量有公司规模、财务杠杆比率、股利支付率、GI 指标和常数项，其中，财务杠杆比率和常数项在 1%的置信水平上显著；在 5%的置信水平上显著的变量为公司规模和 GI 指标；而股利支付率在 10%的置信水平上显著。

经过上述分析，我们发现：

（1）在有关公司规模的所有检验（单因素检验和多元回归分析）中，公司规模对衍生产品使用的影响是正的，且在 1%（或 5%）的置信水平上显著，这与克拉克等（Clark et al.，2006）、陈炜和沈群（2008）、贾炜莹和陈宝峰（2009）、刘冰和崔砚犁（2010）的实证研究发现相一致，即公司对衍生产品的使用（及使用程度）会随着公司规模的增大而增加，这与第五章“中国衍生产品发展与使用现状分析”中分析的上市公司资产规模分布情况相一致，即使用衍生产品的上市公司具有较大的资产规模。

（2）与避免“投资不足”假说不一致，成长机会的估计系数方向为负且不显著。这与刘冰和崔砚犁（2010）的实证研究不一致，他们发现，在短期内市净率（代理成长机会）与衍生品使用的关系不显著，但在长期都呈现出显著的正相关性。但是，这一结果与贾炜莹和陈宝峰（2009）、孟宪楠（2011）的研究发现相一致。我们没有发现衍生产品的使用（及使用程度）会随着投资机会集中的成长期权（以市值账面价值比作为代理）的增加而增加，这可能是因为：一方面，正如第四章“中国制度背景分析”中分析的那样，我国信息披露监管机制不健全，信息披露违规层出不穷，一些投资机会不多的上市公司可假借“风险对冲”之名行“投机套利”之实，以期获得超额收益；另一方面，正如一些研究者所认为的那样，具有高成长期权的公司通常具有较低的财务杠杆比率，而具有较低财务杠杆比率的公司面临财务危机的可能性较小，因此成长机会较多的公司不倾向使用衍生产品。

（3）我们发现了财务杠杆比率高的公司倾向于使用衍生产品的实证证据。财务杠杆比率的估计系数在多元回归（Logistic 回归和 Tobit 回归）中是正的且在 1%的置信水平上显著。在参数检验（t 检验）和非参数检验（Mann-Whitney U 检验）中，财务杠杆比率分别在 1%和 5%的置信水平上显著，表明具有高财务杠杆比率的公司使用了较多的衍生产品。伯克曼和布拉德巴利（Berkman and Bardbury，1996）、豪沙尔特（Haushalter，2000）、加伊和纳姆（Gay and Nam，1998）、格雷厄姆和罗杰斯（Graham and Rogers，2002）、迪翁和特里基（Dionne and Triki，2004）、克拉克等（Clark et al.，2006）、图格鲁尔等（Ertugrul et al.，2008）、克拉克和贾德（Clark and Judge，2008）、阿尔茨和巴特莱姆（Aretz and Bartram，2010）、孟宪楠（2011）的实证研究也发现公司财务杠杆比率与衍生产品的使用显著正相关。这一结果与降低财务危机成本的研究假设相一致，即，与财务杠杆比率低的公司相比，财务杠杆比率高的公司面临更大的财务危机成本，为了降低预期的财务危机成本，财务杠杆比率高的公司倾向于使用衍生产品。

（4）在多元回归（Logistic 回归和 Tobit 回归）中，实际税率的估计系数是正的但不显著。在参数检验（t 检验）和非参数检验（Mann-Whitney U 检验）中，实际税率检验结果均不显著，表明使用衍生产品公司的实际税率与未使用衍生产品的公司相比没有显著性差异。黄建兵、宁静鞭和於颖华（2008）的实证研究也发现实际税率对我国公司风险管理的影响是不显著的；而孟宪楠（2011）的实证研究发现实际税率与公司风险管理显著负相关。上述结果均不支持具有较高实际税率的公司倾向于使用衍生产品的节约税负假说。这可能是与中国特殊的制度背景有关：一方面，尽管中国所得税法规定公司所得税的税率为 25%（特殊公司适用 20%的优惠税率或低税率），但中国的所得税优惠政策较多，使得中国上市公司的实际所得税税率普遍偏低（样本公司的实际所得税税率为 15.97%），以致公司使用衍生产品的节税动力相对不足；另一方面，中国上市公司的实际税率普遍偏低造成大部分公司的税率凸性不强，使用衍生品与不使用衍生品相比，节税效应微乎其微。此外，中国税法还允许长达 5 年的亏损递延，即公司所得税法规定，纳税人某一纳税年度发生亏损，可以用下一年的所得弥补，下一年度的所得不足以弥补的，可以逐年延续弥补，但延续弥补期限最长不超过 5 年。

（5）在以流动比率度量资产流动性的参数检验（t 检验）和非参数检验（Mann-Whitney U 检验）中，使用衍生产品公司与未使用衍生产品公司相比具有较高的资产流动性。在 Logistic 回归中，资产流动性的估计系数是正的但不显著，在 Tobit 回归中，资产流动性的估计系数是负的但不显著。部分结果与研究假设不一致，这可能是因为，构建的流动比率可能不能很好地作为资产流动性的代理变量，使用衍生品较多的公司大多集中在制造业，这些公司的流动资产中包含了较多的存货。某些公司流动比率高可能是存货积压或滞销的结果，并不代表这些公司具有较高的资产流动性。

（6）在以股利支付率度量股利支付的 Logistic 回归中，股利支付的估计系数是正的且在 5%的置信水平上显著；在以股利支付率度量股利支付的Tobit 回归中，股利支付的估计系数是正的且在 10%的置信水平上显著；尽管非参数检验（Mann-Whitney U 检验）中股利支付率未通过显著性检验，但是参数检验（t 检验）的结果却显示使用衍生产品公司与未使用衍生产品公司在股利支付率上具有显著性差异，即股利支付率高的公司倾向于使用衍生产品。总体而言，研究结果与研究假设相一致，研究表明具有较高股利支付率的公司，会更多地使用衍生产品以增加公司的“财务弹性”。这与南希等（Nance et al.，1993）、加里文德（Jalivand，1999）、阿雷安利斯和奥弗克（Allayannis and Ofek，2001）、阮和法弗（Nguyen and Faff，2003）、卡特等（Carter et al.，2006）、阿尔茨和巴特莱姆（Aretz and Bartram，2010）的实证研究结果相一致。同时，这一研究发现也说明公司使用衍生产品能够减缓股东和债权人之间的代理冲突，能够在一定程度上避免“资产替代”效应和“投资不足”问题。

（7）在以净资产收益率度量盈利能力的所有检验中，盈利能力的检验结果均不显著。具体而言，在参数检验（t 检验）和非参数检验（Mann-Whitney U 检验）中，使用衍生产品公司与未使用衍生产品的公司在盈利能力上无显著差异；在衍生产品使用影响因素的多元回归（Logistic 回归和Tobit 回归）中，盈利能力的估计系数是正的且不显著。这与格雷厄姆和罗杰斯（Graham and Rogers，1999）的实证研究结果不一致，他们发现，公司对衍生产品的使用与盈利能力负相关；这与刘冰和崔砚犁（2010）的实证研究也不一致，他们发现，汇率风险敞口与总资产报酬率（ROA）呈现显著的正相关性。与研究假设不一致，我们没有提供具有较低盈利能力的公司倾向于使用较多的衍生产品以降低财务危机发生概率的实证证据，这可能跟我国资本市场的弱式有效性和信息披露监管机制不健全有关，虽然目前我国已形成包括基本法律、行政法规、部门规章和自律性规则在内的多层次的信息披露法规体系和包括中国证监会、证券交易所各司其职、合理分工、协调监督的信息披露监管体系，但鉴于信息披露违规处罚手段的局限性，上市公司在信息披露中仍存在不少违规行为，存在会计信息失真、信息披露不充分、虚假信息披露或信息披露严重误导、信息披露重大遗漏等问题。公司财务报告披露的账面盈利能力跟公司实际的盈利能力之间可能会有一定差距。

（8）在 GI 指标度量公司治理水平的多元回归（Logistic 回归和 Tobit 回归）中，GI 指标的估计系数是正的且在 1%（或 5%）的置信水平上显著；参数检验（t 检验）和非参数检验（Mann-Whitney U 检验）的检验结果均表明使用衍生产品的公司与未使用衍生产品的公司在治理水平上具有显著性差异，治理水平高的公司更可能使用衍生产品。这一结果表明，公司治理水平与衍生产品的使用（及使用程度）显著正相关，即公司治理水平高的公司倾向于使用衍生产品，这跟列利（Lel，2006）、阿雷安利斯、列利和米勒（Allayannis，Lel and Miller，2012）的研究结果一致。

另外，为了检验公司所在行业、公司所在区域对衍生产品使用的影响，我们使用 Eviews 6.0 对行业、区域虚拟变量进行似然比（LR）检验，具体操作为：在非约束模型估计结果窗口中点击 View，选 Coefficient Tests，Redundant Variables-Likelihood Ratio 功能（用以检验模型中是否存在多余的不重要解释变量），在随后弹出的对话框中输入行业虚拟变量或区域虚拟变量。表 6-7 列出了行业虚拟变量、区域虚拟变量的似然比（LR）回归结果。

表 6-7　行业、区域虚拟变量的似然比（LR）检验回归结果

Variables	Log likelihood ratio（LR 统计量）	Probability
IND 行业虚拟变量	134.677*** （9）	0.000000
REG 区域虚拟变量	21.095*** （2）	0.000026

注：LR 统计量下方括号数字表示对应的自由度；符号***表示检验结果在 1%水平上显著。

从表 6-7 可见，LR 统计量显示，行业虚拟变量和区域虚拟变量在 1% 的水平上显著，因此拒绝零假设，不能将行业解释变量和区域解释变量从模型中剔除。上述结果表明，行业类别、公司所在区域对衍生产品的使用具有显著影响。关于控制变量（行业类别、公司所在区域）对上市公司衍生产品使用的影响，与第五章“中国衍生产品发展与使用现状分析”中分析上市公司的行业分布情况、所在区域分布情况的描述性统计结果相一致。

四、稳健性检验

本章采用多元回归分析（Logistic 回归和 Tobit 回归），从公司是否使用衍生产品和公司使用衍生产品对冲的程度两个角度考察公司特征（如公司规模、成长机会、财务杠杆、实际税率、资产流动性、股利支付、盈利能力）对公司使用衍生产品的影响。为了进一步验证本章研究结果的稳定性，本章采用替代变量的方式来检验结果的稳定性。表 6-8 报告了公司特征影响衍生产品使用的稳健性检验结果。其中，模型 1a 和模型 2a 为使用公司营业收入的自然对数替代总资产的自然对数后的 Logistic 回归和 Tobit 回归结果；模型 1b 和模型 2b 为使用市盈率（P/E）代替市值账面比（M/B）后的 Logistic 回归和 Tobit 回归结果；模型 1c 和模型 2c 为使用长期负债比率代替资产负债率后的 Logistic 回归和 Tobit 回归结果；模型 1d 和模型 2d 为使用速动比率代替流动比率后的 Logistic 回归和 Tobit 回归结果；模型 1e 和模型 2e 为使用总资产净利润率（ROA）代替净资产收益率（ROE）后的 Logistic 回归和 Tobit 回归结果。

从表 6-8 可见，替换代理变量之后，除了部分变量的显著性发生变化外，对上述变量之间的关系影响不大，公司规模、财务杠杆和股利支付与衍生产品使用（及使用程度）之间仍然呈现显著的正相关关系。从总体上看，替换变量之后，对实证结果并无显著影响，说明之前的研究结论还是比较稳健的。

表 6-8 公司特征影响衍生产品使用的稳健性检验结果

变量	预期符号	Logistic 回归					Tobit 回归				
		模型 1a	模型 1b	模型 1c	模型 1d	模型 1e	模型 2a	模型 2b	模型 2c	模型 2d	模型 2e
SIZE	+	0.7239**	0.6071**	0.5717***	0.6766**	0.7492**	0.0029**	0.0023**	0.0039**	0.0032**	0.0035**
GROW	+	-0.3715	-0.2630	-0.1998	-0.2355	-0.2171	-0.0039	-0.0021	-0.0027	-0.0033	-0.0024
LEV	+	0.3063***	0.2849**	0.3124**	0.2180***	0.3174**	0.0196***	0.0213**	0.0182**	0.0161**	0.0187**
TAX	+	0.1239	0.1864	0.1657	0.1716	0.2012	0.0167	0.0133	0.0158	0.0181	0.0129
LIQ	-	0.1493	0.2035	0.1846	0.1332	0.1579	-0.0029	-0.0027	0.0019	-0.0023	0.0028
DIV	+	0.2170*	0.1411*	0.1989**	0.1910*	0.2317	0.0057*	0.0085**	0.0039*	0.0037	0.0042*
ROE	-	0.2643	0.1753	0.2155	0.2183	0.2250	0.0039	0.0012	0.0026	0.0034	0.0038
GI	+	0.2897***	0.1842**	0.2231**	0.2528***	0.2334**	0.0031**	0.0047***	0.0056**	0.0043**	0.0069**
Intercept	?	-4.3079***	-5.3679***	-4.763***	-5.021***	4.9287***	-0.1697***	-0.1563**	-0.1603***	-0.1589**	-0.1552***
IND	?	Yes	Yes	Yes	Yes	Yes	Yes	Yes	Yes	Yes	Yes
REG	?	Yes	Yes	Yes	Yes	Yes	Yes	Yes	Yes	Yes	Yes
YEA	?	Yes	Yes	Yes	Yes	Yes	Yes	Yes	Yes	Yes	Yes
Pseudo R^2		0.3786	0.3341	0.2980	0.3352	0.3288	0.3596	0.3711	0.3923	0.3536	0.3442
Chi square		258.11	220.18	199.14	244.52	217.57	61.27	88.62	93.23	60.14	58.66
Observation		834	834	834	834	834	232	232	232	232	232

注：各模型均控制了 10 个行业分类哑变量、3 个区域哑变量和 3 个年度哑变量。其中符号*、**、***分别表示检验结果在 10%、5%和 1%水平下显著。模型 2 中的研究样本由 116 个披露衍生品交易金额的样本公司和 116 个配对样本组成；表中变量的定义和描述请参阅表 6-1。

第四节 本章小结

本章从理论上分析了公司特征如何影响衍生产品的使用程度，采用 2010—2012 年的 834 个研究样本（417 家使用衍生产品的样本公司和 417 家未使用衍生产品的配对样本）在沪、深两市上市的非金融公司的财务报告的面板数据为研究样本，构建了衍生产品使用影响因素的实证检验模型，采用参数检验的 t 检验法、非参数检验的 Mann-Whitney U 检验法、多元 Logistic 回归分析、多元 Tobit 回归分析等假设检验方法实证检验了公司特征（如公司规模、成长机会、财务杠杆、实际税率、资产流动性、股利支付、盈利能力）对中国上市公司使用衍生产品的影响。

我们研究发现，公司规模与衍生产品的使用显著正相关，即公司对衍生产品的使用会随着公司规模的增大而增加，这与随着公司规模增加可产生信息和成本规模经济的公司规模假说相一致；与避免“投资不足”假说不一致，笔者没有发现成长机会正向影响公司对衍生产品的使用（即衍生产品的使用会随着投资机会集中的成长期权的增加而增加）的证据；财务杠杆与公司对衍生产品的使用显著正相关，这与降低财务危机成本假说相一致，即财务杠杆比率高的公司比财务杠杆比率低的公司将面临更大的财务危机成本，它们将更多地使用衍生产品以降低预期的财务危机成本；实际税率与衍生产品使用之间的关系不显著，实证结果没有支持具有较高实际税率的公司倾向于使用衍生产品的节约税负假说。税收假说没有得到验证，笔者从中国的制度视角对此进行了解释；股利支付与衍生产品的使用显著正相关，降低代理成本假说得到验证，这一研究发现也说明公司对衍生产品的使用能够缓和股东和债权人之间的代理冲突，能在一定程度上避免“资产替代”效应和“投资不足”问题；与衍生品使用的替代假说不一致，笔者没有发现资产流动性低的公司倾向于使用衍生产品的实证证据，并对此进行了解释；笔者没有提供具有较低盈利能力的公司倾向于使用衍生产品以降低财务危机发生概率的实证证据，并从中国制度背景出发对此进行了解释。

另外，本章的研究结果还表明，上市公司行业类别、所在区域以及制度环境对中国上市公司的衍生产品使用决策起着重要作用。行业类别、公司所在区域对衍生产品的使用具有显著影响。关于行业类别、公司所在区域对上市公司衍生产品使用的影响，与第五章“中国衍生产品发展与使用现状分析”中分析上市公司的行业分布情况、所在区域分布情况的结果相一致。中国上市公司对衍生产品的使用受制于相关的法律、制度和政策。

总之，本章的研究结论基本上肯定了由降低财务危机成本假说、降低代理成本假说和公司规模假说所建议的衍生产品使用影响因素及其作用方向，不支持税收假说和避免“投资不足”假说。

第七章　公司治理影响衍生产品使用的理论和实证研究

本章研究的目的是检查公司治理如何影响衍生产品的使用，以便更好地理解在中国制度背景下公司治理在公司衍生产品使用决策中的作用机理。笔者结合中国制度背景，理论推演公司治理和公司使用衍生产品之间的关系，采用面板数据，构建计量经济模型，系统研究公司治理如何影响衍生产品的使用，以便为公司风险管理政策的规范和公司治理结构的设计提供理论和实证证据。

第一节　理论分析与研究假设

现阶段，衍生产品在中国上市公司的运用既体现了股东财富最大化论，也体现了管理者效用最大化论。管理者、股东和债权人之间的代理冲突为公司对衍生产品的需求提供了一个客观基础，从这个角度看，公司治理将会对公司采取的风险管理策略产生影响。斯图兹（Stulz，1984）认为，由于股东和管理者的目标不一致，风险厌恶（Risk Aversion）的管理层出于对自身的考虑，具有对冲公司风险的动机。史密斯和斯图兹（Smith and Stulz，

1985）将风险厌恶特质作为影响衍生产品是否运用的关键，并指出管理者、股东等无法分散其归属于公司特定要求权的风险，因而他们是风险厌恶的，通过使用衍生产品降低了他们面临的风险。列利（Lel，2006）的研究表明，公司治理水平与风险管理正相关。公司治理强的公司使用汇率衍生产品是为了股东价值最大化；而公司治理弱的公司使用汇率衍生产品则是为了管理者的自身利益或者投机的目的。当货币风险暴露程度、财务危机成本和成长机会较高时，公司治理水平高的公司将使用更多的衍生产品。

本章结合第六章“公司特征影响衍生产品使用的理论和实证研究”的实证分析结果，即公司治理水平与衍生产品的使用正相关，公司治理水平高的公司倾向于使用衍生产品，我们提出一个基本论点，即：有效的公司治理将对衍生产品的使用产生积极的影响，能够促进公司使用衍生产品。

本章将围绕这一基本论点对公司治理结构如何影响衍生产品的使用进行系统分析，主要集中分析公司治理结构的四个方面对衍生产品使用的影响，即股权结构、董事会特征、管理者激励和外部法律环境。其中，股权结构主要包括股权集中度、股权制衡度、股东身份等；董事会特征包括董事会规模、独立董事比例和领导结构等；管理者激励包括管理者持股和高管薪酬等。

在中国的制度背景下，公司治理的核心不仅包括管理层与股东之间的利益冲突，更多表现的是控股股东与中小股东、债权人之间的利益冲突。中国上市公司的股权结构仍然较为集中，大股东与中小股东之间的利益冲突仍然是当前上市公司面临的主要问题。由于缺乏有效的经理人市场，经理人通常由大股东委派，人才的行政力量往往高于市场力量，造成经理层的决策往往以大股东的利益为出发点。公司治理机制也许能够缓解这些冲突。当公司治理机制有效时，控股股东和管理者的机会主义行为将在一定程度上受到制约，存在公司治理机制与控股股东、管理者机会主义行为之间的博弈过程。良好的公司治理机制能够抑制控股股东的“掏空”行为和管理者的机会主义行为，并降低信息不对称水平，使其按照公司整体目标（股东价值最大化）调整公司风险管理策略。公司治理是衍生产品使用形成机理的动因之一。在中国制度背景下，公司治理影响公司衍生产品使用的作用机制如图 7-1 所示。

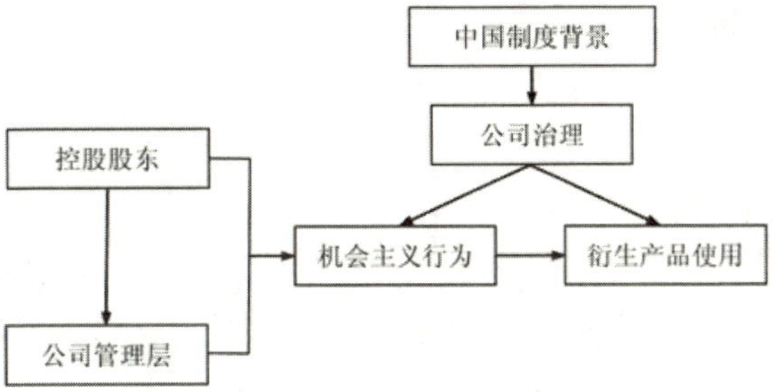

图 7–1　公司治理影响衍生产品使用的作用机理

一、股权结构与衍生产品使用

股权结构是公司治理的重要组成部分，因为股权结构决定公司控制权的分布情况，决定股东和管理者以及大股东和小股东、大股东和债权人之间委托代理关系的性质。黄建兵、宁静鞭和於颖华（2008）指出，我国上市公司存在大股东与小股东之间的代理冲突，股权结构是决定公司风险管理的重要因素。笔者结合中国制度背景，理论分析股权结构如何影响公司对衍生产品的使用，具体包括：股权集中度、股权制衡度和股东身份等。

1．股权集中度与衍生产品使用

股权集中度通常采用第一大股东的持股比例来衡量。从理论上讲，第一大股东对衍生产品使用的影响是混合的。一方面，代理成本强调控股股东可提供重要的监督作用。施莱佛和维什尼（Shleifer and Vishney，1986）认为股权的集中或大股东的存在会减少管理者机会主义的可能性，带来股东和管理者之间更少的冲突，减少了代理成本。如果存在管理者和股东之间的利益冲突，大股东的存在会在公司治理机制中起着重要作用（Shleifer and Vishny，1997）。由于随着大股东持股比例的增加，其经济利益也增大，大股东保护其投资和监督管理者的动力也随之增强，而且，随着其投票权和影响力的增强，大股东更有能力控制管理者行为。如果大股东作为公司管理者行为的积极监督者，管理者的机会主义行为将得到有效遏制，管理者也许不能按照自身利益随意调整风险管理策略。当大股东持股比例较大时，其自身利益与公司整体目标会趋于一致。公司风险的增大将带来其自身财富风险的增大，其自身财富风险也更加难以分散，致使其风险厌恶程度增加。因此，他们会倾向于公司使用衍生产品以分散其财富风险，可以预计大股东持股比例与衍生产品使用之间呈正相关关系。

另一方面，控股股东具有产生私有控制收益的动机。最近的研究强调控股股东和中小股东之间的潜在利益冲突。劳埃德等（Lloyd et al.，1987）指出，股权的过度集中可能带来大股东的“掏空行为”（Tunneling），即将公司资源转移给控股股东的行为。施莱佛和维什尼（Shleifer and Vishny，1997）认为当控股股东获得几乎全部公司控制权时，他们偏好于产生私有控制收益，而这些私有控制收益是小股东不能分享的。拉·波特等（La Porta et al.，1999）认为，在全世界范围内大公司的核心代理问题是大股东对小股东的剥削问题，在这种情况下，大宗持股是有成本的，控股股东可能以牺牲其他股东的利益为代价而追求自身利益，即通过追求自利目标来实现自身福利最大化。叶会和李善民（2011）的实证研究表明，与非控股大股东相比，控股大股东更倾向于以私有收益的方式实现控制权收益。而且控股大股东的控制能力越强，其能够获取的控制权收益水平就越高。这样公司收益的波动对第一大股东而言也许是有利的，它给了第一大股东实施“掏空行为”的机会，第一大股东可能会因此抵制公司对衍生品的使用，可以预期第一大股东持股比例与衍生产品使用之间负相关。

对中国上市公司而言，由于缺乏有效的经理人市场，绝大多数经理人由大股东委派，因此使经理人容易从控股股东的利益出发进行决策，忽视小股东的利益。另外，与民营大股东相比，国有性质的大股东更倾向于以私有收益的方式实现控制权收益（叶会和李善民，2011）。中国上市公司普遍存在大股东利用“掏空”行为使公司资源流失，以损害小股东的利益为代价来追求自身利益。正如第四章“中国制度背景分析”所阐述的，中国上市公司的股权结构仍然较为集中，大股东与中小股东之间的利益冲突仍然是当前上市公司面临的主要问题。同时，在中国法律对债权人权利保护不够的情况下，控股股东和债权人之间存在严重的利益冲突，“资产替代”和“投资不足”问题较为明显，控股股东会以牺牲债权人的利益为代价为自身谋利。此外，正如第四章“中国制度背景分析”所阐述的，中国上市公司的内部人控制较为突出，国家作为国有资本的终极所有人因国有股权代表的“缺位”，缺乏对上市公司管理层的有效监督。因此，控股大股东的存在或许不会减少管理者机会主义的可能性，反而会增加管理者机会主义的幅度。贾炜莹和陈宝峰（2009）采用面板数据实证分析了中国非金融行业上市公司治理机制对其风险管理行为的影响。他们研究发现，股权结构影响公司的风险管理决策，第一大股东持股比例低的上市公司倾向于进行风险管理。吴世飞（2011）以2007—2009年沪、深两市采掘业全部A股公司为研究样本，研究了公司治理如何影响衍生品的运用决策。其研究发现，第一大股东持股比例与公司衍生品的运用之间呈现正U形关系。为了验证股权集中度与衍生产品使用之间的关系，我们提出：

假设1：股权集中度与衍生产品的使用负相关，股权集中度低的公司倾向于使用衍生产品。

2. 股权制衡度与衍生产品使用

股权制衡度是指第一大股东和其他大股东在公司控制权市场上的力量对比。公司控制权是决定公司资源管理的权力，或者说，就是对管理层聘用、解聘和设置补偿的权力，它使得有能力的经理人能在短时间内控制大量的资源，从而代替低效率的经理人。控制权市场一般包含两层含义，一是代理权的征集，也就是代理权争夺市场；二是收购，也就是接管市场。一般认为活跃控制权市场的存在是发挥资源有效配置的前提条件。国外大量文献表明，公司外部的控制机制，尤其是公司并购行为或外部并购市场，通过对公司管理层施加压力能够对公司经营产生积极影响。在控制权市场发生作用的条件下，即便仅仅是存在被接管的可能，低股价也会对公司管理层施加压力，使其忠于股东利益（Fama，1980）。马丁和麦康奈尔（Martin and McConnell，1991）的实证研究发现，对于目标公司而言，在被接管后，CEO 绩效的增长与接管以前的绩效相比相当之高，他们的研究结果与接管市场培训了较差经理人员的假设相一致。希尔里等（Healy et al.，1992）发现，在购并之后公司业绩得到改进，而且绩效改进不是由削减研发费用或资本支出的长期投资获得的。

在中国制度背景下，活跃的公司控制权市场并不存在。不过，当控制权由几个大股东分享时，通过内部牵制，控股股东的“掏空”行为会受到其他大股东的制约，既能增强公司控制权市场的有效性，又能有效抑制控股大股东对上市公司利益的侵害。哈特（Hart，1995）、施莱佛和维什尼（Shleifer and Vishny，1997）认为，公司股权结构中应该存在几个没有“搭便车”动机的大股东，这将有利于对董事和管理层的监督。拉·波特等（La Porta et al.，1999）认为，拥有足够股份的第二大股东可以在一定程度上限制控股股东的“掠夺”行为。近年来，国内学者的实证研究大多肯定了股权制衡在公司治理中的积极作用。孙永祥和黄祖辉（1999）的研究发现，有一定集中度、有相对控股股东并且有其他大股东存在的制衡型股权结构，总体上最有利于公司治理机制的发挥。黄渝祥和孙艳等（2003）的实证研究表明，股权制衡确实能起到限制可能存在的掠夺行为，进而起到保护投资者利益的作用。陈信元和汪辉（2004）通过分类比较研究发现股权制衡公司的托宾 Q 值和市净率显著高于联盟公司和一般公司。贾炜莹和陈宝峰（2009）采用面板数据实证分析了中国非金融行业上市公司治理机制对其风险管理行为的影响。他们研究发现，较高股权制衡度的上市公司倾向于进行风险管理。总之，除控股股东以外的其他大股东的存在能够提高公司治理水平，抑制控股股东和管理层的机会主义行为，能够促进公司使用衍生产品。由此我们提出：

假设 2：股权制衡度与衍生产品的使用正相关，股权制衡度高的公司倾向于使用衍生产品。

3．股东身份与衍生产品使用

多项研究强调激励监督也许会随着股东身份的不同而不同（Pound，1988）。股东身份即产权性质。按照投资主体不同，中国上市公司的股份可分为国家股、法人股和流通股。国家股、法人股不能在股票市场自由流通，国家股只能通过签订协议的方式转让给法人股东。中国上市公司的特殊产权性质如何影响衍生产品的使用，笔者将对此加以分述。

（1）国家股与衍生产品的使用。对多数中国上市公司而言，国家股股东是其第一大股东，从公司治理角度看，国家股先天的产权缺陷，以及后天其代理机构的不作为，必然造成它作为大股东对公司治理监督的低效率。另外，在我国第一大股东持股比例较高的情况下，由于中国政府是多数上市公司的控股股东，控股股东的国有性质使得这些公司拥有一定的政府资源，能够较容易地获得资金来源（比如国有银行贷款）。这些公司以国家为支撑并为自身找到了“风险转移”机制，从而降低了对衍生产品的使用。因此，国家股比例高的公司应该使用较少的衍生产品。黄和王（Huang and Wang，2009）研究了中国上市公司的风险管理和政府保护的关系。他们研究发现，那些具有较高财务危机成本的中国公司却对风险管理漠不关心，而且公司风险管理决策对公司价值没有明显的影响。这种现象可归因于地方政府的保护。由于地方政府的保护，很少有中国上市公司破产倒闭的。但从长远上看，这种保护将有损于公司的竞争力，从而降低公司价值。因此，国家股的存在对衍生产品的使用产生了消极的影响，由此我们提出：

假设 3：国家股比例与衍生产品的使用负相关，国家股比例低的公司倾向于使用衍生产品。

（2）法人股与衍生产品的使用。与国家股不同，中国的法人股虽然不能上市流通，但可以通过协议进行转让。法人股代表的资本不仅仅是国有资本，更多的是民营资本和集体所有的资本。与国有股相比，法人股更有“经济人”的特征，公司股权结构中具有较高的法人股，将有助于实现对经理人有效的监督。法人股股东（或其委派人）对经理人监督的积极性要高于国家股股东的代表人。除了对诸如管理者选择、投资决策和风险管理政策等重要问题具有投票权外，法人股股东还能获得公司的内部信息，随时都有权向公司高管询问公司的经营状况。与流通股相比，法人股相对集中，持股者多为法人机构，对公司的监控能力较强，因其持有股份较多，也不会随意“搭便车”。因此，法人股股东在公司治理中扮演积极的重要角色，当法人股股东持股比例很大时，其自身利益与公司整体目标会趋于一致。为了实现公司整体目标，法人股股东倾向于支持公司管理层使用衍生产品以降低公司风险。盖齐等（Geczy et al.，1997）、格雷厄姆和罗杰斯（Graham and Rogers，2002）的研究发现，外部机构投资者的持股比例与衍生产品的使用显著正相关。阿德金斯等（Adkins et al.，2007）检验了美国银行控股公司对汇率衍生产品的使用与其股权结构的关系。其研究表明，较高的机构投资者持股比例将促使管理层使用衍生品进行风险对冲。由此我们提出：

假设 4：法人股比例与衍生产品的使用正相关，法人股比例高的公司倾向于使用衍生产品。

二、董事会特征与衍生产品使用

董事会不仅是公司治理的重要组成部分，甚至是公司治理的核心。董事会具有行使内部控制监督的权力以及来自公司股东委托的其他决策权。董事会作为公司内部契约关系的最高监督者，被认为是一种引入市场机制的制度，其重要职能是监督公司内部的最高决策者（Fama，1980）。尽管董事会把公司大部分管理职能授权给公司高层管理者，但董事会仍保留对公司高层管理者的终极控制，在对公司高层管理者进行选聘、解聘、奖惩等重大决策方面拥有最终批准权和监督权。许多研究表明董事会特征会影响董事会在公司治理中的功能，例如独立董事、董事会规模、领导结构等。我们将分述董事会的这些特征如何影响公司对衍生产品的使用。

1. 独立董事与衍生产品的使用

许多学者认为，董事会的独立性程度与其构成高度相关。法玛和詹森（Fama and Jensen，1983）认为，董事会中个体董事的构成是在创建一个有效监督管理者行为董事会的一个重要因素。注意到董事会中具有外部董事（非管理者）的重要性，他们认为董事会需要在一定程度上独立于管理层，并配备合适的人员且规模上便于管理，才能更好地运作。威廉姆森（Williamson，1964）指出，由于管理者的全职状态和内部信息，管理者具有大量的信息优势，董事会容易变成管理者的一个工具，借此牺牲股东的利益，董事会受到最高管理者的控制会导致合谋和剥夺证券持有者的财富。外部董事的介入可能会降低这种合谋安排发生的概率，同时董事会作为进行低成本控制权内部转换的市场引入机制，其活力可能得到加强（Fama，1980）。法玛和詹森（Fama and Jensen，1983）假设董事会作为内部控制机制的可行性受到外部董事的介入而提高，因为外部董事具有提高在决策控制中作为专家声誉的激励。他们认为，内部董事具有做出使其自身效用最大化的激励，外部董事则具有使内部董事做出使股东受益的决策激励。外部董事具有做出传递其作为有效决策制定者能力的激励，外部董事做出的决策向外部市场传递与他们能够作为决策控制代理人相关的信号。外部董事使用董事身份向决策代理人外部市场传递以下信号：① 他们是决策专家；② 他们理解决策控制的扩散和分离的重要性；③ 他们可以在这种决策控制体系中发挥作用。总之，实证研究强调董事外部市场的存在性，并惩罚那些业绩差的董事。

国内学者的研究成果基本都肯定了独立董事对公司治理的积极作用。叶康涛等（2011）的实证研究表明，当公司业绩较差时，独立董事更有可能对董事会议案提出公开质疑，而且声誉较高、任职时间较长或者具有财务背景的独立董事更有可能提出公开质疑。徐高彦（2011）的研究表明，独立董事的声誉、专业背景和独立董事人员的比例对大额关联销售有显著的抑制作用，独立董事的独立性有助于提升公司价值。因此，独立董事的主要功能是确保执行董事追求与股东利益相一致的决策（Fama，1980）。独立董事拥有两个特征使他们能够完成其监督功能：第一是他们的独立性（Cadbury，1992；Hampel，1998）；第二是他们关注其在外部劳动力市场的声誉（Fama and Jensen，1983）。

迪翁和特里基（Dionne and Triki，2013）指出，独立董事的作用是促使总经理做出最优的风险对冲决策。巴洛克维奇等（Borokhovich et al.，2004）的实证研究发现，董事会中独立董事的数量与公司利率风险对冲的程度正相关，即独立董事比例高的公司更可能进行利率风险对冲。与此截然相反，马斯登和普雷瓦斯特（Marsden and Prevost，2005）研究了新西兰公司的衍生产品使用与董事会特征之间的关系。他们研究发现，独立董事比例对公司衍生产品的使用具有负面影响，但结果并不显著。这或许只代表特定环境下的独立董事特征，并不具有一般性。贾炜莹和陈宝峰（2009）的研究发现，董事会特征对风险管理决策有一定影响，独立董事比例越高的公司，越有可能进行风险管理。吴世飞（2011）的实证研究发现，公司对衍生品的运用受到独立董事及外部大股东的支持，符合广大股东的利益要求。由此我们提出：

假设5：独立董事比例与衍生产品的使用正相关，独立董事比例高的公司倾向于使用衍生产品。

2. 董事会规模与衍生产品使用

董事会规模是董事会运作的另一个相关维度。在董事会职能作用的发挥中，董事会规模是非常重要的影响因素，国内外学者对这一问题展开了研究。在詹森（Jensen，1993）的研究论文中，董事会规模已被识别为公司治理有效性的一个重要决定因素。他指出，随着董事会规模的增加，过程损失也不断增加，因为较大规模的董事会阻碍了董事之间自由和有效地沟通。现有文献探讨了董事会规模效应的两个主要来源：第一，随着董事会规模的增大，沟通和协调问题增加，董事会控制管理层的能力降低，导致源于所有权和控制权分离的代理成本增加（Jensen，1993）；第二，董事会成员之间的联盟成本可能会随着董事会规模的增大而增加，从而为CEO控制董事会提供便利（Eisenberg et al.，1998）。而且，随着董事会规模的增大，过程损失和联盟成本会超过由更多董事会成员带来的收益（Yermack，1996）。总之，规模大的董事会使协调、沟通和制定决策的难度大于规模小的董事会。

詹森（Jensen，1993）认为保持规模小的董事会有助于提高其业绩，当董事会超过7人或8人时，他们将难以有效地执行任务且容易受CEO的控制。雅尔玛（Yermack，1996）的实证研究表明，具有小规模董事会的公司具有更高的市场价值（即具有更高的托宾Q值）。艾森伯格等（Eisenberg et al.，1998）的实证研究发现董事会规模与公司的盈利能力负相关。国内学者于东智和池国华（2004）的研究发现，董事会规模与公司绩效之间存在倒U型关系，董事会规模过大会降低公司绩效（即降低净资产收益率和经济附加值）。总之，他们的实证研究都得出董事会规模的负面结论，即董事会规模大的公司不能有效地约束和监督内部人，董事会规模与公司业绩或公司价值负相关。反之，董事会规模小的公司却能够有效监督内部人，内部人的机会主义受到限制。为了验证董事会规模与衍生产品使用之间的关系，我们提出：

假设6：董事会规模与衍生产品的使用负相关，董事会规模小的公司倾向于使用衍生产品。

3．领导结构与衍生产品使用

确保管理人员使用最优风险对冲策略的一个前提是公司采用双重的领导结构。双重领导结构与两职合一刚好相反，即公司董事长和CEO的职位不是由同一个人担任。法玛和詹森（Fama and Jensen，1983）把决策管理定义为制定和执行有关公司资源支配的新提议的权力，他们把决策控制定义为认可和控制这些提议的权力。不准内部人员对同一提议同时拥有决策管理权和决策控制权，采用一系列的检查和决算使得内部管理人员很难从事任何机会主义行为。这意味着具有高级决策管理权的CEO不能同时行使高级决策控制权。由于董事会是公司最高级别的决策控制机构，这就要求董事会不能在CEO的控制下。如果CEO控制董事会，这标志着公司决策管理和决策控制权合二为一，公司内部控制失效。董事长的功能是主持董事会会议和监督聘用、解聘、评价和补偿CEO。当CEO和董事长由同一人兼任时，他具有制定决策和监督这些决策的职能。显然，CEO不能有效执行涉及自身利益的职权，相反，他具有更多追求自身利益而非股东利益的权力（Jensen，1993）。另外，当董事长和CEO两职合一时，小股东很难在重要问题上发表意见，内部人的机会主义行为更容易发生。由于董事长对董事会的行动具有较大的影响力，当董事长和CEO两职合一时，公司决策管理权和决策控制权的分离就不能实现。因此，为了董事会的独立性和有效性，CEO 和董事长由不同的人来担任是十分必要的。国内学者江维琳、李琪琦和向锐（2011）使用修正的 Jones 模型估计可操作性应计利润的绝对值作为民营上市公司盈余管理水平的衡量指标，对董事会特征与公司盈余管理水平关系进行系统研究，研究表明两职合一的领导结构不利于提高董事会效率。迪翁和特里基（Dionne and Triki，2013）指出，董事长和 CEO 的两职分离可以促使 CEO 做出最优的风险管理决策。经过上述分析，我们提出：

假设 7：领导结构的两职合一与衍生产品使用负相关，总经理同时担任董事长的公司倾向于较少使用衍生产品。

三、管理者激励与衍生产品使用

按照委托代理理论，由于公司高管与股东之间存在代理问题，薪酬契约的设计可以缓解股东与公司高管之间的利益冲突，将高管的报酬与其业绩相挂钩可促使其为股东财富最大化努力工作，从而有效解决代理问题。管理者激励主要包括薪酬激励和股权激励两种方式。图法诺（Tufano，1996）、伯克曼和布拉德巴利（Berkman and Bradbury，1996）、盖齐等（Geczy et al.，1997）、斯科兰德和尤耐尔（Schrand and Unal，1998）、克诺夫等（Knopf et al.，2002）、亚当和费尔南多（Adam and Fernando，2006）的实证研究表明，管理者持股、管理者薪酬影响公司对衍生产品的使用。

1. 管理者持股与衍生产品使用

按照道伯逊和索能（Dobson and Soenen，1993）的观点，基于代理理论，针对为什么管理层会对冲公司风险，具有三种合理的解释：首先，对冲通过平滑公司现金流并因此降低公司债务成本的途径，降低了公司经营的不确定性。既然代理成本是因管理层而生，通过保证管理层和债权人之间信息的对称性，对冲将增加公司的价值。因此，管理层出于理性考虑，会选择对冲行为；其次，鉴于债务融资的存在，通过交易风险的对冲，降低了公司的现金流波动性，这将降低“风险转移”的代理问题；最后，对冲降低了代理成本并因此增加了与股东和债权人之间契约关系的持久性。通过公司激励取得声誉，对冲直接改善了“道德风险”代理问题。麦克明和罕（MacMinn and Han，1990）也认为，通过减缓现金流波动，对冲改善了风险转移代理问题。这样，在债务契约中加入保护条款，公司现存的固定索取权持有者将会被有效激励，这些保护条款限制了“资产替代”发生的机会。债务契约中通常包含要求公司维持某种类型对冲工具的约定。詹森和麦克林（Jensen and Meckling，1976）的代理成本假说认为，管理者持股的增加减少了由所有权和控制权分离所带来的代理成本。史密斯和斯图兹（Smith and Stulz，1985）认为，随着管理者所持股份的增加，管理者的风险厌恶程度增大，因此管理者具有增加使用衍生产品的需要。而且随着管理者所持股份的增加，管理者将具有更多的自由度来控制衍生产品的使用。因此，管理者持股比例与衍生产品使用正相关。图法诺（Tufano，1996）、斯科兰德和尤耐尔（Schrand and Unal，1998）的实证研究均发现，公司对衍生产品的使用随着管理者持股的增加而增加，随着管理者持有期权的增加而减少。伯克曼和布拉德巴利（Berkman and Bradbury，1996）的研究发现，公司会随着管理者持股比例的增加而增加使用衍生产品。盖齐等（Geczy et al.，1997）的研究结果表明，与不使用汇率衍生品的公司相比，使用汇率衍生产品的公司往往具有较高比例的管理层持股。克诺夫等（Knopf et al.，2002）的实证研究发现，当管理层持有的股票和期权组合的敏感性增加时，公司倾向于更多地使用衍生产品进行风险对冲。贾炜莹和陈宝峰（2009）的研究发现，管理层激励在一定程度上影响公司风险管理决策。高层管理人员薪酬和管理层持股比例高的公司，倾向于进行风险管理。库玛和拉宾诺维奇（Kumar and Rabinovitch，2013）使用1996—2008年美国油气公司衍生产品头寸的具体数据对风险对冲的影响因素进行研究，其研究表明，公司对冲的程度与加重管理者壕沟效应的因素、免费现金流代理成本正相关。这些加重管理者壕沟效应的因素包括较长的 CEO 任期、较高的管理层持股比例、较弱的董事会治理机制。为了验证管理者持股与衍生产品使用之间的关系，我们提出：

假设 8：管理者持股与衍生产品的使用正相关，具有管理者持股的公司倾向于使用衍生产品。

2．管理者薪酬与衍生产品使用

经济收入是重要的激励方式，许多研究表明，管理者薪酬能够起到有效的激励作用。史密斯和斯图兹（Smith and Stulz，1985）指出，管理者薪酬合同将会影响公司的衍生产品使用决策。他们定义了一个两阶段的经济模型。在此模型中，假设管理者是风险回避的，根据詹森不等式，对冲将增加管理者的预期财富。如果管理者的期末财富是公司期末价值的凸函数，而且管理者的效用函数为自身财富的凹函数时，管理者的最优套期策略就是不完全对冲。由于管理者是风险回避的，他会为降低风险放弃一些收益。管理者出于收入和风险的衡量，并不采取完全对冲策略。赵（Zhao，2004）指出，所有者亲自监督公司风险管理活动的成本是非常昂贵的，所有者应给予管理者适当的动机来选择风险管理策略，这种恰当的动机就是给管理者一定的薪酬激励。从某种意义上说，管理者薪酬是股东对管理者不易分散化的风险进行的补偿，而这一补偿水平将取决于公司的经营状况、盈利能力和发展能力等。因此，只要风险对冲的成本小于股东财富的增加，风险对冲都将成为增加公司管理者财富的重要途径和手段。萨潘万尼（Supanvanij，2005）以 1998—2000 年披露使用衍生产品的 138 个美国公司为样本来分析使用货币衍生品的利得（或损失）是否影响公司的对冲决策和高层管理者薪酬。其研究表明，对冲的利得（或损失）显著影响风险管理决策和管理层薪酬，因为对冲的利得（或损失）会显著影响管理层薪酬，因此公司会减少风险管理活动。

国内学者的研究成果也大都肯定了高管薪酬对公司绩效的正向影响。例如，张俊瑞、赵进文和张健（2003）的研究发现，我国上市公司的高管薪酬与公司业绩（每股收益）显著正相关；周嘉南和黄登仕（2006）研究发现中国上市公司高管人员的报酬与公司绩效（净利润）、股东财富（股票超额收益率）存在正相关关系；杜兴强和王丽华（2007）应用中国上市公司的数据验证了我国高层管理当局薪酬与企业绩效的相关性问题，他们研究发现，高层管理者薪酬与公司及股东财富前后两期的变化均呈正相关关系。高雷和宋顺林（2007）的研究表明，公司高管薪酬的变化与当年的公司绩效（资产净利率）显著正相关。为了验证管理者薪酬与衍生产品使用之间的关系，我们提出：

假设9：管理者薪酬与衍生产品的使用正相关，高管薪酬高的公司倾向于使用衍生产品。

四、外部法律环境与衍生产品使用

一个有效的法律体系是重要的，因为有效的法律制度能够抑制内部人的机会主义行为。对内部人机会主义行为的监督和限制，也需要存在一个有效的法律系统来制止违法和加强违法补偿。外部法律环境在公司治理过程中发挥着重要作用。有利的外部法律环境有助于公司的融资活动，并提供公司成长的源泉（Demirguc-Kunt and Maksimovic，1996）。从理论上讲，投资者法律保护弱，法律实施程度弱的环境将与更多的代理冲突相联系。投资者保护问题是公司治理的核心之一，也是公司治理要实现的基本目标，它源于代理问题，核心内容是防止内部人对外部投资者的“掠夺”。公司法和其他法律法规给予外部投资者一定的权利来保护他们的投资，以免被内部人掠夺。拉·波特等（La Porta et al.，2000）运用公司治理法律方法研究了公司融资问题，他们认为，法律及其实施质量是公司治理和公司融资的必要成分，股东和债权人的法律保护对于理解不同国家的公司融资模式是很重要的。他们发现英美法系的国家（如英、美等）比大陆法系国家（如法、德、日等）具有更好的投资者保护机制、更高的监管水平和公司治理水平。戴克和津加莱斯（Dyck and Zingales，2002）的研究发现，较强的投资者保护有助于降低控制权的私有利益。希默尔贝格等（Himmelberg et al.，2002）的研究发现，投资者法律保护越弱，内部人持股越集中，资本成本就越高。马斯登和普雷瓦斯特（Marsden and Prevost，2005）研究了1994—1997年新西兰上市公司衍生产品的使用状况，以检验1993年新西兰新公司法实施对衍生产品使用的影响。他们指出，法律和监管环境可能会影响公司的衍生品策略。多伊奇等（Doidge et al.，2007）指出，对投资者权益的保护通过提升制度层面上对管理者的监督水准，能够缓解股东与管理者利益上的冲突和矛盾。

中国上市公司所处的外部法律环境是相同的。但是有些公司被允许可同时在美国或香港市场上发行股票，且越来越多的公司在国外上市，发行了外资股（B股、H股和N股）。严格上讲，在境外发行上市的外资股要符合境外当地的法律法规。一般说来，发行外资股的公司会受到当地监管机构更加严格的监督，因为这些较成熟的市场有比较严格的监管条例和健全的法律体系，一般认为它们会比A股上市公司受到投资者更加严格的监督，也更能保护投资者的利益（白重恩等，2005），公司治理水平也更高。因此，发行外资股的公司会增加对衍生产品的使用。由此我们提出：

假设10：外部法律环境与衍生产品的使用正相关，发行外资股的公司对衍生产品的使用程度显著高于没有发行外资股的公司。

表7-1对本章提出的研究假设进行了总结。

表 7-1　公司治理影响衍生产品使用的研究假设总结

研究假设	假设内容
假设 1：	股权集中度与衍生产品的使用负相关，股权集中度低的公司倾向于使用衍生产品
假设 2：	股权制衡度与衍生产品的使用正相关，股权制衡度高的公司倾向于使用衍生产品
假设 3：	国家股比例与衍生产品的使用负相关，国家股比例低的公司倾向于使用衍生产品
假设 4：	法人股比例与衍生产品的使用正相关，法人股比例高的公司倾向于使用衍生产品
假设 5：	独立董事比例与衍生产品的使用正相关，独立董事比例高的公司倾向使用衍生产品
假设 6：	董事会规模与衍生产品的使用负相关，董事会规模小的公司倾向于使用衍生产品
假设 7：	领导结构的两职合一与衍生产品使用负相关，总经理同时担任董事长的公司倾向于较少使用衍生产品
假设 8：	管理者持股与衍生品的使用正相关，具有管理者持股的公司倾向于使用衍生产品
假设 9：	管理者薪酬与衍生产品的使用正相关，高管薪酬高的公司倾向于使用衍生产品
假设 10：	外部法律环境与衍生产品的使用正相关，发行外资股公司对衍生产品的使用程度显著高于没有发行外资股的公司

第二节　实证研究设计

一、MIMIC 模型介绍

多指标多原因模型（Multiple Indicators and Multiple Causes，MIMIC）是结构方程模型的一种形式。乔斯考格和戈德伯格（Jöreskog and Goldberger，1975）建立了只包含一个潜变量的 MIMIC 模型，并使用极大似然估计方法估计其参数。斯特普尔顿（Stapleton，1978）进一步拓展了 MIMIC 模型并使用了更多的潜变量。梯特曼和韦塞尔（Titman and Wessels，1988）、张等（Chang et al.，2009）使用 MIMIC 模型检验了资本结构的影响因素。

正如吴明隆（2009）所述，结构方程模型通常由结构方程和测量方程两部分组成。一个完整的结构方程模型如下所示：

$$\eta = B\eta + \Gamma\xi + \zeta \tag{7.1}$$

$$Y = \Lambda_Y \eta + \varepsilon$$

$$X = \Lambda_X \xi + \delta \tag{7.2}$$

其中，公式（7.1）为结构方程，B 和Γ都是路径系数，B 表示内生潜在变量与内生潜在变量之间的结构关系矩阵，Γ表示外生潜在变量与内生潜在变量之间的结构系数矩阵，ζ 表示结构方程模型的方程式残差，反映了在结构方程中未被解释的部分；

公式（7.2）为测量方程，X 为外生观测变量向量，Y 为内生观测变量向量，Λ_X 与 Λ_Y 为变量（X,Y）的因素负荷量（loading），ξ与η分别为外生潜在变量和内生潜在变量，而δ 和ε为外显变量的测量误差。

令 B=0，X≡ξ， Λx=I，δ=0，则上述结构方程模型就转化为 MIMIC 模型，即

$$\eta = \Gamma X + \zeta \tag{7.3}$$

$$Y = \Lambda y\, \eta + \varepsilon \tag{7.4}$$

在公式（7.3）中，潜在变量 η 是一系列可观测的外生原因变量（即 X）的线性组合，其中 $X = (X1, X2, \ldots, X_q)'$，而 ζ 则为对应的残差。

公式（7.3）为矩阵表达形式，如果转化成方程形式，即为

$$\eta = \gamma' X + \zeta = \gamma 1\, X1 + \gamma 2\, X2 + \ldots + \gamma q\, Xq + \zeta \tag{7.5}$$

正如公式（7.4）所示，潜在变量 η 则以线性方式决定着一系列可观测的外生结果指标（即 Y），其中 $Y = (Y1, Y2, \ldots, Yp)'$，而 ε 为对应的残差。

公式（7.4）为矩阵表达形式，如果转化成方程形式，即为

$$Y1 = \lambda 1\eta + \varepsilon 1,\ Y2 = \lambda 2\,\eta + \varepsilon 2,\ \ldots, Yp = \lambda p\,\eta + \varepsilon p \tag{7.6}$$

将公式（7.3）代入公式（7.4），则

$$Y = \Lambda y\,\eta + \varepsilon = \Lambda y\,(\gamma'\ X + \zeta) + \varepsilon$$

$$=(\Lambda y\gamma')\,X + \Lambda y\,\zeta + \varepsilon = \Pi' X + (\Lambda y\,\zeta + \varepsilon)$$

$$= \Pi'\ X + z \qquad (7.7)$$

其中，$\Pi=\gamma\lambda'$，$z=\Lambda y\,\zeta+\varepsilon$，假设残差 ζ 和 ε 相互独立且都服从正态分布，则有 $E(\zeta)=0$，$E(\varepsilon)=0$，$E(\zeta\varepsilon')=0'$，$E(\varepsilon^2)=\sigma^2$，$E(\varepsilon\varepsilon')=\Theta\varepsilon$，$\Theta\varepsilon$ 为下三角矩阵。这时包含未知参数 θ 的协方差矩阵表示如下：

$$\sum(\theta) = E(zz') = E[(\Lambda y\,\zeta+\varepsilon)(\Lambda y\,\zeta+\varepsilon)'] = \Lambda y\,\Lambda y'\ \sigma^2 + \Theta\varepsilon \qquad (7.8)$$

通过可观测变量的样本值，可以计算总体协方差矩阵$\sum$，令$\sum=\sum(\theta)$，就可求得未知参数 θ。

二、研究变量设定

本章所构建的 MIMIC 模型实质上是一种因果关系模型。该模型中的内生变量应该是能够反映衍生产品使用特征或结果的变量，本章选择衍生产品的使用程度作为模型的内生变量。衡量公司使用衍生产品程度的指标为基于风险敞口的对冲比率（Hedge Ratio），研究者通常采用衍生产品的总面值/公司规模来衡量对冲比率。如果公司年报中披露了金融合约的名义本金额，那么可以使用金融合约的名义本金额除以公司规模得出对冲比率的近似值，但实际上在使用衍生产品的公司中，只有部分公司披露了金融合约的公允价值，因此，本章采用衍生产品的公允价值除以公司总资产来度量对冲比率。

本章构建的是衍生产品使用程度的 MIMIC 模型，该模型中的外生变量应该是影响衍生产品使用程度的原因变量，由于研究的关键变量是衍生产品的使用程度和公司治理结构，因此，一系列衡量公司治理程度的因素（或指标）应是模型的外生变量。另外，本章所选择的外生变量还参考了第六章“公司特征影响衍生产品使用的理论和实证研究”的研究结果，并假设衍生产品的使用程度受公司规模、财务杠杆和股利支付这三个外生变量的影响。其中，公司规模、财务杠杆和股利支付的变量定义，与第六章“公司特征影响衍生产品使用的理论和实证研究”相一致。表 7-2 对本章的研究变量进行了定义。

表 7-2　变量定义表

类型	变量名称	变量符号	变量定义
内生变量	DERI	对冲比率	公司使用衍生产品的公允价值/资产总额
外生变量	股权集中度	TOP1	第一大股东所持股份/总股份
	股权制衡度	CCP	第二大股东到第九大股东持股比例之和
	国家股比例	SSR	国家股股数/总股份
	法人股比例	PSR	法人股股数/总股份
	独立董事比例	DR	独立董事人数/董事会总人数
	董事会规模	BS	董事会总人数的自然对数
	领导结构	DU	虚拟变量，如果董事长和总经理为同一人时，DU 为 1；否则为 0
	外部法律环境	LH	虚拟变量，如果公司发行外资股，LH 为 1，否则为 0
	管理者持股	MSP	虚拟变量，董事、监事等其他高层管理者个人持股超过 10 万股，MSP 为 1；否则为 0
	管理者薪酬	MSA	高管前三名薪酬总额的自然对数
	公司规模	SIZE	总资产的自然对数
	财务杠杆	LEV	债务总额/资产总额
	股利支付	DIV	普通股每股股利/普通股每股收益

三、样本与数据

1. 样本选取

本章首先选取 2010—2012 年沪、深股市全部 A 股的非金融上市公司为初选样本，然后按照是否使用衍生产品对这些公司进行进一步的筛选。分别在公司资产负债表的“交易性金融资产（负债）”及其附注中获取有关该公司是否从事衍生产品交易的信息（交易类型、交易金额等），并在上市公司年报中以“套期保值”、“衍生产品”、“风险管理”、“对冲”、“远期”、“掉期”、“互换”、“期权”等关键词以搜索上市公司使用衍生产品的会计数据。如果公司年报中披露了当期使用衍生产品的具体金额，我们均将其确认为使用衍生产品公司。按照这种筛选方法，共计得到 116 家样本公司。其次，采用行业配比的原则选择了 116 家未使用衍生产品的公司作为配对样本。其中，配对样本的选取依据下述标准：公司所处的行业类别相同，即配对公司与样本公司行业相同。我们将 2010—2012 年沪、深股市全部 A 股的 116 家使用衍生产品的非金融上市公司和 116 家配对样本作为研究样本（总共 232 家公司）。

2. 数据来源

上市公司使用衍生产品进行风险对冲的数据是依据经过注册会计师审计后、公开发布的上市公司 2010—2012 年度财务报告信息整理获得，收集数据过程中使用了国泰安 CSMAR 的股票市场系列和公司研究系列数据库，对于 CSMAR 数据库缺失的数据则通过 WIND 数据库来提取。另外，使用 WIND 数据库对 CSMAR 数据进行核对，以保证数据的可靠性。其他数据主要来源于 RESSET 金融研究数据库、中国证券报（http://www.cs.com.cn/）、中国并购网（http://www.mergers-china.com/）、全景网（http://www.p5w.net/ index.htm）以及巨潮资讯（http://www.cninfo.com.cn/）等网站公开披露的上市公司信息。

本章使用 STATA 12.0 和 AMOS 17.0 软件进行数据处理，其中使用 STATA 12.0 软件进行数据预处理、描述性统计、参数检验和非参数检验；使用 AMOS 17.0 统计软件进行结构方程模型分析。

四、实证模型设定

本章构建的衍生产品使用程度的 MIMIC 模型如图 7-2 所示。

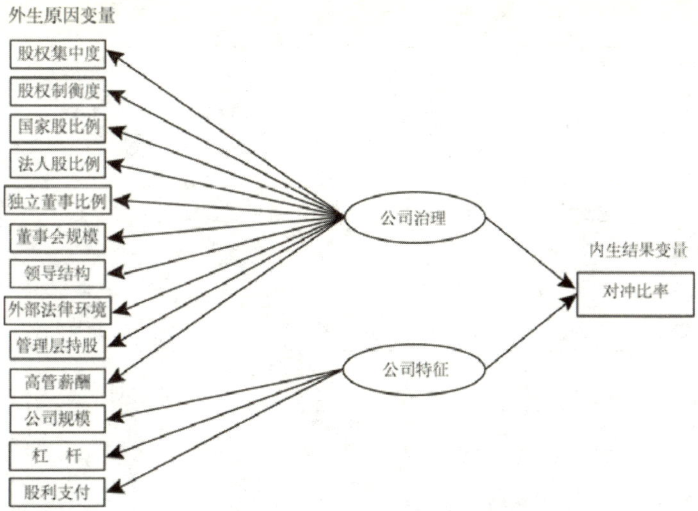

图 7–2　衍生产品使用程度的 MIMIC 模型

第三节　实证结果与分析

实证结果与分析包括描述性统计、单因素分析和结构方程模型分析，以下将加以分述。

一、描述性统计

表 7-3 报告了混合样本下公司治理变量的描述性统计量。

表 7-3　混合样本公司治理变量的描述性统计

变量名称	变量符号	均值	中位数	最大值	最小值	标准差
股权集中度	TOP1	0.4137	0.3947	0.8858	0.0659	0.1683
股权制衡度	CCP	0.1725	0.1439	0.5833	0.0021	0.1438
国家股比例	SSR	0.2736	0.2687	0.8639	0.0000	0.2485
法人股比例	PSR	0.2363	0.2539	0.8506	0.0000	0.2083

续表

变量名称	变量符号	均值	中位数	最大值	最小值	标准差
独立董事比例	DR	0.3669	0.3583	0.6637	0.3343	0.0933
董事会规模	BS	2.1368	2.1962	2.9447	1.3956	0.2504
领导结构	DU	0.2291	0.0000	1.0000	0.0000	0.3182
外部法律环境	LH	0.1347	0.0000	1.0000	0.0000	0.3357
管理者持股	MSP	0.1638	0.1557	1.0000	0.0000	0.3724
管理者薪酬	MSA	14.2753	14.0496	16.1625	11.5499	13.2063

从表 7-3 可见，混合样本第一大股东持股比例的均值、中位数和最大值分别为 0.4137，0.3947 和 0.8858，第二大股东到第九大股东持股比例之和的均值、中位数和最大值分别为 0.1725，0.1439 和 0.5833，表明我国上市公司的股权高度集中，第一大股东在股权结构上具有绝对优势；第一大股持股比例与其他大股东的持股比例之和差异较大，大股东与控股股东之间难以达成相互制衡。国家股占总股份比重的均值（中位数）为 27.36%（26.87%），法人股占总股本比重的均值（中位数）为 23.63%（25.39%），这表明大部分股份不能上市流通。独立董事占全体董事会成员比例的均值（中位数）为 36.69%（35.83%），最大值为 66.37%，最小值为 33.43%，表明上市公司的独立董事比例符合证监会的要求。描述性统计指标显示了混合样本中有 22.91%的上市公司其董事长和总经理是两职合一的，这在一定程度上不利于董事会对总经理的监督。混合样本中有 13.47%的上市公司发行了外资股（B 股、H 股和 N 股）。另外，混合样本中有 16.38%的上市公司具有管理者持股，管理者薪酬的均值、中位数和最大值为 14.2753，14.0496，16.1625，表明我国上市公司高层管理者的持股程度有限，高层管理者的利益主要表现在薪酬上。

二、单因素分析

表 7-4 报告了使用衍生产品公司与未使用衍生产品公司的治理变量的

均值、中位数和标准差，虽然可以直观观测到两类公司某个治理变量在均值或中位数上存在差异，但并不能据此判断两类公司的某个治理特征存在显著性差异，需要进行单因素检验，以判断两类公司是否在某个治理特征方面存在显著性差异。

表 7-4　公司治理变量的描述性统计和单因素检验

变量	未使用衍生产品公司			使用衍生产品公司			t 检验	Mann-Whitney
	均值	中位数	标准差	均值	中位数	标准差	t 值	U 检验（Z 值）
TOP1	0.4369	0.4267	0.1676	0.3977	0.3562	0.3361	-2.962***	-3.470***
CCP	0.1697	0.1536	0.0007	0.2034	0.2132	0.0766	2.839***	-3.116***
SSR	0.3066	0.2874	0.4676	0.2684	0.2587	0.0358	-3.104***	-2.551***
PSR	0.2261	0.2308	0.1718	0.2453	0.2613	0.3748	1.813*	-1.096*
DR	0.3607	0.3511	0.0723	0.3713	0.3256	0.5892	1.706*	-0.282
BS	2.1284	2.1165	1.7628	2.1405	1.8958	2.3571	0.462	-0.657
DU	0.2413	0.2267	0.1235	0.2170	0.2201	0.0293	-0.839	-2.074
LH	0.0790	0.0640	0.0870	0.2105	0.1920	0.0478	3.327***	-3.992***
MSP	0.1242	0.1069	0.2903	0.2324	0.1946	0.4196	2.231**	-1.987**
MSA	13.0462	12.7863	2.0909	15.4626	13.2469	3.3353	2.811***	-3.238***

注：符号*、**、***分别表示检验结果在 10%、5%和 1%水平下显著。

单因素检验分为参数检验和非参数检验。参数检验可对来自两个样本的均值进行检验，但对总体分布作出了服从正态分布的假设，然后根据来自总体的样本对均值进行检验，所以是一种仅适用于某些特定环境下的检验。非参数检验则对总体分布不作任何假设，适用于均值、中位数、方差是否存在显著差异的假设检验。不过，非参数检验虽然适应性强，但功效不如参数检验。因此，我们采用参数检验的 t 检验法和非参数检验的 Mann-Whitney U 检验法，对两类公司的公司治理变量进行对比检验，以判断使用衍生产品公司的公司治理变量与未使用衍生产品公司相比是否存在显著差异，并将结果报告在表 7-4 的第 8 列和第 9 列。以下分别对公司治理变量的 t 检验结果和 Mann-Whitney U 检验结果进行解释。

1. 两类公司在股权集中度上的比较

就股权集中度而言，样本公司的第一大股东持股比例均值为 0.3997，对照公司为 0.4369，与预期方向一致。参数检验 t 值在 1%水平上显著，非参数检验 Z 值在 1%水平上显著，表明使用衍生产品公司的第一大股东持股比例与未使用衍生产品的公司具有显著性差异，使用衍生产品公司具有较低的第一大股东持股比例。

2. 两类公司在股权制衡度上的比较

对股权制衡度而言，样本公司的股权制衡度为 0.2034，对照公司为 0.1697，与预期方向相同。参数检验 t 值在 1%水平上显著，非参数检验 Z 值在 1%水平上显著，表明使用衍生产品公司与未使用衍生产品公司在股权制衡度上具有显著性差异，使用衍生产品公司具有较高的股权制衡度。

3. 两类公司在国家股比例上的比较

对国家股比例而言，样本公司的国家股比例为 0.2684，对照公司为 0.3066，与预期方向相同。参数检验 t 值在 1%水平上显著，非参数检验 Z 值在 1%水平上显著，表明使用衍生产品公司的国家股比例与未使用衍生产品公司具有显著性差异，使用衍生产品公司具有较低的国家股比例。

4. 两类公司在法人股比例上的比较

在法人股比例方面，样本公司的法人股比例为 0.2453，对照公司为 0.2261，与预期方向相同。参数检验 t 值在 10%水平上显著，非参数检验 Z 值在 10%水平上显著，表明使用衍生产品公司的法人股比例与未使用衍生产品公司相比具有显著性差异，使用衍生产品公司具有较高的法人股比例。

5. 两类公司在独立董事比例上的比较

在独立董事比例方面，样本公司的独立董事比例为 0.3713，对照公司为 0.3607，与预期方向相同。参数检验 t 值在 10%水平上显著，表明使用衍生产品公司的独立董事比例与未使用衍生产品公司相比具有显著性差异；非参数检验结果不显著，表明使用衍生产品公司的独立董事比例与未使用衍生产品公司相比没有显著性差异。

6．两类公司在董事会规模上的比较

在董事会规模方面，样本公司的董事会规模为 2.1405，对照公司为 2.1284，与预期方向相反。参数检验结果不显著，非参数检验结果不显著，表明使用衍生产品公司的董事会规模与未使用衍生产品公司相比没有显著性差异。

7．两类公司在领导结构上的比较

在领导结构方面，样本公司的两职合一比例为 0.2170，对照公司为 0.2413，与预期方向相同。参数检验结果不显著，非参数检验结果不显著，表明使用衍生产品公司与未使用衍生产品的公司在领导结构上没有显著差异。

8．两类公司在外部法律环境上的比较

就外部法律环境而言，样本公司中有 21.05%的公司同时发行了外资股，对照公司中仅有 7.9%的上市公司同时发行了外资股，与预期方向相同。参数检验 t 值在 1%水平上显著，非参数检验 Z 值在 1%水平上显著，表明同时发行了外资股的公司较多地使用了衍生产品。

9．两类公司在管理者持股上的比较

对管理者持股而言，样本公司中有 23.24%公司具有高层管理者持股，对照公司则为 12.42%，与预期方向相同。参数检验 t 值在 5%水平上显著，非参数检验 Z 值在 5%水平上显著，表明具有高层管理者持股高的公司倾向于使用衍生产品。

10．两类公司在高层管理者薪酬上的比较

对高层管理者薪酬而言，样本公司的高层管理者薪酬为 15.4626，对照公司为 13.0462，与预期方向相同。参数检验 t 值在 1%水平上显著，非参数检验 Z 值在 1%水平上显著，表明使用衍生产品公司的高层管理者薪酬与未使用衍生产品公司相比具有显著差异，高层管理者薪酬高的公司倾向于使用衍生产品。

三、MIMIC 模型估计结果分析

本章采用 MIMIC 模型对衍生产品使用的影响因素进行分析，选取了 13 个指标作为衍生产品使用的外生可测变量，选取了一个指标作为衍生产品使用的内生可测变量，可以得到模型的基本形式 MIMIC（13，1，1），其中 MIMIC（13，1，1）表示由 13 个外生变量，1 个潜在变量，1 个内生变量组成的 MIMIC 模型。

将数据指标代入构建的 MIMIC 模型中，利用 AMOS 17.0 进行极大似然估计。首先对 MIMIC（13，1，1）进行估计，然后根据 AMOS 17.0 的估计结果提供的拟合指标增列参数限制条件，以改善模型拟合效果。然后对模型不断修正，修正遵循以下几个原则：① 删除模型中不符合相关理论的指标，主要是估计的符号和预期的符号相反的情形，当模型估计的系数显著时，需要谨慎处理；② 当变量指标估计的结果不显著时，可以考虑删除该指标；③ 根据 AMOS 17.0 估计结果给出的修正指标增加限定条件，然后重新估计。在遵循以上原则的基础上，MIMIC 基本模型及修正过程如表 7-5 所示。

表 7-5　衍生产品使用程度的 MIMIC 模型估计结果及修正过程

	MIMIC 模型			
	MIMIC（13,1,1）	MIMIC（12,1,1）	MIMIC（11,1,1）	MIMIC（10,1,1）
Panel A：内生变量				
DERI	0.338*** （4.784）	0.332*** （4.461）	0.336*** （4.668）	0.335*** （4.729）
Panel B：外生变量				
TOP1	-0.021*** (-5.039)	-0.023** (-2.205)	-0.019*** (-4.709)	-0.027*** (-5.172)
CCP	0.008 （1.597）	0.009* （1.764）	0.012** （2.048）	0.007** （2.172）
SSR	-0.006 （-1.372）	-0.005* （-1.632）	-0.011* （-1.677）	-0.017* （-1.699）
PSR	0.007 （0.709）	0.010** （2.036）	0.009** （2.486）	0.008*** （2.726）
DR	-0.002 （-0.317）	-0.003 （-0.374）	-	-
BS	-0.006 （-1.329）	-0.007 （-1.475）	-0.005 （-1.427）	-
DU	-0.001 （0.022）	-	-	-
LH	0.021** （2.201）	0.022*** （2.659）	0.019*** （2.962）	0.017*** （2.774）
MSP	0.011** （1.965）	0.013** （2.348）	0.012** （2.229）	0.014** （2.028）
MSA	0.017** （2.48）	0.013** （2.163）	0.015** （1.887）	0.016*** （2.263）
SIZE	0.019** （2.551）	0.016** （2.337）	0.017** （2.012）	0.011*** （3.627）
LEV	0.027** （2.385）	0.023** （2.441）	0.022** （2.136）	0.019** （2.021）
DIV	0.009* （1.776）	0.011* （1.729）	0.013* （1.872）	0.01* （1.939）
卡方值（χ^2）	77.054	39.142	36.518	35.841

续表

	MIMIC 模型			
	MIMIC（13,1,1）	MIMIC（12,1,1）	MIMIC（11,1,1）	MIMIC（10,1,1）
AGFI	0.876	0.895	0.913	0.934
RMSEA	0.056	0.068	0.044	0.060
CFI	0.835	0.862	0.882	0.879

注：符号*、**、***分别表示检验结果在10%、5%和1%水平下显著；AGFI为调整后的适配指标，一般在0～1之间取值，该指标越大越好；RMSEA为近似误差均方根，一般在0～1之间取值，该指标越小越好，当RMSEA取值小于0.1时，表示模型的拟合程度较好；CFI为比较适配指标，一般在0～1之间取值，该指标越大越好。

经过上述分析，我们发现：

（1）从表7-5中各模型的估计结果来看，股权集中度（由第一大股东持股比例代理）与对衍生产品的使用程度显著负相关，此外，参数检验和非参数检验结果表明，第一大股东持股比例高的公司较少使用衍生产品。这与研究假设一致，说明在中国制度背景下，第一大股东对公司使用衍生产品的动机较弱。正如第五章“中国制度背景分析”所阐述的，中国上市公司的内部人控制较为突出，国家作为国有资本的最终所有人因国有股权代表的“缺位”，缺乏对上市公司的有效监督，控股大股东更倾向于以私有收益的方式实现控制权收益。公司对衍生产品的使用降低了公司收益的波动性，可能减少了第一大股东利用“掏空”行为来谋求自身利益的机会，因而受到了第一大股东的抵制。

（2）从表7-5可见，股权制衡度（由控股大股东之外的少数大股东持股比例代理）对衍生产品的使用程度显著正相关，此外，参数检验和非参数检验结果表明，使用衍生产品的公司具有较高的股权制衡度。与我们提出的研究假设相一致。这说明除控股股东之外的少数大股东持股集中度的提高能在一定程度上抑制内部人的机会主义行为，提高公司整体治理水平，有利于形成股权制衡的局面，减缓了代理冲突问题，进而增加了公司对衍生产品的使用程度。

（3）由表 7-5 可见，国家股比例与衍生产品使用程度显著负相关。此外，参数检验和非参数检验结果表明，使用衍生产品的公司具有较低的国家股比例。这与研究假设一致，表明由于中国政府是多数上市公司的控股股东，控股股东的国有性质使得这些公司拥有一定的政府资源，能够较容易地获得资金来源（比如国有银行贷款）。这些公司以国家为支撑并为自身找到了“风险转移”机制，从而降低了对衍生产品的使用程度。

（4）法人股比例与衍生产品使用程度显著正相关（见表 7-5）。此外，参数检验和非参数检验结果表明，使用衍生产品的公司具有较高的法人股比例。这些结果与提出的研究假设相吻合，表明与国家股相比，法人股在公司治理中扮演着积极角色，法人股股东是具有动力和能力的监督管理者，因此法人股比例高的公司倾向使用衍生产品以增加股东财富。

（5）独立董事比例与衍生产品使用程度的关系不显著，其回归系数是负值表明，独立董事对公司使用衍生产品产生消极的影响（见表 7-5），另外，尽管参数检验表明使用衍生产品公司的独立董事比例与未使用衍生产品公司相比具有显著性差异，但非参数检验结果却表明，使用衍生产品公司的独立董事比例与未使用衍生产品公司相比不具有显著性差异，这些研究发现似乎与我们提出的研究假设不一致。这可能是因为：一方面，上市公司的独立董事数量趋于平均化，尽管中国证监会要求上市公司董事会成员中应至少包括 1/3 的独立董事，但很多上市公司对待中国证监会要求建立独立董事制度的态度是消极的，它们选聘独立董事仅仅是为了满足证监会和交易所的数量规定，并非为了完善公司治理的内在需要；另一方面，正如第五章“中国制度背景分析”所阐述的，目前中国上市公司独立董事主要由控股股东或董事会选任，造成独立董事不独立，这种安排不但不能提高董事会的独立性，反而加重了控股股东通过“掏空”等行为对小股东的剥削，并对衍生产品的使用起到抵制作用。

（6）董事会规模与衍生产品使用程度的关系不显著，如表 7-5 所示。另外，参数检验和非参数检验结果表明，使用衍生产品公司的董事会规模与未使用衍生产品公司相比不具有显著性差异。这与研究假设不一致。这可能是因为目前上市公司董事会规模已趋于稳定，上市公司之间的董事会总人数差别不大，造成使用衍生产品公司的董事会规模与未使用衍生产品公司相比没有明显差异。同时，董事会规模的回归系数为负值表明，由于沟通和协调等问题，董事会规模的增大削弱了董事会控制内部人机会主义的能力，进而对衍生产品的使用产生消极影响。

（7）领导结构与衍生产品使用程度的关系不显著，如表 7-5 所示。而参数检验和非参数检验结果也表明，使用衍生产品公司与未使用衍生产品的公司在领导结构上不具有显著性差异。另外，领导结构的回归系数为负表明，在董事长和总经理两职合一时，公司可能会减少对衍生产品的使用程度。

（8）外部法律环境（以发行是否外资股的哑变量代理）与衍生产品使用程度显著正相关（见表 7-5），此外，参数检验和非参数检验结果表明，发行了外资股的公司较多地使用了衍生产品。这与理论预期一致，验证了我们提出的研究假设。这些结果说明公司对衍生产品的使用受到了投资者更加严格监督和更为严格会计准则的影响，这表明严格的法律环境有利于公司治理水平的改善，并降低了代理成本，进而对公司使用衍生产品产生积极影响。

（9）管理者持股与衍生产品使用程度之间显著正相关（见表 7-5）。参数检验和非参数检验结果表明，具有高层管理者持股的公司倾向于使用衍生产品。这与提出的研究假设相吻合。这些研究发现说明具有管理者持股的公司，其管理者的风险厌恶程度增大，对衍生产品的需求随之增加。同时，具有管理者持股的公司，其管理者将往往具有一定的权力和自由度来控制衍生产品的使用，进而倾向于使用衍生产品。该研究结论体现了管理者效用最大化对衍生产品使用的影响。

（10）管理者薪酬与衍生产品使用程度显著正相关（见表 7-5）。参数检验和非参数检验结果表明，高层管理者薪酬高的公司倾向于使用衍生产品。这与理论预期一致，验证了我们提出的研究假设。这表明高层管理者薪酬能够起到有效的激励作用，有助于高层管理者与股东的目标利益趋于一致，管理者为了实现自身效用最大化而增加对衍生产品的使用程度。

另外，从表 7-5 中各模型的估计结果可以看出，公司规模与衍生产品使用程度在 1%的置信水平上显著正相关；财务杠杆比率与衍生产品使用程度在 5%的置信水平上显著正相关；股利支付率与衍生产品使用程度在 10%的置信水平上显著正相关，表明公司规模、财务杠杆和股利支付与衍生产品使用程度之间显著正相关，这与第六章“公司特征影响衍生产品使用的理论和实证研究”的研究结果相一致，验证了上述结论的稳健性。

总之，本章的实证检验结果支持了这样的观点，即有效的公司治理将对公司使用衍生产品产生积极的影响，能够促进公司使用衍生产品。当公司治理水平较高时，公司的“内部人”受到更严格的监督，控股股东和管理层的机会主义行为受到抑制，进而对公司使用衍生产品产生积极作用。

第四节 本章小结

本章首先结合中国制度背景，理论推演公司治理与衍生产品使用之间的关系，提出了一个基本论点：有效的公司治理将对公司使用衍生产品产生积极的影响，能够促进公司使用衍生产品；接着，围绕这一基本论点理论分析股权结构、董事会结构、管理者激励和外部法律环境如何影响公司对衍生产品的使用程度，提出了一系列研究假设；最后，使用中国非金融上市公司面板数据，采用MIMIC结构方程模型来进行检验，并采用参数检验（配对样本t检验）和非参数检验（Mann-Whitney U检验）程序来检验使用衍生产品公司与未使用衍生产品公司在公司治理特征上的差异，以实证分析公司治理对衍生产品使用程度的影响。我们研究发现，公司治理确实影响衍生产品的使用程度，所获得的大部分结论表明公司治理有助于促进公司对衍生产品的使用，验证了我们提出的大部分研究假设。这些假设的验证结果为：

股权集中度与衍生产品的使用程度负相关，第一大股东持股比例低的公司倾向使用衍生产品；股权制衡度较高的公司倾向于使用衍生产品；国家股比例与衍生产品使用负相关，国家股比例较低的公司倾向于使用衍生产品；法人股比例与衍生产品使用正相关，法人股比例高的公司倾向于使用衍生产品。

外部法律环境与衍生产品的使用程度正相关，发行了外资股的公司，其对衍生产品的使用程度高于没有发行外资股的公司，说明更严格的投资者监督、更严格的会计准则以及更严格的法律环境有助于改善公司治理机制，并降低代理成本，进而增加公司对衍生产品的使用程度；独立董事比例对衍生产品使用的影响是负的但不显著，表明在中国制度背景下，独立董事并没有发挥有效的监督，独立董事的存在不但不能提高董事会的独立性，反而加重了控股股东通过“掏空”行为对小股东的剥削，进而对衍生产品的使用产生消极影响；董事会规模对衍生产品使用的影响是负的但不显著，这可能是因为目前上市公司董事会规模已趋于稳定，上市公司之间的董事会总人数差别不大，造成使用衍生产品公司的董事会规模与未使用衍生产品的公司相比没有显著性差异。董事会规模的回归系数为负值表明，由于沟通和协调等问题，董事会规模的增大削弱了董事会控制内部人机会主义的能力，进而对衍生产品的使用产生不利影响；领导结构的两职合一对衍生产品使用程度的影响是消极的（但回归结果不显著），这在一定程度上表明，在董事长和总经理两职合一时，公司有可能减少对衍生产品的使用。

管理者持股与衍生产品使用程度显著正相关，具有管理者持股的公司倾向于使用衍生产品；管理者薪酬与衍生产品使用程度显著正相关，管理者薪酬高的公司倾向于使用衍生产品。这说明随着管理者持股和管理者薪酬的增加，管理者与股东的利益和目标会趋于一致，这在一定程度上缓和了股东与管理者之间的利益冲突，管理者的机会主义会随之减少。管理者为了分散自身财富上的风险进而增加了对衍生产品的使用。该研究结论体现了管理者效用最大化对衍生产品使用的影响。

总之，本章的实证检验结果支持了这样的观点，即有效的公司治理将对公司使用衍生产品产生积极的影响，能够促进公司使用衍生产品。当公司治理水平较高时，公司的“内部人”受到更严格的监督，控股股东和管理层的机会主义行为受到抑制，进而对公司使用衍生产品产生积极作用。

第八章　主要研究结论和政策性建议

本章对研究进行归纳总结，阐明研究中证实的主要观点，并提出相关的政策性建议。同时提出研究过程中存在的理论和方法上的局限性，最后对上市公司衍生产品使用问题研究的未来方向进行展望，以期提出促进衍生产品在中国公司使用的政策性建议。

第一节　主要研究结论

在对风险对冲动因理论及衍生产品使用影响因素研究文献回顾的基础上，本章首先详细阐述了衍生产品风险对冲的理论基础；接着，系统分析了中国制度背景和中国衍生产品的发展与使用现状；然后，结合中国制度背景理论推演公司特征如何影响衍生产品的使用，采用面板数据，实证检验公司特征对中国上市公司衍生产品使用的影响；最后，结合中国制度背景理论推演公司治理与衍生产品使用之间关系的逻辑框架，采用面板数据，应用结构方程 MIMIC 模型实证检验公司治理如何影响衍生产品的使用，采用参数检验（配对样本 t 检验）和非参数检验（Mann-Whitney U 检验法）程序实证分析使用衍生产品公司与未使用衍生产品公司的特征差异。我们研究发现，影响西方国家公司使用衍生产品的公司特征，大多数也以类似的方式影响中国上市公司的衍生产品使用决策；公司治理影响衍生产品的使用决策，有效的公司治理将对公司使用衍生产品产生积极的影响，能够促进公司使用衍生产品。当公司治理水平较高时，公司的“内部人”受到更严格的监督，控股股东和管理层的机会主义行为受到抑制，进而对公司使用衍生产品产生积极作用。本书的具体研究结论体现以下几个方面：

1. 与发达国家相比，中国上市公司使用衍生产品的深度和广度都较为有限，有待于进一步发展

在我国两千多家非金融行业 A 股上市公司中，只有 184 家上市公司使用衍生产品进行风险管理，相对比例不足 10%，衍生产品在我国上市公司的使用率偏低，说明我国上市公司对衍生产品的使用状态还处于初级阶段，有待于进一步发展。

2. 行业类别、公司所在区域显著影响中国上市公司对衍生产品的使用程度

不同行业之间对衍生产品的使用程度存在显著差异，从行业分布来看，使用衍生产品上市公司的行业分布比较集中，主要集中在制造业、采矿业、交通运输、仓储和邮政业；不同区域之间对衍生产品的使用程度也存在显著差异，东部地区对衍生产品的使用程度显著高于中部和西部地区对衍生产品的使用程度。

3. 公司特征影响公司对衍生产品的使用程度

（1）公司规模与衍生产品的使用程度显著正相关，公司对衍生产品的使用程度随着公司规模的增大而增加，这与随着公司规模增加可产生衍生品使用规模经济的公司规模假说相一致。

（2）与避免“投资不足”假说不一致，我们没有发现成长机会正向影响公司的衍生产品使用程度（即衍生产品的使用程度会随着投资机会集中

的成长期权的增加而增加）的证据。

（3）财务杠杆与衍生产品的使用程度显著正相关，这与降低财务危机成本假说相一致，即财务杠杆比率高的公司相比于财务杠杆比率低的公司将面临更大的财务危机成本，因而更多地使用衍生产品以降低预期的财务危机成本。

（4）实际税率与衍生产品使用程度之间的关系不显著，实证结果没有支持具有较高实际税率的公司倾向使用衍生产品的节约税负假说。

（5）与衍生产品使用的替代假说不一致，笔者没有发现资产流动性低的公司倾向使用衍生产品的实证证据。

（6）股利支付率与衍生产品的使用程度显著正相关，降低代理成本假说得到验证，这一研究发现也说明公司使用衍生产品能够减缓股东和债权人之间的代理冲突，能在一定程度上避免“资产替代”效应和“投资不足”问题。

（7）与降低财务危机成本假说不一致，我们没有发现具有较低盈利能力的公司倾向于使用衍生产品以降低财务危机可能性的实证证据，这可能与中国资本市场的低效率性、信息披露监管机制不健全等制度因素有关。

4．公司治理影响衍生产品的使用程度

（1）股权集中度与衍生产品使用程度显著负相关，第一大股东持股比例低的公司倾向使用衍生产品，说明在中国制度背景下，第一大股东的存在并不能有效地降低管理者的机会主义幅度，第一大股东和小股东、债权人之间存在着严重的代理冲突。这表明随着第一大股东持股比例的增加，其私有控制收益动机增加，他们因此会抵制使用衍生产品。

（2）股权制衡度与衍生产品使用程度显著正相关，股权制衡度高的公司倾向于使用衍生产品，说明除控股股东外的少数大股东持股集中度的提高能够抑制内部人的机会主义行为，提高公司治理水平，缓和代理冲突问题，进而支持公司使用衍生产品。

（3）国家股比例与衍生产品使用程度显著负相关，国家股比例低的公司倾向于使用衍生产品；法人股比例与衍生产品使用程度显著正相关，法人股比例高的公司倾向于使用衍生产品。这些结果表明产权性质影响公司治理水平，进而影响了衍生产品的使用决策，与国家股股东相比，法人股股东在公司治理中起着重要作用，法人股股东具有动力和能力监督管理层，因此支持公司使用衍生产品。

（4）外部法律环境与衍生产品使用程度显著正相关，发行了外资股的公司，其对衍生产品的使用程度高于没有发行外资股的公司，说明更严格的投资者监督、更严格的会计准则及更严格的法律环境有助于提高公司治理水平，并降低代理成本，进而促进公司对衍生产品的使用。

（5）管理者持股与衍生产品使用程度显著正相关，具有管理者持股的公司倾向于使用衍生产品；管理者薪酬与衍生产品使用程度显著正相关，管理者薪酬高的公司倾向于使用衍生产品。这说明随着管理者持股和管理者薪酬的增加，管理者与股东的利益和目标将趋于一致，这在一定程度上缓和了股东和管理者之间的利益冲突，管理者的机会主义随之减少。管理者为了分散自身财富上的风险进而增加使用衍生产品。

（6）独立董事比例对衍生产品使用程度的影响是消极的（但回归结果不显著），表明在中国制度背景下，独立董事并没有发挥有效的监督，独立董事的存在不但不能提高董事会的独立性，反而加剧了控股股东通过“掏空”行为对小股东的剥削，进而对公司使用衍生产品产生不利影响。

（7）董事会规模对衍生产品使用程度的影响是消极的（但回归结果不显著），这可能是因为目前我国上市公司董事会规模已趋于稳定，上市公司之间的董事会总人数差别不大，造成使用衍生产品公司的董事会规模与未使用衍生产品公司相比不具有显著性差异。其回归系数为负值表明，由于沟通和协调等问题，董事会规模的增大削弱了董事会控制内部人机会主义的能力，进而对公司使用衍生产品产生不利影响。

（8）领导结构的两职合一对衍生产品使用程度的影响是消极的（但回归结果不显著），这在一定程度上表明，在董事长和总经理两职合一时，公司有可能减少使用衍生产品。

总之，研究结果表明，公司治理对公司使用衍生产品将产生积极影响，有助于促进公司增加使用衍生产品，验证了我们提出的大部分研究假设。实证检验结果支持了这样的观点，即有效的公司治理将会对公司使用衍生产品产生积极的影响，能够促进公司使用衍生产品。当公司治理水平较高时，公司的“内部人”受到更严格的监督，控股股东和管理层的机会主义行为受到抑制，进而对公司使用衍生产品产生积极作用。

第二节　政策性建议

1．鼓励上市公司合理使用衍生产品进行风险对冲

本书通过对中国衍生产品的发展和使用现状分析后发现，目前中国上市公司中使用衍生产品的公司比例偏低，尚不足 10%。根据 2012 年相关统计数据表明，我国的出口量位居世界第一位，GDP 规模位居世界第二位，同时我国也是钢铁、矿石、石油、煤炭等大宗商品和战略物资的主要消费国家。与同期我国的 GDP 规模和经济发展水平不符，目前我国上市公司中使用衍生产品的公司比例与欧美发达国家对比相差悬殊，仍存在较大的提升空间。因此，需要通过一定的政策引导，鼓励上市公司更多地使用衍生产品进行风险管理。而对公司而言，衍生产品通过有效对冲公司面临的各种金融风险，降低了公司收益的波动性，提高了公司价值。因此，合理地使用衍生产品对公司是有益的。公司要做到：

（1）明确使用衍生产品进行风险对冲的目的是有效锁定成本和规避风险，要经得起金融市场的诱惑，避免将衍生产品定位为“投机盈利”产品。

（2）尽可能地利用场内衍生产品对冲风险。场内衍生产品具有条款标准化、定价简单、信息不对称程度低、流动性高而易于平仓等优点。因此，只要场内衍生产品能够满足公司对冲的需求，则尽可能选择在场内进行交易。

（3）建立有效的防范衍生产品交易风险的内部控制制度。这需要按照 COSO《全面风险管理框架》（2004）的要求，建立和健全衍生产品交易的风险管理控制体系，分别从董事会（或专门的风险管理委员会）、管理层、业务部门三个层面明确相应的权限和职责，建立衍生产品交易的董事会审批制度，对运用衍生产品进行风险对冲的业务进行监管。任何重大的交易和新的衍生产品交易都要经过董事会（或专门的风险管理委员会）的批准。董事会（或专门的风险管理委员会）应定期对现行的风险管理政策和程序的执行情况进行评价。负责衍生产品交易的批准、控制和执行的人员应分开，各司其职，不能由一人兼任。此外，董事会应聘请独立的专业机构对衍生产品业务的管理和控制进行定期的内部审计。

（4）提高风险对冲操作水平，加强对衍生产品交易流程的监督和控制。除了实现严格的授权审批制、风险止损制度和不相容职务分离制度外，公司还应加强对衍生产品交易流程的现场监督，并实行定期轮换制度，以降低违规行为发生的概率。在执行衍生产品交易时，应建立衍生产品交易的事前、事中、事后的全程管理，及时沟通和反馈衍生产品交易中遇到的问题并做到尽早解决。此外，应建立有效的内部报告系统，及时向董事会（或专门的风险管理委员会）和管理层报告有关衍生产品价值和风险的信息。可以借鉴学习摩根银行的“415 风险管理系统”，即每天下午 4 时交易结束后的 15 分钟内，整个银行在全球各地机构的交易量与风险总结必须提交给 CEO。

（5）公司应加强员工对风险管理知识的学习和培训，以提高他们对风险管理知识的认知能力。

2. 改善上市公司股权结构，提高控股股东之外的其他大股东的持股集中度

在我国的股票市场中，提高除控股股东之外的其他大股东持股集中度至关重要，对于完善公司治理具有重大的现实意义。在我国市场机制不完善的情况下，公司治理的关键是少数大股东的联盟，限制控股股东“掏空”行为和抑制“内部人”控制现象的可行办法是设计代表不同利益主体的股权结构多元化的股权制衡局面。借鉴专业化的投资管理机构在产权、投资管理、市场运作以及激励约束等方面的优势，推进国家股的市场化管理，将其按市场化方式委托给投资机构管理者。采取多种方式减持国家股，降低股权集中度，引进非国家投资者，真正实现产权主体多元化，以加强股东约束力，降低代理成本。通过股权转让、配股、回购等多种形式降低控股股东的持股比例，提高除控股股东以外的其他大股东的持股比例，缩小与控股股东之间的差距，从而降低控股股东对公司的控制度，有利于完善公司治理结构，进而对公司使用衍生产品进行风险管理产生积极影响。

3. 建立长期业绩导向的高管激励机制，促进经理人市场健康发展

通过本书的研究发现，高管薪酬较高和具有管理者持股的上市公司倾向于使用衍生产品进行风险对冲，这体现了管理层效用最大化对衍生产品使用的影响。因此，应建立市场化、动态化、长期性和业绩导向的公司董事与高管薪酬机制，促进公司董事和高层管理人员努力按照公司股东和利益相关者的最佳利益行事。同时，应提高董事和高层管理者的股权持有比例，逐步实行经营者股票期权制度，使内部人成为普通股东，这不仅是大股东的利益代表，更是全体股东和其他利益相关者的利益代表，形成股东和董事之间的相互制衡；防止董事和高层管理者自己决定自己的报酬，保

证整个报酬决定过程的公正、透明、有效，使报酬决定与工作业绩密切挂钩。另外，要建立市场化的经理人员资源配置机制，废除公司领导人正式和非正式的行政任命制，避免经理人员官僚化。

4. 加快董事会改革，完善董事会制度建设

应加快董事会改革，增强董事会功能，完善董事会制度建设，强化董事的责任和义务，强化董事会的制约机制，抑制内部人对外部投资者的损害，提高董事会的独立性，避免董事会被主要内部人控制的局面。从提升治理监控有效性来看，治理监督机制的被动合规是制约董事会治理有效性的重要因素，应改革治理监督模式，完善独立董事制度，厘清独立董事和监事会的职责边界，强化独立董事的履职保障和问责机制。规范公司选聘独立董事的程序，防止控股股东通过被其控制的董事会操纵独立董事的任免，倡导公司建立发挥独立董事作用的机制，确保董事会发挥应有的职能。应增加独立董事在公司董事会成员中的比重，加强独立董事与高层管理人员之间的沟通，加强独立董事对公司活动的参与度，充分发挥独立董事的作用。强化对董事责任的考核，改革董事会决策议事规则，提高董事会决策议事的独立性，适当限制董事长在会议组织过程中的独断权力，增强一般董事和独立董事在提名董事会列席人员方面的权力，防止控股股东直接干预董事会会议。应避免董事长兼任总经理，以便更有效地控制由于公司决策管理和决策控制权的分离而产生的代理问题。

5. 加强政府部门对衍生产品市场的协同监管

目前我国对衍生产品市场实行分业监管的格局，这在一定程度上有利于政府监管部门集中力量对各自负责的监管对象进行监督管理，但是各个监督管理部门之间自成系统，缺乏配合，使被监管对象有机可乘，出现了跨业违规的问题。吸取美国金融危机的教训，就政府监管而言，一是应加强监管的交流与合作。在现行分业监管格局下，加强不同监管部门之间的

横向沟通与协调，避免监管交叉和监管真空，实现功能监管与机构监管的优势互补，提升金融监管的效率和风险防范能力；二是应完善监管信息的汇总和管理。借鉴美国金融危机后的监管改革趋势，加强交易信息库建设，推动信息强制报备，注重不同数据的汇总和整合，保障监管部门能及时获得全面、完整、准确的市场信息；三是加强国际监管合作和信息共享，积极参与国际监管改革相关工作：一方面结合我国国内市场发展状况，表达自身诉求；另一方面积极参与国际监管合作，共同对可能产生系统性影响的不稳定因素跟踪预测，建立协调配合机制。

6. 强化衍生产品交易的会计监督，不断完善套期保值会计准则

套期保值是公司规避风险的一种重要手段，近年来，随着中国经济融入全球化的程度不断加深，我国公司面临的各种风险日益增加，套期保值越来越受到人们的重视。套期保值是指公司为规避外汇风险、利率风险、商品价格风险、股票价格风险、信用风险等，指定一项或一项以上套期保值工具，使套期保值的公允价值或现金流量变动预期抵销被套期保值项目全部或部分公允价值或现金流量变动。套期分为公允价值套期、现金流量套期和境外经营净投资套期。为全面、及时、准确地反映经济业务实质，向会计信息使用者提供有效的会计信息，2006 年 2 月，财政部正式颁布了《企业会计准则第 24 号——套期保值》，全面规范了套期保值业务的会计确认、计量和披露，标志着我国在套期保值会计实践应用方面有了重大突破。目前，我国套期保值会计准则虽然全面规范了套期业务的会计确认、计量和披露，但是准则的条文是原则性的，缺乏通俗易懂、可具体指导实务操作的应用指南。为此，理论界和实务界有必要联合起来，针对不同的业务类型，对套期保值会计准则进行深入研究。准则制定部门在这一过程中应给予一定的理论和政策支持。应进一步完善套期会计准则，针对准则中缺乏明确性和细则的问题，通过补充明确套期关系确认和变更的细则以及增加套期保值信息披露的方式监督公司操纵利润和会计处理的随意性行为；

另外，应加强对公司套期保值会计处理的审计监督，明确公司管理层的相关责任，防止出现违规操纵利润的行为，严厉追究相关责任人的法律责任，促使公司真实反映各项套期保值业务内容。

7. 加快培育掌握国际化风险管理知识的复合型人才

面对纷乱复杂的国际金融市场和各种各样需求的投资者，必须加快培养衍生产品设计人员、研究人员和交易人员等专业人才，使产品设计人员和研究人员能充分了解各类衍生产品的特点和性能，掌握必要的数学模型、产品分解原理、计算机技术等知识，熟悉各类衍生产品的定价模型和分解技术，并训练其对市场的敏锐性；应促使交易人员具备扎实的专业知识，熟练运用典型而复杂的衍生产品，同时拥有良好的心理素质、丰富的交易经验、灵敏的信息接收能力和反馈能力以及把握衍生产品市场走势的能力。只有这样，才能根据客户的需求和市场的变化设计出具有可行性的衍生产品并得以推广和应用，通过不断争取国际定价权和话语权来提升市场竞争力。

第三节　研究的局限和后续研究建议

由于我国金融市场没有完全开放，尚未形成真正意义上的衍生产品市场，政府对国内公司参与国际金融市场的限制也较为严格。此外，由于上市公司信息披露的不规范，以及笔者科研能力方面的限制，本书的研究仍然存在一定的不足和缺陷，有待于进一步拓展和深化。

第一，在实证分析中如何度量公司使用衍生产品的程度是研究中面临的一个难题。国外学者通常采用对冲比率（Hedge Ratio）作为衍生产品使用程度的代理变量，即采用衍生产品的总面值/公司规模来计算对冲比率。由于会计信息披露的局限，无法采集到上市公司使用衍生产品的总面值（名义本金）的数据。限于数据，本书对衍生产品使用程度的度量只能采用衍生品合约的公允价值/公司规模来近似估计。

第二，本书使用非金融类上市公司作为研究样本来研究衍生产品使用的影响因素，未将金融类上市公司纳入研究范围。实际上，金融类上市公司（包括商业银行、证券公司和基金公司等）才是国内衍生品市场的主要参与者和衍生产品的主要使用者。忽略了这一类特殊公司的衍生产品使用特征，得出的估计系数可能是有偏差和不一致的。因此，将金融类上市公司纳入研究范围内，将是今后研究的一个重要方向。

第三，公司对衍生产品的运用作为一项重要的风险管理策略，可能会与公司的其他财务决策（如公司投融资决策、资本结构决策等）产生一定的联系，未将这些决策联系起来加以考虑，可能是不全面的。因此，在公司风险对冲等理论的指导下，结合国内的实际情况，将公司衍生产品使用策略与投融资决策和资本结构决策等有机结合起来，以达到最优状态，将会在后续的研究中加以拓展。

参考文献

[1] 埃里克·布鲁索（Eric Brousseau），让·米歇尔·格拉尚（Jean Michel Glachant）契约经济学：理论和应用[M]. 王秋石等，译. 北京：中国人民大学出版社，2011：13-27.

[2] 巴曙松，牛播坤. 2010 年全球金融衍生品市场发展报告[M]. 北京：北京大学出版社，2010：203-231.

[3] 白重恩，刘俏，陆洲，宋敏，张俊喜. 中国上市公司治理结构的实证研究[J]. 经济研究，2005（2）：81-91.

[4] 陈很荣，吴冲锋. 金融衍生市场上企业套期保值的动机理论研究[J]. 国际金融研究，2001（8）：66-71.

[5] 陈蓉、郑振龙、蒋禹. 墨西哥外汇衍生品市场发展对我国的经验借鉴[J]. 当代财经，2009（1）：59-63.

[6] 陈蓉、郑振龙、刘琛. 澳大利亚外汇衍生品市场发展历程探究及其对我国的启示[J]. 商业经济与管理，2009（2）：59-64.

[7] 陈炜，沈群. 金融衍生产品避险的财务效应、价值效应和风险管理研究[M]. 北京：经济科学出版社，2008：59-75.

[8] 陈炜，王韬. 衍生产品使用对公司价值和业绩影响的实证检验[J]. 证券市场导报，2006（3）：54-59.

[9] 陈炜. 金融衍生品使用影响上市公司价值吗？[R]. 深证：深圳证券交易所综合研究所，2006.

[10] 陈小悦，陈晓，顾斌. 中国股市弱型效率的实证研究[J]. 会计研究，1997（9）：13-17.

[11] 陈信元，汪辉. 股东制衡与公司价值：模型及经验证据[J]. 数量经济技术经济研究，2004（11）：102-110.

[12] 陈忠阳，赵阳. 衍生产品、风险对冲与公司价值——一个理论综述[J]. 管理世界（月刊），2007（11）：139-149.

[13] 杜兴强，王丽华. 高层管理当局薪酬与上市公司业绩的相关性实证研究[J]. 会计研究，2007（1）：58-65.

[14] 杜兴强，赵景文. 财务会计信息与公司治理[M]. 大连：东北财经大学出版社，2008：232-238.

[15] 高闯，李枫. 公司治理学学科前沿研究报告[M]. 北京：经济管理出版社，2013：1-15.

[16] 高鸿帧. 关于上海股市效率性的探讨[J]. 厦门大学学报，1996（4）：13-18.

[17] 高雷，宋顺林. 高管报酬激励与企业绩效[J]. 财经科学，2007（4）：96-104.

[18] 高扬，何帆. 中国外汇衍生品市场发展的次序[J]. 财贸经济，2005（10）：3-9.

[19] 葛逸尘. 危机下的风险对冲——中国航空公司套期保值巨额亏损的启示[J]. 当代经济，2009（3）：56-57.

[20] 谷祺，于东智. 公司治理、董事会行为与经营绩效[J]. 财经问题研究，2001（1）：58-66.

[21] 郭飞，徐燕. 对冲和风险管理动机：中国上市公司衍生工具使用的实证研究[J]. 会计论坛，2010（1）：46-56.

[22] 郭淑娟. 上市公司高管薪酬激励机制研究[M]. 北京：企业管理出版社，2013：11-13.

[23] 胡波，宋文力，张宇光. 中国证券市场有效性实证分析[J]. 经济理论与经济管理，2002（7）：36-39.

[24] 黄建兵，宁静鞭，於颖华. 我国上市公司风险管理决策的实证研究[J]. 经济管理，2008（6）：4-9.

[25] 黄渝祥，孙艳，邵颖红，王树娟. 股权制衡与公司治理研究[J]. 同济大学学报，2003（9）：1102-1106.

[26] 贾炜莹，陈宝峰. 风险管理对我国上市公司价值和业绩影响的实证研究——基于衍生金融工具的运用[J]. 财会通讯，2009（9）：6-8.

[27] 贾炜莹，陈宝峰. 上市公司治理机制对风险管理影响的实证研究[J]. 财会月刊，2009（7）：11-14.

[28] 贾炜莹，兰凤云，陈宝峰. 衍生工具运用对上市公司风险影响的实证研究[J]. 会计之友（上旬刊），2009（8）：58-61.

[29] 贾炜莹，魏国辰，刘德英. 我国上市公司衍生工具运用动机的实证研究[J]. 经济管理，2010（3）：110-116.

[30] 贾炜莹，陈宝峰. 我国上市公司风险管理动机的实证研究——基于衍生金融工具的运用[J]. 中国流通经济，2005（10）：77-80.

[31] 江维琳，李琪琦，向锐. 董事会特征与公司盈余管理水平——基于中国民营上市公司面板数据的研究[J]. 软科学，2011（5）：142-144.

[32] 靳东升，李本贵. 企业所得税理论与实践[M]. 北京：经济科学出版社，2006：9-24.

[33] 靳云汇，李学. 中国证券市场半强态有效性检验——买壳上市分析[J]. 金融研究，2001（1）：85-91.

[34] 孔令伟，李桂荣. 套期保值研究述评[J]. 河北经贸大学学报，2011（3）：91-102.

[35] 李前，黄聪. 风险管理价值理论综述[J]. 山东社会科学，2008（5）：119-122.

[36] 李维安. 公司治理评价与指数研究[M]. 北京：高等教育出版社，2005：16-23.

[37] 李维安，陈小洪，袁庆宏. 中国公司治理：转型与完善之路[M]. 北京：机械工业出版社，2013.

[38] 李维安. 中国公司治理与发展报告（2013）[M]. 北京：北京大学出版社，2014：3-20.

[39] 李义超，肖海霞. 衍生工具使用与公司风险：一个实证研究[J]. 金融理论与实践，2010（9）：39-43.

[40] 李志斌. 后危机时代的金融衍生品市场监管[M]. 北京：中国金融出版

社，2012：55-59.

[41] 刘冰，崔砚犁. 对冲活动对汇率风险敞口的影响——来自中国A股上市公司的经验数据[J]. 财会月刊，2010（3）：39-42.

[42] 刘淑莲. 公司理财[M]. 北京：北京大学出版社，2007：524-542.

[43] 刘淑莲. 衍生产品使用的目的：套期保值或套期获利？[J]. 会计研究，2009（11）：30-36.

[44] 刘淑莲. 衍生产品在企业外汇风险管理中的应用：期权和远期合约避险案例分析[J]. 财务与会计（理财版），2008（9）：23-24.

[45] 刘伟琳，赵文荣. 我国衍生品市场发展的历程回顾、现状分析与前景展望[J]. 理论界，2010（9）：41-44.

[46] 刘宇，叶德磊. 美国财险公司衍生工具应用的价值和业绩效应[J]. 证券市场导报，2008（3）：9-14.

[47] 卢锐. 管理层权力、薪酬激励与绩效[M]. 北京：经济科学出版社，2008：13-19.

[48] 马向前，任若恩. 基于市场效率的中国股市波动和发展阶段划分[J]. 经济科学，2002（1）：66-72.

[49] 孟宪楠. 衍生产品风险对冲动机及业绩分析——基于采掘类税收视角的经验研究[D]. 东北财经大学，2011：29-37.

[50] 聂辉华. 声誉、契约与组织[M]. 北京：中国人民大学出版社，2009：15-32.

[51] 沈洪涛，沈艺峰，杨熠. 新股增发：自由现金流量假说还是优序融资假说[J]. 世界经济，2003（8）：53-61.

[52] 沈艺峰. 会计信息披露和我国股票市场半强式有效性的实证分析[J]. 会计研究，1996（1）：14-17.

[53] 沈艺峰，江伟. 资本结构、所有权结构与公司价值研究[J]. 管理评论，2007（11）：49-54.

[54] 施兵超，杨文泽. 金融风险管理[M]. 上海：上海财经大学出版社，2002：33-40.

[55] 施兵超. 金融衍生产品[M]. 上海：复旦大学出版社，2008：4-9.

[56] 石水平. 衍生交易、风险管理与公司治理——中航油事件反思[J]. 现代会计与审计，2007（5）：21-29.
[57] 宋凤轩，谷彦芳. 中国所得税改革研究[M]. 北京：人民出版社，2010：179-194.
[58] 宋海. 人民币汇率制度改革与国际化研究[M]. 北京：中国金融出版社，2011：9-23.
[59] 宋颂兴，金伟根. 上海股市市场有效实证研究[J]. 经济学家，1995（4）：107-113.
[60] 孙永祥，黄祖辉. 上市公司的股权结构与绩效[J]. 经济研究，1999（12）：23-30.
[61] 谭燕芝. 金融衍生品监管——基于契约经济学的分析[M]. 北京：中国经济出版社，2008：244-248.
[62] 王化成. 财务管理研究[M]. 北京：中国金融出版社，2006：61-79.
[63] 王明涛. 金融风险计量与管理[M]. 上海：上海财经大学出版社，2008：9-17.
[64] 王志诚，周春生. 金融风险管理研究进展国际文献综述[J]. 管理世界，2006（4）：158-169.
[65] 吴建刚. 中国衍生品市场概况与未来发展[J]. 金融与经济，2009（11）：47-50.
[66] 吴明隆. 结构方程模型[M]. 重庆：重庆大学出版社，2009：37-49.
[67] 吴世飞. 公司治理如何影响衍生品的运用决策？——基于我国采掘业上市公司的实证研究[D]. 东北财经大学，2011：12-29.
[68] 吴世农，黄志功. 上市公司盈利信息报告、股价变动与股市效率的实证研究[J]. 会计研究，1997（4）：12-17.
[69] 吴世农. 上海股票市场效率的分析与评价[J]. 投资研究，1994（8）.
[70] 吴世农. 我国证券市场效率的分析[J]. 经济研究，1996（4）：13-48.
[71] 吴晓求. 中国资本市场研究报告（2013）[M]. 北京：北京大学出版社，2013：178-195.
[72] 肖作平，廖理. 债务期限结构影响因素研究[M]. 北京：中国人民大学

出版社，2009：285-307.

[73] 熊玉莲. 场外金融衍生品法律监管研究[M]. 上海：复旦大学出版社，2014：176-184.

[74] 徐高彦. 独立董事独立性、关联交易与公司价值——基于沪深两市上市公司的经验证据[J]. 审计与经济研究，2011（4）：77-84.

[75] 许小年，王燕. 中国上市公司所有制结构与公司治理[J]. 经济研究，1998（7）：105-127.

[76] 杨朝军,戎兵,杨建弟. 上海股票市场公司分配行为特点及趋势[J]. 证券市场导报，1999（6）：45-48.

[77] 叶会，李善民. 大股东地位、产权性质与控股权利益获取——基于大宗股权交易视角的分析[J]. 财经研究，2011（9）：134-143.

[78] 叶康涛，祝继高，陆正飞，张然. 独立董事的独立性：基于董事会投票的证据[J]. 经济研究，2011（1）：126-138.

[79] 于东智，池国华. 董事会规模、稳定性与公司绩效：理论与经验分析[J]. 经济研究，2004（4）：70-79.

[80] 俞乔. 市场有效、周期异常与股价波动——对上海、深圳股票市场的实证分析[J]. 经济研究，1994（9）：43-50.

[81] 袁蓉丽. 中国金融机构投资者和公司治理[M]. 北京：中国人民大学出版社，2014：32-57.

[82] 张根明,张树银. 我国矿业上市公司风险管理实证研究[J]. 矿业工程，2011（2）：3-5.

[83] 张津. 衍生工具套期保值与企业价值关系研究[J]. 北方工业大学学报，2013（6）：72-77.

[84] 张俊瑞，赵进文，张健. 高级管理层激励与上市公司经营绩效相关性的实证分析[J]. 会计研究，2003（9）：29-34.

[85] 张舜. 公司对冲动机研究[D]. 华中科技大学，2011.

[86] 张婉君. 我国上市公司机构投资者的治理效应研究[M]. 北京：中国经济出版社，2013：47-51.

[87] 张卫国，廖萍康. 可转换债券价值评估与风险管理[M]. 北京：科学出

版社，2014：15-16.

[88] 张新杰，都红雯. 跨国经营企业汇率风险研究[M]. 杭州：浙江大学出版社，2009：72-77.

[89] 张亦春，周颖刚. 中国股市弱式有效吗？[J]. 金融研究，2001（3）：34-40.

[90] 张宗新.金融计量学[M]. 北京：中国金融出版社，2008：41-49.

[91] 赵勇，朱武祥. 上市公司兼并收购可预测性[J]. 经济研究，2000（4）：19-25.

[92] 中国期货业协会. 场外衍生品[M]. 北京：中国财政经济出版社，2013：95-109.

[93] 中国期货业协会. 中国期货业发展报告（2012）[M]. 北京：中国财政经济出版社，2012：80-204.

[94] 中国期货业协会. 中国期货业发展报告（2013）[M]. 北京：中国财政经济出版社，2013：35-181.

[95] 中国期货业协会. 中国期货业发展报告（2013 年度）[M]. 北京：中国金融出版社，2014：37-196.

[96] 中国银行间市场交易商协会. 中国场外金融衍生产品市场发展报告（2010 年度）[M]. 北京：中国金融出版社，2011：39-60.

[97] 中国银行间市场交易商协会. 中国场外金融衍生产品市场发展报告（2012 年度）[M]. 北京：中国金融出版社，2013：1-16.

[98] 周嘉南，黄登仕. 上市公司高级管理层报酬业绩敏感度与风险之间关系的实证检验[J]. 会计研究，2006（4）：44-50.

[99] 卓贤. 利率市场化改革研究[M]. 北京：中国发展出版社，2013：74-85.

[100] Acharya V. , Bisin A. Managerial Hedging, Equity Ownership, and Firm Value [J]. Journal of Economics, 2009, Vol.40: 47 - 77.

[101] Adam T. , Fernando C. S. Hedging, Speculation and Shareholder Value [J]. Journal of Financial Economics, 2006, Vol.81: 283 - 309.

[102] Adkins L. C. , Carter D. A. , Simpson W. G. Managerial Incentives and the Use of Foreign-exchange Derivatives by Banks [J]. The Journal of

Financial Research, 2007, Vol.30: 399-413.

[103] Alchian A. , Demsetz H. Production, Information Costs and Economic Organization [J]. American Economic Review, 1972, Vol.62: 777-795.

[104] Allayannis G., Brown G. W., Klapper L. F. Capital Structure and Financial Risk: Evidence from Foreign Debt Use in East Asia [J]. Journal of Finance, 2003, Vol.58: 2667-2709.

[105] Allayannis G. , Ihrig J. , Weston J. P. Exchange-rate Hedging: Financial versus Operational Strategies[J]. American Economic Review, 2001, Vol.91: 391-395.

[106] Allayannis G., Lel U., Miller D. P. Corporate Governance and The Hedging Premium Around the World. Darden School Working Paper. 2009.

[107] Allayannis G., Lel U., Miller D. P. The Use of Foreign Currency Derivatives, Corporate Governance, and Firm Value around the World [J]. Journal of International Economics, 2012, Vol.87: 65-79.

[108] Allayannis Y. , Ofek E. Exchange Rate Exposure, Hedging, and the Use of Foreign Currency Derivatives [J]. Journal of International Money and Finance, 2001, Vol.20: 273-296.

[109] Alviniussen A. , Jankensgård H. Enterprise Risk Budgeting: Bringing Risk Management Into Financial Planning Process [J]. Journal of Applied Finance, 2009, Vol.19: 178-192.

[110] Amihud Y., Lev. B. Risk Reduction as a Managerial Motive for Conglomerate Mergers [J]. Bell Journal of Economics, 1981, Vol.12: 605-617.

[111] Aretz K. , Bartram S. M. Corporate Hedging and Shareholder Value [J]. Journal of Financial Research, 2010, Vol.33: 317 - 371.

[112] Aretz K. , Bartram S. M. , Dufey G. Why hedge? Rationales for Corporate Hedging and Value Implications[J]. The Journal of Risk

Finance, 2007, Vol.8: 434-449.

[113] Arnold M., Rathgeber A. W., Stefan S. Determinants of Corporate Hedging: A (statistical) Meta-analysis [J]. Quarterly Review of Economics and Finance, 2014, Vol.54: 443-458.

[114] Bailly N. , Browne D. , Hicks E. , Skerrat L. UK Corporate Use of Derivatives[J]. European Journal of Finance, 2003, Vol.9:169-193.

[115] Barton J. Does the Use of Financial Derivatives Affect Earnings Management Decisions? [J]. The Accounting Review, 2001, Vol.76: 1-26.

[116] Bartram S. M. , Brown G. W. , Fehle F. R. International Evidence on Financial Derivatives Usage [J]. Financial Management, 2009, Vol.38: 185-206.

[117] Bartram S. M. Corporate Risk Management as a Lever for Shareholder Value Creation [J]. Financial Markets, Institutions and Instruments, 2000, Vol.9: 1-82.

[118] Benson K., Oliver B. Management Motivation for Using Financial Derivatives in Australia [J]. Australian Journal of Management, 2004, Vol.29: 225-242.

[119] Berkman H. , Bradbury M. E. Empirical Evidence on the Corporate Use of Derivatives [J]. Financial Management, 1996, Vol.25: 5-13.

[120] Bessembinder H. Forward Contracts and Firm Value: Investment Incentive and Contracting Effects [J]. Journal of Financial and Quantitative Analysis, 1991, Vol.26: 519-532.

[121] Bish E. K. , Muriel A. , Biller S. Managing Flexible Capacity in a Make-to-Order Environment[J]. Management Science, 2005, Vol.51: 167-180.

[122] Black F., Scholes M. The Pricing of Options and Corporate Liabilities[J]. Journal of Political Economy, 1973, Vol.81: 637-659.

[123] Block S. B. , Gallagher T. J. The Use of Interest Rate Futures and Options by Corporate Financial Managers [J]. Financial Management,

1986, Vol.15: 73-78.

[124] Bodnar G. M. , Gebhardt G. Derivatives Usage in Risk Management by US and German Non-financial Firms：A Comparative Survey[J]. Journal of International Financial Management and Accounting, 1999, Vol.10: 153-187.

[125] Bodnar G. M. , Hayt G. S. , Marston R. C. 1995 Wharton Survey of Derivatives Usage by US Non- financial Firms[J]. Contemporary Issues, 1996, Vol.25: 113-133.

[126] Bodnar G. M., Jong A. D., Macrae V. The Impact of Institutional Differences on Derivatives Usage: A Comparative Study of U.S. and Dutch Firms[J]. European Financial Management, 2003, Vol.9: 271-297.

[127] Booth J., Smith L., Stolz R. The Use of Interest Futures by Financial Institutions[J]. Bank Research, 1984, Vol.15: 15-20.

[128] Borokhovich K. A. , Kelly B. R. , Claire C. E., Simkins B. J. Board Composition and Corporate Use Of Interest Rate Derivatives[J]. Journal of Financial Research, 2004, Vol.27: 199-216.

[129] Bradley M. , Jarrell G. A. , Kim E. H. On the Existence of an Optimal Capital Structure: Theory and Evidence[J]. Journal of Finance, 1984, Vol.39: 857-878.

[130] Breeden D., Viswanathan S. Why Do Firms Hedge? An Asymmetric Information Model. Duke University Working Paper. 1996.

[131] Brown G. W. , Toft K. B. How Firms Should Hedge[J]. Review of Financial Studies, 2002, Vol.15: 1283-1324.

[132] Brown G. W., Crabb P. R. , Haushalter D. Are Firms Successful at Selective Hedging? [J]. Journal of Business, 2006, Vol.79: 2925 - 2949.

[133] Brown G. W. Managing Foreign Exchange Risk with Derivatives[J]. Journal of Financial Economics, 2001, Vol.60: 401-448.

[134] Cadbury A. Committee on the Financial Aspects of Corporate Governance.

GEE, London, 1992.

[135] Carter D. A. , Rogers D. A. , Simkins B. J. Does Hedging Affect Firm Value? Evidence from the US Airline Industry[J]. Financial Management, 2006, Vol.35： 53-86.

[136] Chang C. , Lee A. C. , Lee C. F. Determinants of Capital Structure Choice: A Structural Equation Modeling Approach[J]. Quarterly Review of Economics and Finance, 2009, Vol.49: 197-213.

[137] Cheung S. The Contractual Nature of the Firm [J]. Journal of Law and Economics, 1983, Vol.26: 1-21.

[138] Choi J. J. , Jiang C. Does Multinationality Matter? Implications of Operational Hedging for the Exchange Risk Exposure[J]. Journal of Banking and Finance, 2009, Vol.33: 1973-1982.

[139] Choi J. J. , Mao C. X. , Upadhyay A. D. Corporate Risk Management under Information Asymmetry[J]. Journal of Business Finance and Accounting, 2013, Vol.40: 239-271.

[140] Clark E. , Judge A. , Ngai W. S. The Determinants and Value Effects of Corporate Hedging: An Empirical Study of Hong Kong and Chinese Firms. Working Paper, 2006.

[141] Clark E., Judge A. The Determinants of Foreign Currency Hedging: Does Foreign Currency Debt Induce a Bias?[J]. European Financial Management, 2008, Vol.14: 445-469.

[142] Coase R. The Nature of the Firm [J]. Economica, 1937, Vol.4: 386-405.

[143] Crawford V. Long-term Relationships Governed by Short-term Contracts [J]. American Economic Review, 1988, Vol.78: 485-499.

[144] Crouhy M. , Galai D. and Mark R. The Essentials of Risk Management [M]. McGraw-Hill.2006.

[145] Dadalt P. , Gay G. D. , Nam J. Asymmetric Information and Corporate Derivatives Use [J]. Journal of Futures Markets, 2001, Vol.22: 1-28.

[146] Danijela M. S. Corporate Risk Management Rationales: Evidence from Croatian Companies. Working Paper, 2007.

[147] DeAngelo H. , Masulis R. W. Optimal Capital Structure under Corporate and Personal Taxation [J]. Journal of Financial Economics, 1980, Vol.8: 3-29。

[148] DeMarzo P. M. , Duffie D. Corporate Incentives for Hedging and Hedge Accounting [J]. The Review of Financial Studies, 1995, Vol.8: 743-771.

[149] Demirguc-Kunt A. , Maksimovic V. Stock Market Development and Financing Choice of Firms [J]. World Bank Economic Review, 1996, Vol.10: 341-369.

[150] Dionne G. , Montréal H. Risk Management and Corporate Governance. Working Paper, 2003.

[151] Dionne G. , Triki T. On Risk Management Determinants: What Really Matters? [J]. European Journal of Finance, 2013, Vol.19: 145-164.

[152] Dobson J. , Soenen L. Three Agency-cost Reasons for Hedging Foreign Exchange Risk[J]. Managerial Finance, 1993, Vol.19：35-44.

[153] Doidge C. , Karolyi A. G. , Stulz R. M. Why do Countries Matter So Much for Corporate Governance?[J]. Journal of Financial Economics, 2007, Vol.86: 1-39.

[154] Dolde W. Hedging, Leverage and Primitive Risk [J]. Journal of Financial Engineering, 1995, Vol.4: 187-216.

[155] Dolde W. The Trajectory of Corporate Financial Risk Management[J]. Journal of Applied Corporate Finance, 1993, Vol.6: 33-41.

[156] Donohoe M. The Economic Effects of Financial Derivatives on Corporate Tax Avoidance [J]. Journal of Accounting and Economics, 2015, Vol.59: 1-24.

[157] Dyck A., Zingales L. Private Benefits of Control: An International Comparison. NBER Working Paper, 2002.

[158] Eisenberg T. , Sundgren S. , Wells M. Larger Board Size and Decreasing Firm Value in Small Firms [J]. Journal of Financial Economics, 1998, Vol.48: 35-54.

[159] Embrechts P. , Resnick S. I. , Samorodnitsky G. Extreme Value Theory as A Risk Management Tool[J]. North American Actuarial Journal, 1999, Vol.3: 30-41.

[160] Ertugrul M., Sezer O., Sirmans C. Financial Leverage, CEO Compensation, and Corporate Hedging: Evidence from Real Estate Investment Trusts [J]. Journal of Real Estate Finance and Economics, 2008, Vol.36: 53-58.

[161] Fama E. F. , Jensen M. C. Separation of Ownership and Control [J]. Journal of Law and Economics, 1983, Vol.26: 301-325.

[162] Fama E. F. Efficient Capital Market: A Review of Theory and Empirical Work [J]. Journal of Finance, 1970, Vol.25: 383-417.

[163] Fama E. F. The Behavior of Stock Market Prices [J]. Journal of Business, 1965, Vol.1: 34-105.

[164] Fama F. E. Agency Problems and the Theory of the Firm [J]. Journal of Political Economy, 1980, Vol.88: 288-307.

[165] Fan P. H. , Titman S. , Twite G. An International Comparison of Capital Structure and Debt Maturity Choices. EFA 2003 Conference, 2003.

[166] Farrar D. E. , Selwyn L. L. Taxes, Corporate Financial Policy and Return to Investment [J]. National Tax Journal, 1967, Vol.20: 444-454.

[167] Fatemi A. , Luft C. Corporate Risk Management: Costs and Benefits [J]. Global Finance Journal, 2002, Vol.13: 29 - 38.

[168] Faulkender M. Hedging or Market Timing? Selecting the Interest Rate Exposure of Corporate Debt [J]. Journal of Finance, 2005, Vol.60: 931-962.

[169] Fazillah M. , Azizan N. A. , Hui T. S. The Relationship Between Hedging Through Forwards, Futures and Swaps and Corporate Capital Structure

in Malaysia [J]. ICFAI Journal of Derivatives Markets, 2008, Vol.5: 37-52.

[170] Froot K. A. , Scharfstein D. S. , Stein J. C. Risk Management: Coordinating Corporate Investment and Financing Policies[J]. Journal of Finance, 1993, Vol.48: 1629-1658.

[171] Froot K. A. , Stein J. C. Risk Management, Capital Budgeting and Capital Structure Policy for Financial Institutions: An Integrated Approach. Working Paper, 1995.

[172] Gay G. D. , Nam J. The Underinvestment Problem and Corporate Derivatives Use[J]. Financial Management, 1998, Vol.27: 53-69.

[173] Geczy C. C. , Minton B. A., Schrand C. Why Firms Use Currency Derivatives [J]. Journal of Finance, 1997, Vol.52: 1323-1354.

[174] Geczy C. C. , Minton B. A. , Schrand C. M. Taking a View: Corporate Speculation, Governance, and Compensation[J]. Journal of Finance, 2007, Vol.62: 2405-2443.

[175] Glaum M. , Stra E. L. The Determinants of Selective Hedging: Evidence from German Non-financial Corporations[J]. Journal of Applied Corporate Finance, 2002, Vol.14: 108-121.

[176] Graham J. R. , Rogers D. A. Do Firms Hedge in Response to Tax Incentives?[J]. Journal of Finance, 2002, Vol. 57: 815-840.

[177] Graham J. R. , Rogers D. A. Is Corporate Hedging Consistent with Value Maximization? An Empirical Analysis. Duke University Working Paper, 1999.

[178] Graham J. R., Smith C. W. Tax Incentives to Hedge[J]. Journal of Finance, 1999, Vol.54: 2241-2263.

[179] Greenwald B.C. , Stiglitz J. E. Asymmetric Information and New Theory of the Firm: Financial Constraints and Risk Behavior[J]. American Economic Review, 1990, Vol.80: 160-165.

[180] Grinblatt M. , Titman S. Financial Markets and Corporate Strategy [M]. Boston :Irwin/Mcgraw-Hill, 1998.

[181] Grossman S. , Hart O. The Costs and Benefits of Ownership: A Theory of Vertical and Lateral Integration [J]. Journal of Political Economy, 1986, Vol.94: 691-719.

[182] Guay W. , Kothari S. P. How Much Do Firms Hedge with Derivatives? [J]. Journal of Financial Economics, 2003, Vol.70: 423 - 461.

[183] Guay W. The Impact of Derivatives on Firm Risk: An Empirical Examination of New Derivatives Users[J]. Journal of Accounting and Economics, 1999, Vol.26: 319 - 351.

[184] Gurel E. , Pyle D. Bank Income Taxes and Interest Rate Risk Management: A Note [J]. Journal of Finance, 1984, Vol.39: 1199-1206.

[185] Hagelin N. , Holmen M. , Knopf J. D. , Pramborg B. Managerial Stock Options and the Hedging Premium[J]. European Financial Management, 2007, Vol.13: 721-741.

[186] Hampel R. Committee on Corporate Governance. GEE, London, 1998.

[187] Hart O. , Moore J. Property Rights and Nature of the Firm[J]. Journal of Political Economy, 1990, Vol.98: 1119-1158.

[188] Hart O. Corporate Governance: Some Theory and Implications[J]. Economic Journal, 1995, Vol.105: 678-689.

[189] Haushalter G. D., Randall A. H. , Eric L. Price Uncertainty and Corporate Value [J]. Journal of Corporate Finance, 2002, Vol.8: 271-286.

[190] Haushalter G. D. Financing Policy, Basis Risk, and Corporate Hedging: Evidence from Oil and Gas Producers [J]. Journal of Finance, 2000, Vol.55: 107-152.

[191] Healy P. M. , Krishna G. P. , Richard R. S. Does Corporate Performance Improve After Mergers?[J]. Journal of Financial Economics, 1992, Vol.31: 135-175.

[192] Hentschel L. , Kothari S. P. Are Corporations Reducing or Taking Risks With Derivatives?[J]. Journal of Financial and Quantitative Analysis, 2001, Vol.36: 1-28.

[193] Himmelberg C. P. , Hubbard R. G. , Love I. Investor Protection, Ownership, and the Cost of Capital. SSRN Working Paper, 2002.

[194] Holmstrom B. Managerial Incentive Problems: A Dynamic Perspective [J]. Review of Economic Studies, 1982, Vol.82: 169-182.

[195] Holmstrom B. Moral Hazard and Observability[J]. Bell Journal of Economics, 1979, Vol.10: 74-91.

[196] Hoshi T. , Kashyap A. , Scharfstein D. Corporate Structure, Liquidity, and Investment: Evidence from Japanese Industrial Groups[J]. Quarterly Journal of Economics， 1991, Vol.106: 33-60.

[197] Howton S. D. , Perfect S. B. Currency and Interest-rate Derivatives Use in US Firms[J]. Financial Management, 1998, Vol. 27: 111-121.

[198] Huang J., Wang H. Government Protection and Corporate Risk Management in China[J]. The Chinese Economy, 2009, Vol.42: 7-29.

[199] Huang P. , Ryan Jr. H. E. , Wiggins R. A. The Influence of Frim-and CEO-Specific Characteristics on the Use of Nonlinear Derivative Instruments [J]. Journal of Financial Research, 2007, Vol.30: 415-436.

[200] Jalilvand A. Why Firms Use Derivatives: Evidence from Canada [J]. Canadian Journal of Administrative Sciences, 1999, Vol.16: 213-228.

[201] Jensen M. , Meckling W. Theory of the Firm Managerial Behavior, Agency Cost and Capital Structure[J]. Journal of Financial Economics, 1976, Vol.3: 305-360.

[202] Jensen M. The Modern Industrial Revolution, Exit, and the Failure of Internal Control Systems [J]. Journal of Finance, 1993, Vol.48: 831-880.

[203] Jensen, C. M. , Smith Jr. C. W. Stockholder, Manager, and Creditor Interests: Application of Agency Theory[A]. In Altman E.I. and M.G.

Subrahmanyam (eds.). Recent Advances in Corporate Finance[C]. Homewood IL: Irwin, 1985: 93-131.

[204] Jin Y. , Jorion P. Firm Value and Hedging: Evidence from US Oil and Gas Producers [J]. Journal of Finance, 2006, Vol.61: 893-919.

[205] Jöreskog K. G. , Goldberger A. S. Estimation of a Model with Multiple Indicators and Multiple Causes of a Single Latent Variable[J]. Journal of American Statistical Association, 1975, Vol.70: 631-639.

[206] Judge A. Why and How UK Firms Hedge[J]. European Financial Management, 2006, Vol.12: 407-441.

[207] Kaplan S. , Zingales L. Do Investment Cash Flow Sensitivities Provide Useful Measures of Financing Constraints? [J]. Quarterly Journal of Economics, 1997, Vol.112: 169-215.

[208] Kazaz B. , Dada M. , Moskowitz H. Global Production Planning Under Exchange-Rate Uncertainty [J]. Management Science, 2005, Vol.51: 1101-1119.

[209] Kedia S., Mozumdar A. Foreign Currency-Denominated Debt: An Empirical Examination[J]. Journal of Business, 2003, Vol.76: 521-546.

[210] Kleffner A. , Lee R. , McGannon B. The Effect of Corporate Governance on the Use of Enterprise Risk Management: Evidence from Canada [J]. Risk Management and Insurance Review, 2003, Vol.6: 53 - 73.

[211] Knopf J. , Nam J. , Thornton J. The Volatility and Price Sensitivities of Managerial Stock Option Portfolios and Corporate Hedging[J]. Journal of Finance, 2002, Vol.57: 801-813.

[212] Koski J. , Pontiff J. How are Derivatives Used? Evidence from the Mutual Fund Industry[J]. Journal of Finance, 1999, Vol.54: 791-816.

[213] Kraus A. , Litzenbererger R. H. A State Preference Model of Optimal Financial Leverage[J]. Journal of Finance, 1973, Vol.28: 911-922.

[214] Kreps D. M. , Milgrom P. , Roberts J. , Wilson R. Rational Cooperation

in the Finitely Repeated Prisoners Dilemma[J]. Journal of Economic Theory, 1982, Vol.27: 245-252.

[215] Kumar P. , Rabinovitch R. CEO Entrenchment and Corporate Hedging: Evidence from the Oil and Gas Industry[J]. Journal of Financial and Quantitative Analysis, 2013, Vol.48: 887-917.

[216] La Porta R., Lopez-de-Silanes F. , Shleifer A., Vishny R. Investor Protection and Corporate Governance[J]. Journal of Financial Economics, 2000, Vol.58: 141-186.

[217] La Porta R., Lopez-de-Silanes F., Shleifer A. Corporate Ownership Around the World [J]. Journal of Finance, 1999, Vol.54: 471-517.

[218] Lamont O. Cash Flow and Investment: Evidence from Internal Capital Markets [J]. Journal of Finance, 1997, Vol.52: 57-82.

[219] Lel U. Currency Hedging and Corporate Governance: A Cross-country Analysis. U.S. Federal Reserve Board's International Finance Discussion Papers, 2006.

[220] Leland H. E. Agency Costs, Risk Management, and Capital Structure [J]. Journal of Finance, 1998, Vol.53: 1213-1243.

[221] Leland H. E. , Pyle D. H. Information Asymmetries, Financial Structure and Financial Intermediation[J]. Journal of Finance, 1977, Vol.32: 371-387.

[222] Lessard D. R. Global Competition and Corporate Finance in the 1990s [J]. Journal of Applied Corporate Finance, 1991, Vol.3: 59-72.

[223] Lintner J. The Valuation of Risk Assets and the Selection of Risky Investments in Stock Portfolios and Capital Budgets[J]. The Review of Economics and Statistics, 1965, Vol.47: 13-37.

[224] Lloyd W. P. , Hand J. H. , Modani N. K. The Effect of the Degree of Ownership Control on Firm Diversification, Market Value, and Merger Activity [J]. Journal of Business Research, 1987, Vol.15: 303-312.

[225] MacKay P. , Moeller S. B. The Value of Corporate Risk Management[J]. Journal of Finance, 2007, Vol.62: 1379-1417.

[226] MacMinn R. D. , Han L. M. Limited Liability, Corporate Value, and the Demand for Liability Insurance[J]. The Journal of Risk and Insurance, 1990, Vol.57: 581-607.

[227] Magee S. The Effect of Foreign Currency Hedging on the Probability of Financial Distress[J]. Accounting and Finance, 2013, Vol.53: 1107-1127.

[228] Maksimovic V. Capital Structure in Repeated Oligopolies [J]. RAND Journal of Economics, 1988, Vol.19: 389 - 407.

[229] Marsden A. , Prevost A. K. Derivatives Use, Corporate Governance, and Legislative Change: An Empirical Analysis of New Zealand Listed Companies [J]. Journal of Business Finance and Accounting, 2005, Vol.32: 255 - 295.

[230] Martin K. J. , McConnell J. J. Corporate Performance, Corporate Takeovers, and Management Turnover [J]. Journal of Finance, 1991, Vol.46: 671 - 687.

[231] Masulis R. W. The Impact of Capital Structure Change on Firm Values: Some Estimates [J]. Journal of Finance, 1983, Vol.38: 107 - 126.

[232] May D. O. Do Managerial Motives Influence Firm Risk Reduction Strategies? [J]. Journal of Finance, 1995, Vol.50: 1291 - 1308.

[233] Mayers D. , Smith Jr. C. W. On the Corporate Demand for Insurance [J]. The Journal of Business, 1982, Vol.55: 281 - 296.

[234] Mello A. S. , Parsons J. E. Hedging and Liquidity [J]. The Review of Financial Studies, 2000, Vol.13: 127 - 153.

[235] Merton R. C. On the Pricing of Corporate Debt: the Risk Structure of Interest Rates [J]. Journal of Finance, 1974, Vol.29: 449 - 470.

[236] Mian S. L. Evidence on Corporate Hedging Policy [J]. Journal of Financial and Quantitative Analysis, 1996, Vol.31: 419 - 439.

[237] Miller M. H. Debt and Taxes [J]. Journal of Finance, 1977, Vol.32: 261 - 275.

[238] Milos D. , Sevic Z. , Tekavčič M. A Review of the Rationales for Corporate Risk Management: Fashion or the Need? [J]. International Journal of Economic Sciences and Applied Research, 2008, Vol.1: 71-99.

[239] Minton B. A. , Schrand C. The Impact of Cash Flow Volatility on Discretionary Investment and the Cost of Debt and Equity Financing[J]. Journal of Financial Economics, 1999, Vol.54: 423-460.

[240] Mirrlees J. A. The Optimal Structure of Incentives and Authority within an Organization [J]. Bell Journal of Economics, 1976, Vol.7: 105-131.

[241] Modigliani F. , Miller M. H. The Cost of Capital, Corporation Finance and the Theory of Investment[J]. American Economic Review, 1958, Vol.48: 261-297.

[242] Mossin J. Equilibrium in a Capital Asset Market [J]. Econometrica, 1966, Vol.34: 768-783.

[243] Myers S. C. , Majluf N. S. Corporate Financing and Investment Decisions When Firms Have Information That Investors Do Not Have[J]. Journal of Financial Economics, 1984, Vol.13: 187-221.

[244] Myers S. C. Determinants of Corporate Borrowing[J]. Journal of Financial Economics, 1977, Vol.5: 147-175.

[245] Nance D. R. , Smith C. W. Jr. , Smithson C. W. On the Determinants of Corporate Hedging [J]. Journal of Finance, 1993, Vol.48: 267-284.

[246] Nguyen H., Faff R. Further Evidence on the Corporate Use of Derivatives in Australia: The Case of Foreign Currency and Interest Rate Instruments [J]. Australian Journal of Management, 2003, Vol.28: 307-318.

[247] Nydahl S. Exchange Rate Exposure, Foreign Involvement and Currency Hedging of Firms: Some Swedish Evidence[J]. European Financial Management, 1999, Vol.5: 241-257.

[248] Pantzalis C. , Simkins B. J. , Laux P. A. Operational Hedges and the Foreign Exchange Exposure of U.S. Multinational Corporations[J]. Journal of International Business Studies, 2001, Vol.32: 793-812.

[249] Petersen M. A. , Thiagarajan S. R. Risk Measurement and Hedging: With and Without Derivatives[J]. Financial Management, 2000, Vol.29: 5-30.

[250] Pound J. Proxy Contests and the Efficiency of Shareholder Oversight[J]. Journal of Financial Economics, 1988, Vol.20: 237-265.

[251] Purnanandam A. Financial Distress and Corporate Risk Management: Theory and Evidence[J]. Journal of Financial Economics, 2008, Vol.87: 706-739.

[252] Quiry P. , Dallocchio M. , Le Fur Y. , Salvi A. Corporate Finance [M]. John Wiley & Sons, 2005.

[253] Rajgopal S. , Shevlin T. Empirical Evidence on the Relation between Stock Option Compensation and Risk Taking[J]. Journal of Accounting and Economics, 2002, Vol.33: 145-171.

[254] Ramlall I. Determinants of Hedging: An Empirical Investigation for Mauritius[J]. IUP Journal of Financial Risk Management, 2009, Vol.6: 99-120.

[255] Robbins E. H. , Schatzberg J. D. Callable Bonds: A Risk-Reducing Signaling Mechanism[J]. Journal of Finance, 1986, Vol.41: 935-950.

[256] Robichek A. A. , Myers S. Problems in the Theory of Optimal Capital Structure[J]. Journal of Financial and Quantitative Analysis, 1966, Vol.1: 1-35.

[257] Ross M. Corporate Hedging: What, Why and How? University of California Working Paper, 1996.

[258] Ross S. A. The Determination of Financial Structure: the Incentive-signalling Approach[J]. Bell Journal of Economics, 1977, Vol. 8: 23-40.

[259] Rubinstein A. Perfect Equilibrium in a Bargaining Model [J]. Econometrica,

1982, Vol.50: 97-110.

[260] Rubinstein M. E. Corporate Financial Policy in Segmented Securities Markets[J]. Journal of Financial and Quantitative Analysis, 1973, Vol.8: 749-761.

[261] Schrand C. , Unal H. Hedging and Coordinated Risk Management: Evidence from Thrift Conversions[J]. Journal of Finance, 1998, Vol.53: 979-1013.

[262] Scott Jr. J. H. A Theory of Optimal Capital Structure[J]. Bell Journal of Economics, 1976, Vol.6: 33-53.

[263] Shapiro A. C. , Titman S. An Integrated Approach to Corporate Risk Management, Stern [A]. in J.M. and D.H Chew Jr. (eds.). The Revolution in Corporate Finance [C]. Third Edition, Malden, MA, USA and Oxford UK: Blackwell Business, 1998: 251-265.

[264] Sharpe W. F. Capital Asset Prices：A Theory of Market Equilibrium under Conditions of Risk[J]. Journal of Finance, 1964, Vol.19: 425-442.

[265] Shleifer A. , Vishny R. A Survey of Corporate Governance[J]. Journal of Finance, 1997, Vol.52: 737-783.

[266] Shleifer A. , Vishny R. Large Shareholders and Corporate Control[J]. Journal of Political Economy, 1986, Vol.94: 461-488.

[267] Smith C. W. , Stulz R. M. The Determinants of Firms' Hedging Policies [J]. Journal of Financial and Quantitative Analysis, 1985, Vol.20: 391-405.

[268] Smith C. W. , Warner J. B. Bankruptcy, Secured Debt, and Optimal Capital Structure: Comment[J]. Journal of Finance, 1979, Vol.34: 247-251.

[269] Smith C. W. , Watts R. L. The Investment Opportunity Set and Corporate Financing, Dividend, and Compensation Policies[J]. Journal of Financial Economics, 1992, Vol.32: 263-292.

[270] Spanò M. Managerial Ownership and Corporate Hedging[J]. Journal of Business Finance and Accounting, 2007, Vol.34: 1245-1280.

[271] Stapleton D. C. Analyzing Political Participation Data with a MIMIC Model[J]. Sociol Methodol, 1978, Vol.15: 52-74.

[272] Stulz R. M. Optimal Hedging Policies[J]. Journal of Financial and Quantitative Analysis, 1984, Vol.19: 127-140.

[273] Stulz R. M. Rethinking Risk Management[J]. Journal of Applied Corporate Finance, 1996, Vol.9: 1-22.

[274] Stulz R. M. Should We Fear Derivatives?[J]. The Journal of Economic Perspectives, 2004, Vol.18: 173-192.

[275] Stulz R. Managerial Discretion and Optimal Financing Policies[J]. Journal of Financial Economics, 1990, Vol.26: 3-27.

[276] Sundaresan S. Fixed Income Markets and Their Derivatives[M]. California：Elsevier Inc, 2009: 223-237.

[277] Supanvanij J. Derivative Gain/loss, Currency Hedging and Management Compensation[J]. Journal of American Academy of Business, Cambridge, 2005, Vol.6: 16-23.

[278] Tirole J. Incomplete Contracts: Where Do We Stand? [J]. Econometrica, 1999, Vol.67: 741-781.

[279] Titman S. , Wessels R. The Determinants of Capital Structure Choice[J]. Journal of Finance, 1988, Vol.43: 1-19.

[280] Tufano P. , The Determinants of Stock Price Exposure: Financial Engineering and the Gold Mining Industry. [J]. Journal of Finance, 1998, Vol.53: 1015-1052.

[281] Tufano P. , Who Manages Risk? An Empirical Examination of Risk Management Practices in the Gold Mining Industry[J]. Journal of Finance, 1996, Vol.51: 1097-1137.

[282] Warner J. B. , Watts R. L. , Wruck K. H. , Stock Prices and Top Management Changes[J]. Journal of Financial Economics, 1988, Vol.20: 461-492.

[283] Warner J. B. Bankruptcy Costs: Some Evidence[J]. Journal of Finance, 1977, Vol.32: 337-347.

[284] Weiss D. , Michael M. W. Operational Hedging Against Adverse Circumstances[J]. Journal of Operations Management, 2009, Vol.27: 362-373.

[285] Weiss L. Bankruptcy Resolution: Direct Costs and Violation of Priority of Claims[J]. Journal of Financial Economics, 1990, Vol.27: 255-311.

[286] White M. J. Bankruptcy Costs and the New Bankruptcy Code[J]. Journal of Finance, 1977, Vol.38: 477-488.

[287] Williamson O. The Economics of Discretionary Behavior: Managerial Objective in a Theory of Firm [M]. Englewood Cliffs, NJ: Prentice-Hall, 1964.

[288] Wong M. H. F. The Association between SFAS No.119 Derivatives Disclosures and the Foreign Exchange Risk Exposure of Manufacturing Firms[J]. Journal of Accounting Research, 2000, Vol.38: 387-417.

[289] Working H. Futures Trading and Hedging[J]. American Economic Review, 1953, Vol.43: 314-343.

[290] Wysocki P. D. Managerial Motives and Corporate Use of Derivatives: Some Evidence. Working Paper, 1998.

[291] Yermack D. Higher Market Valuation Companies with a Small Board of Directors [J]. Journal of Financial Economics, 1996, Vol.40: 185 - 212.

[292] Zhao L. Corporate Risk Management and Asymmetric Information [J]. The Quarterly Review of Economics and Finance, 2004, Vol.44: 727-750.

[293] Zimmerman J. L. Taxes and Firm Size [J]. Journal of Accounting and Economics, 1988, Vol.2: 119-149.

索　引

后　记

本书是在本人的博士论文的基础上修改而成的。在东北财经大学攻读博士学位期间，我深切体会到这是一个温暖的大家庭，如果没有各位老师和同学的帮助和支持，本书是不可能完成的。

首先，让我久久不能忘怀的是先师谷祺教授。作为国内财务理论界的大师，先师在财务管理领域的奠基性贡献是有目共睹的，其为国内培养了一大批杰出的专家、学者等。因此，在准备进入东北财经大学攻读博士学位时，我毫不犹豫地投奔先师门下。承蒙先师不弃，收留了我这个不聪不慧、总比别人慢半拍的学生。虽然跟先师在一起的时间不长，但他却教给了我很多东西。先师治学严谨的作风一直影响着我，使我按照他的要求不断鞭策自己，继续前行。

其次，要感谢我的第二位恩师刘淑莲教授。在先师去世之后，刘老师承担了我的论文开题、开题答辩和论文撰写等的指导工作。从论文选题到搜集文献资料、撰写文献综述、撰写开题报告，再到撰写论文初稿，二稿，三稿……，刘老师都倾注了大量心血。没有恩师的指导和帮助，我的博士论文是难以完成的。本书得以完成，主要归功于刘老师一点一滴悉心的指导。在此，学生衷心祝愿恩师身体健康，万事如意！

在攻读博士学位期间，我得到了东北财经大学会计学院各位领导和老师的关心、帮助和支持，在此我一并向您们表示诚挚的感谢！感谢博士期间为我授过课的所有老师，让我有幸成为您们的学生。也要感谢开题答辩和预答辩过程中张先治教授、王满教授、池国华教授、姜英兵教授、刘媛媛副教授、刘行副教授、解维敏副教授和樊子君副教授为我的博士论文提供的宝贵意见。感谢匿名评阅人的细心审阅与宝贵的意见。正是您们高屋建瓴的修改意见，才使得我的书稿在原论文的基础上得以进一步完善，同时也使我看到了未来需要进一步深入研究和探索的方向。

感谢我的同门师弟刘际陆博士，师弟生性宽厚，在研究方法上有所擅长，在实证研究方面给了我很多帮助。感谢其他在攻读博士期间给予我鼓励和帮助的博士同学和朋友们：崔刚博士、李凯博士、王恩山博士、孙永军博士、姜毅博士、戴致光博士、王治博士、吴世飞博士等。

感谢我的父母，含辛茹苦养育了我，并赋予我健康的体魄和吃苦耐劳的性格，本书是我献给父母的最好礼物。还要感谢我的工作单位北京联合大学管理学院的领导和同事们给了我这样一个继续求学深造的机会。管理学院金融与会计系系主任傅宏宇教授积极支持和督促我早日取得博士学位、管理学院鲍新中教授在论文的写作方面给了我很大帮助，一并表示衷心的感谢。还要感谢关心和帮助过我的同事们，正是您们的鼓励与帮助，才使得本书得以顺利出版。

由于本人学识和资料所限，书中纰漏和瑕疵难以避免，恳请各位专家学者、同仁和读者朋友不吝批评和指正。

路漫漫其修远兮，吾将上下而求索。在今后的工作和学习中，我将不遗余力地以更加丰硕的成果来回报曾经给予我帮助的所有老师、同学、朋友！

刘方方

2016 年 4 月